実務で役立つ
世界各国の英文契約ガイドブック

アンダーソン・毛利・友常法律事務所 編

商事法務

はしがき

I　本書の目的

　日本企業が世界各国に進出し、外国企業とビジネスを行う機会が増えるとともに、日本企業と外国企業との間で英文契約を締結する機会も増加の一途をたどっている。

　また、日本企業の契約の相手方となる外国企業が所在する国も、アメリカやイギリスといった欧米の大国から、アジアや中南米といった世界の国々に拡大している。

　もっとも、これまでに世界各国の主要国における英文契約の実務を、横断的に、かつ、初心者にもわかり易く説明した英文契約の入門書は必ずしも存在しなかった。

　そこで、当事務所のクロス・ボーダー案件を担当する弁護士の有志にて、日本企業が世界の主要国に所在する現地企業との間で、現地法を準拠法として英文契約を締結する場合に、実務上どのような点に留意すべきかをわかり易く解説した入門書を執筆することとした。

　本書は、すでに外国に子会社や支店を設けているグローバル企業の方々のみならず、これから外国に進出しようとする企業の方々も読者層として想定し、これらの読者に世界各国における英文契約の基礎知識や実務上のポイントを掴んでいただくことを目的として執筆されたものである。

II　本書の執筆陣

　本書は、当事務所のクロス・ボーダー案件を担当する弁護士の有志にて執筆された。

　具体的には、中国（北京・上海）、シンガポール、ベトナム（ホーチミン）、タイ（バンコク）、インドネシア（ジャカルタ）といった当事務所の海外オフィスや海外デスクに所属しながら、日本企業の現地進出や現地における法務をサポートするため、当該国を中心としたクロス・ボーダー案件を担当している弁護士、東京、名古屋、大阪といった当事務所の国内オフィスに所属しながら、アジア、中南米、ロシアといった国々への日本企業の進出や当該国に所在する外国企業とのビジネスをサポートするため、各国デスクを担当している弁護士、および、海外での留学・研修・出向等の経験を通じて特定の国に関する豊富な

はしがき

法律知識や実務経験を有し、当該国に所在する現地法律事務所との強固な関係を構築している弁護士を中心に執筆された。

また、本書の構成を、(1)英米法の国々、(2)中南米の国々、(3)ヨーロッパの国々、(4)アジアの国々、(5)英文契約の近時のトピックス（ライセンス契約、国際仲裁・国際調停）としたうえで、それぞれの国（地域）および法律分野に強みを有する弁護士にて当該章に属する各国の原稿を執筆した。

Ⅲ 本書を利用するにあたっての留意点

本書においては、日本企業との関係が深いと思われる世界の主要国における英文契約に関する実務を解説しているが、各国における英文契約に関連する法令は多数に上るため、そのすべてについて言及することはしていない。

また、本書で取り上げた法令についても、初心者には不要と思われる規制や例外については省略し、重要な法令を中心に解説することとした。

なお、メキシコに関する原稿の執筆にあたっては、Basham, Ringe y Correa 法律事務所に、フランスに関する原稿の執筆にあたっては、McDermott Will & Emery 法律事務所のパリオフィスに、フィリピンに関する原稿の執筆にあたっては、Sycip Salazar Hernandez & Gatmaitan 法律事務所に有益なご示唆をいただいた。

また、商事法務の水石曜一郎氏および井上友樹氏には、本書の企画段階から製作までさまざまな有益なご助言をいただいた。ここに記して謝意を表したい。

最後に、本書が、外国企業との間における英文契約の作成・交渉・締結等の実務に関与する読者の皆様の業務に少しでもお役に立つことができれば、執筆者一同、望外の幸せである。

2019 年 4 月

執筆者を代表して
アンダーソン・毛利・友常法律事務所
パートナー弁護士

石原　坦

Contents

第1章　英米法の国々

I　アメリカ(1)：コモン・ローの大国 … 2

1　はじめに … 2
2　判例法と成文法 … 3
3　州法と連邦法 … 6
4　国際的な契約に関する条約 … 8
5　契約に関する文化・慣習 … 9
6　アメリカの弁護士業界および法律事務所について … 10
7　おわりに … 12

II　アメリカ(2)：法令変更リスクと英文契約の実務──トランプ政権の誕生を題材として … 13

1　はじめに … 13
2　トランプ政権の誕生と政策変更 … 13
　(1)　大統領令について　14
　(2)　日本企業の対米ビジネスに影響を与え得る政策動向　16
3　政策変更・法令変更と英文契約実務 … 17
　(1)　政策変更・法令変更に伴うリスク分担に関する英文契約条項　17
　(2)　英文契約実務上の対応　20
4　おわりに … 21

III　アメリカ(3)：近時の裁判例の紹介 … 22

1　はじめに … 22
2　テキストメッセージによる契約の書面性要件の充足 … 22
　(1)　裁判例の概要　22
　(2)　解説　23
　(3)　教訓　24

3 契約上の "Implied covenant of good faith and fair dealing" の排除条項の有効性 …………………………………………………… 24
 (1) 裁判例の概要 24
 (2) 解説 26
 (3) 教訓 26
4 "Anti-reliance" 条項 ……………………………………………………… 26
 (1) 裁判例の概要 26
 (2) 解説 27
 (3) 教訓 28
5 おわりに ……………………………………………………………………… 28

Column　ニューヨーク州弁護士への道　28

Ⅳ　イギリス：コモン・ローの故郷へ …………………………………… 31

1 はじめに ……………………………………………………………………… 31
 (1) 「英国法（English law）」とは 31
 (2) 英国法の特徴 31
2 英国法を準拠法とする契約締結にあたって注意すべき事項 …………… 32
 (1) 契約上の第三者の権利（Third Parties' Contractual Rights） 32
 (2) 損害賠償に関する定め——損害賠償額の予定（Liquidated Damages）と違約罰（Penalty） 33
 (3) 捺印証書（Deed） 34
3 英国式の契約書における特徴（アメリカ式の契約書との主要な相違点） ……………………………………………………………………………… 35
 (1) 会社番号（Corporate Number） 36
 (2) 日付の表記 36
 (3) ドラフティングのスタイル 36
 (4) 条文番号 36
 (5) 大文字・太字の利用 37
4 国際的な契約に関する条約の適用の有無 ………………………………… 37
 (1) ウィーン条約（国際物品売買） 37
 (2) ニューヨーク条約（仲裁） 37
5 イギリスの弁護士業界および法律事務所について ……………………… 38

6　おわりに　………………………………………………………………… 40
　Column　英国（イングランドおよびウェールズ）弁護士（Solicitor）
　　　　　　への道　41

Ⅴ　シンガポール(1)：アジアのコモン・ロー ………………………… 44
　1　シンガポール契約法の成り立ち──イングランド法（English law）の
　　　継承 ……………………………………………………………………… 44
　　(1)　植民地化以前　44
　　(2)　イギリスによる植民地化　44
　　(3)　マレーシアとの統合　44
　　(4)　独立国家としてのシンガポール──イングランド法適用法　45
　2　シンガポール法を準拠法とする契約締結にあたって注意すべき事項 … 45
　　(1)　約因（Consideration）　46
　　(2)　捺印証書（Deed）　48
　3　シンガポール式の契約書における特徴 ……………………………… 49
　4　国際的な契約に関する条約の適用の有無 …………………………… 50
　　(1)　ウィーン条約（国際物品売買）　50
　　(2)　ニューヨーク条約（仲裁）　50
　5　おわりに ………………………………………………………………… 51

Ⅵ　シンガポール(2)：紛争解決の「ハブ」………………………………… 52
　1　「ハブ」の国 ……………………………………………………………… 52
　2　紛争解決地としてのシンガポール …………………………………… 53
　　(1)　紛争解決条項について　53
　　(2)　なぜシンガポールか　53
　3　シンガポールにおける紛争解決手段 ………………………………… 55
　　(1)　SIACにおける仲裁手続　56
　　(2)　SICCにおける裁判手続　58
　　(3)　SIMCにおける調停手続　59
　　(4)　紛争解決条項に関する視点　59
　4　おわりに ………………………………………………………………… 60
　Column　シンガポールにおける判決取得後の手続について　60

Ⅶ インド：アジアのコモン・ロー　その２ ……………………… 64

1 インド契約法の成立経緯 …………………………………………… 64
(1) イギリスによるインドの植民地化と英領インド帝国　64
(2) インド契約法の成立　64
(3) インド契約法の地理的範囲　65

2 連邦法と州法 ………………………………………………………… 65

3 インド法を準拠法とする契約締結にあたって注意すべき事項 ……… 66
(1) 捺印証書（Deed）の不存在　66
(2) 競業避止条項（non-compete clause）　67
(3) 紛争解決条項（dispute resolution clause）　68

4 インド式の契約書における特徴 ……………………………………… 71

5 国際的な契約に関する条約の適用の有無 …………………………… 71
(1) ウィーン条約（国際物品売買）　72
(2) ニューヨーク条約（仲裁）　72

6 インドの弁護士業界および法律事務所について ……………………… 72

7 小括 …………………………………………………………………… 75

Column　インド人の「訴訟好き」な国民性について　75

第２章　中南米の国々

Ⅰ ブラジル：地球の裏の大陸法（シビル・ロー） ……………… 80

1 はじめに ……………………………………………………………… 80
(1) ポルトガル語　80
(2) ブラジル文化　81

2 ブラジル法制度の概要 ……………………………………………… 82
(1) 大陸法　82
(2) 連邦制　82

3 ブラジル契約法 ……………………………………………………… 83
(1) 契約の成立要件　83

(2) ポルトガル語での記載が要求される場合　83
　4　ブラジル式の英文契約書における特徴 …………………………………… 84
　　(1) 特殊な様式　84
　　(2) 法人格否認の法理　86
　　(3) インフレ率等に配慮した規定　86
　　(4) 不可抗力事由　87
　　(5) 紛争解決条項　88
　5　国際的な契約に関する条約の適用の有無 ………………………………… 88
　　(1) ウィーン条約（国際物品売買）　88
　　(2) ニューヨーク条約（仲裁）　89
　6　ブラジルの弁護士業界および法律事務所 ………………………………… 89
　7　おわりに …………………………………………………………………… 91
　Column　日本人弁護士のブラジル法律事務所での研修の意義〜不確実な時代に地球の裏側で、何を学ぶか〜　92

Ⅱ　メキシコ：米国の隣りの大陸法（シビル・ロー） …………………… 95

　1　はじめに …………………………………………………………………… 95
　　(1) スペイン語　96
　　(2) メキシコ文化等　96
　2　メキシコ法制度の概要 …………………………………………………… 97
　　(1) 大陸法　97
　　(2) 連邦制・アムパロ（Amparo）という特殊な裁判　98
　3　メキシコ契約法 …………………………………………………………… 98
　　(1) 契約の成立要件　98
　　(2) 書面またはスペイン語での記載が要求される場合　99
　4　メキシコ式の英文契約書における特徴 …………………………………… 99
　　(1) 準拠法の記載　99
　　(2) 仲裁条項　100
　5　国際的な契約に関する条約の適用の有無 ………………………………… 102
　　(1) ウィーン条約（国際物品売買）　102
　　(2) ニューヨーク条約（仲裁）　103
　6　メキシコの弁護士業界および法律事務所 ………………………………… 104
　7　おわりに …………………………………………………………………… 105

第3章　ヨーロッパの国々

Ⅰ　フランス：ロマンと大陸法の代表国 ……………………………… 108
 1　はじめに ……………………………………………………………… 108
  (1)　日本法との関係　108
  (2)　フランスの法体系　108
  (3)　フランスの司法体系　110
 2　フランス契約法 ……………………………………………………… 110
  (1)　契約の成立要件　110
  (2)　契約の要式　110
  (3)　契約書の公証　111
  (4)　契約の使用言語　111
  (5)　小括　112
 3　準拠法および紛争解決条項 ………………………………………… 112
  (1)　準拠法　112
  (2)　紛争解決条項　113
 4　国際的な契約に関する条約の適用の有無 ………………………… 115
  (1)　ウィーン条約（国際物品売買）　115
  (2)　ニューヨーク条約（仲裁）　116
 5　フランスの弁護士業界および法律事務所 ………………………… 116
 6　おわりに ……………………………………………………………… 117

Column　パリ第二大学への留学　118

Ⅱ　ドイツ：EU の経済大国・ドイツの契約実務 …………………… 121
 1　はじめに ……………………………………………………………… 121
 2　ドイツ法の全体像 …………………………………………………… 121
  (1)　ドイツの法体系　121
  (2)　ドイツ契約法の概要　122
 3　ドイツにおける典型的な取引契約と契約法 ……………………… 124
  (1)　売買契約　124

(2)　製品・部品の供給に関する契約　124
　　(3)　ドイツ国内における製品販売等のパートナーシップに関する契約　126
　4　ドイツにおける契約締結過程の特徴 …………………………………… 127
　　(1)　契約交渉のスタイル　127
　　(2)　契約締結権限の確認　129
　　(3)　公証・認証翻訳　129
　　(4)　ドイツ企業との連絡・やり取り　130
　5　準拠法および紛争解決 ………………………………………………… 130
　　(1)　ウィーン条約（国際物品売買）　130
　　(2)　ニューヨーク条約（仲裁）　131
　6　ドイツの弁護士業界および法律事務所について ……………………… 131
　7　小括 ……………………………………………………………………… 132

　Column　ドイツ人弁護士との付き合い方　133

Ⅲ　ロシア：お隣りユーラシア大国の契約実務 …………………… 136

　1　はじめに ………………………………………………………………… 136
　2　ロシアの法制度 ………………………………………………………… 136
　　(1)　ロシア民法　136
　　(2)　裁判所の判断　137
　　(3)　条約　137
　3　ロシア企業との契約にあたっての注意すべき事項 …………………… 137
　　(1)　使用言語　137
　　(2)　準拠法　138
　　(3)　強行法規　138
　　(4)　紛争解決　138
　　(5)　契約の形式　139
　　(6)　契約当事者の確認　140
　4　ロシア法を準拠法とする契約の締結 …………………………………… 140
　　(1)　契約の自由　140
　　(2)　債務不履行の責任　141
　　(3)　英米法概念の導入　142
　5　ロシアの弁護士業界および法律事務所について ……………………… 144

Ⅳ　トルコ：大陸法国トルコ──欧州と中東の狭間の国の
　　契約実務 …………………………………………………………… 146
　1　はじめに ………………………………………………………… 146
　　(1)　トルコ法とは　146
　　(2)　トルコ法の特徴　146
　　(3)　トルコ企業文化と契約交渉　147
　2　トルコ企業との契約にあたって注意すべき事項 …………… 147
　　(1)　準拠法の選択における留意事項　147
　　(2)　トルコ語原本の必要性　148
　　(3)　取引契約における留意事項　148
　　(4)　ジョイントベンチャー・M&A 契約における留意事項　150
　　(5)　印紙税　153
　3　国際的な契約に関する条約の適用の有無 …………………… 154
　　(1)　ウィーン条約（国際物品売買）　154
　　(2)　ニューヨーク条約（仲裁）　154
　4　トルコの弁護士業界および法律事務所 ……………………… 155
　5　おわりに ………………………………………………………… 155

　Column　現地に駐在した日本人弁護士が見た「トルコ」という国　156

第4章　アジアの国々

Ⅰ　中国：アジアの大国の契約法──「合同法」を読み解く …… 160
　1　はじめに ………………………………………………………… 160
　2　中国の法制度 …………………………………………………… 160
　3　中国契約法の成立経緯 ………………………………………… 161
　4　中国契約法の基本構成 ………………………………………… 162
　5　中国法を準拠法とする契約の締結 …………………………… 163
　　(1)　契約の成立　163
　　(2)　契約締結上の過失　163

(3)　不安の抗弁権　163
　(4)　約款の使用　164
　(5)　違約金　164
　(6)　強行法規との関係　164
6　技術ライセンス契約 …………………………………………………… 165
7　国際的な契約に関する条約の適用の有無 …………………………… 166
　(1)　ウィーン条約（国際物品売買）　166
　(2)　ニューヨーク条約（仲裁）　166
8　仲裁機関・紛争解決条項 ……………………………………………… 167
9　中国の弁護士・法律事務所事情 ……………………………………… 168
　(1)　司法試験制度について　168
　(2)　弁護士の登録要件と弁護士会　168
　(3)　中国の法律事務所、費用基準　169
　(4)　外国法律事務所の代表機構　169
10　おわりに ……………………………………………………………… 169

Column　中国の司法IT化が目指すもの　170

Ⅱ　タイ：アジアの微笑みの国の契約実務 ……………………………… 173

1　はじめに ………………………………………………………………… 173
　(1)　タイの法体系　173
　(2)　タイ法の特徴　173
　(3)　タイ企業との契約交渉　174
2　タイでの契約にあたって注意すべき事項 …………………………… 174
　(1)　書面による契約締結と登記義務　174
　(2)　使用言語　175
　(3)　準拠法　176
　(4)　紛争解決条項　177
　(5)　署名権者　178
3　国際的な契約に関する条約の適用の有無 …………………………… 179
　(1)　ウィーン条約（国際物品売買）　179
　(2)　ニューヨーク条約（仲裁）　179
4　タイの弁護士業界および法律事務所について ……………………… 180

Contents

  5 まとめ……………………………………………………………… 182

  <u>Column タイにおける裁判（民事訴訟）制度</u> 182

Ⅲ ベトナム：社会主義国家の大陸法（シビル・ロー）……… 185

 1 はじめに…………………………………………………………… 185
  (1) ベトナム民法の成立の経緯 185
  (2) ベトナムの法制度の概要 186
  (3) ベトナムの法体系（法源） 186
  (4) ベトナムの法制度の問題点 187
 2 ベトナム企業との契約締結にあたって注意すべき事項………… 188
  (1) 契約書の重要性 188
  (2) 契約の言語 188
  (3) 署名者の契約締結権限の確認 188
  (4) タフな契約交渉 189
  (5) 債権管理 189
  (6) 紛争解決条項 190
  (7) 準拠法に関する留意事項 190
  (8) 代理店契約に関する規定 191
 3 国際的な契約に関する条約の適用の有無………………………… 192
  (1) ウィーン条約（国際物品売買） 192
  (2) ニューヨーク条約（仲裁） 192
 4 ベトナムの弁護士業界および法律事務所について……………… 193
 5 小括………………………………………………………………… 195

  <u>Column ベトナムにおける裁判（民事訴訟）制度</u> 196

Ⅳ インドネシア：アセアンの大国インドネシアの契約実務…… 199

 1 法体系……………………………………………………………… 199
  (1) 法源 199
  (2) 法の序列 199
 2 契約の有効要件、様式…………………………………………… 200
  (1) 契約の有効要件 200

(2) 契約の様式　200
　　(3) 署名権者　201
　3　準拠法 …………………………………………………………… 201
　4　言語 ……………………………………………………………… 202
　5　紛争解決条項 …………………………………………………… 204
　6　インドネシア企業との交渉 …………………………………… 205
　7　ウィーン条約（国際物品売買）の不適用 …………………… 206
　8　インドネシアの弁護士業界および法律事務所について …… 206
　9　まとめ …………………………………………………………… 207
　Column　日本人弁護士のインドネシア駐在～世界最多のイスラム教徒
　　　　　を抱える国～　207

Ⅴ　韓国：日本法を起源とする隣国の契約法 ……………………… 210
　1　現代韓国法の起源 ……………………………………………… 210
　　(1) 大韓帝国と日韓併合　210
　　(2) 戦後の展開　210
　2　韓国法の法体系 ………………………………………………… 211
　　(1) 法源　211
　　(2) 司法制度　211
　3　韓国法を準拠法とする契約締結にあたって一般的に注意すべき事項 … 212
　　(1) 韓国契約法　212
　　(2) 合理的意思解釈および誠実協議条項（"in good faith"）　214
　4　韓国法を準拠法とする場合に注意すべき法令 ……………… 215
　　(1) 近年の動向　215
　　(2) 具体例　215
　5　韓国式の契約書における特徴 ………………………………… 217
　6　国際的な契約に関する条約の適用の有無 …………………… 217
　　(1) ウィーン条約（国際物品売買）　217
　　(2) ニューヨーク条約（仲裁）　217
　7　韓国の弁護士業界および法律事務所について ……………… 218
　　(1) 「法学専門大学院」の設置と法科大学の廃止　218
　　(2) 外資規制の緩和（外国法諮問士法の制定および改正）　219
　　(3) 事務所の規模や報酬体系等　219

8　小括……………………………………………………………………220

Ⅵ　マレーシア：アジアの多民族国家の契約実務………………221
　1　はじめに……………………………………………………………221
　　(1)　マレーシアの法体系　221
　　(2)　マレーシア法の特徴　221
　　(3)　マレーシア企業との契約交渉　222
　2　マレーシアでの契約にあたって注意すべき事項………………222
　　(1)　賃貸借契約に関する書面による契約締結義務と登記義務　223
　　(2)　競業避止義務　223
　　(3)　使用言語　224
　　(4)　準拠法　225
　　(5)　紛争解決条項　225
　3　国際的な契約に関する条約の適用の有無………………………227
　　(1)　ウィーン条約（国際物品売買）　227
　　(2)　ニューヨーク条約（仲裁）　227
　4　マレーシアの弁護士業界および法律事務所について…………227
　5　まとめ………………………………………………………………229

　Column　マレーシアにおける契約制度・会社法制度　230

Ⅶ　フィリピン：アジアの英語圏での契約実務…………………232
　1　フィリピン契約法の系譜…………………………………………232
　2　フィリピンにおいて契約を締結する際に注意すべき事項……232
　　(1)　詐欺防止法（Statute of Frauds）　232
　　(2)　公的文書（Public Documents）　234
　　(3)　契約の成立　235
　　(4)　バルクセール法による規制　236
　　(5)　ライセンス契約に関する規制　237
　3　国際的な契約に関する条約の適用の有無………………………238
　　(1)　ウィーン条約（国際物品売買）　238
　　(2)　ニューヨーク条約（仲裁）　238
　4　フィリピンの弁護士業界および法律事務所について…………238

第5章　英文契約の近時のトピックス

I　ASEAN主要6ヵ国におけるライセンス契約 …………………… 242
　1　はじめに ……………………………………………………………… 242
　2　インドネシア ………………………………………………………… 243
　　(1)　登録の要否等　243
　　(2)　ライセンス契約の内容に対する規制　243
　　(3)　ライセンサーの観点からの留意点　244
　3　マレーシア …………………………………………………………… 245
　　(1)　登録の要否等　245
　　(2)　ライセンス契約の内容に対する規制　245
　　(3)　ライセンサーの観点からの留意点　246
　4　フィリピン …………………………………………………………… 246
　　(1)　登録の要否等　246
　　(2)　ライセンス契約の内容に対する規制　246
　　(3)　ライセンサーの観点からの留意点　248
　5　シンガポール ………………………………………………………… 248
　　(1)　登録の要否等　248
　　(2)　ライセンス契約の内容に対する規制　248
　　(3)　ライセンサーの観点からの留意点　249
　6　タイ …………………………………………………………………… 250
　　(1)　登録の要否等　250
　　(2)　ライセンス契約の内容に対する規制　250
　　(3)　ライセンサーの観点からの留意点　251
　7　ベトナム ……………………………………………………………… 251
　　(1)　登録の要否等　251
　　(2)　ライセンス契約の内容に対する規制　251
　　(3)　ライセンサーの観点からの留意点　253

II　国際仲裁・国際調停 …………………………………………………… 254
　1　はじめに ……………………………………………………………… 254

2 国際仲裁について……………………………………………………………255
　(1) 仲裁とは・仲裁の長所　255
　(2) 主な国際仲裁機関とその仲裁件数　256
　(3) 仲裁の条項例　258
3 国際調停について……………………………………………………………260
　(1) 調停とは　260
　(2) 国際調停機関　260
　(3) 調停のモデル条項　261
4 日本国際紛争解決センター（大阪）について………………………………263
5 京都国際調停センターについて……………………………………………264
6 国際仲裁・国際調停のまとめ………………………………………………265

Column 「シンガポール条約」～国際調停に執行力を付与～　265

事項索引……………………………………………………………………………267
執筆者紹介…………………………………………………………………………276

第 1 章

英米法の国々

I アメリカ(1)

コモン・ローの大国

🌐 1 はじめに

　世界各地に吹き荒れるナショナリズムの嵐をもってしても、世界中に張り巡らされたグローバルな商業の流れを止めることはできないだろう。また、アメリカやイギリスといった英語を母国語とする国が、国際社会から一定の距離を置くことを望んだとしても、世界の共通語としての地位を確立した英語が廃れることはなさそうだ。

　日本の企業にとっても、アメリカやイギリスの企業と取引するときはもちろん、シンガポールやインドといった英語圏の企業と取引をするときや、ブラジルなどの南米諸国、トルコなどのアラブ諸国、さらには、中国・タイ・ベトナム・インドネシアといったアジア諸国の企業と取引するときであっても、英語で交渉し、その合意事項を英文で契約書に記載することが一般的となっている。

　したがって、日本の企業が、海外で事業を展開していくためには、外国企業と英語で交渉し、その合意事項を英文で契約書に落とし込むというスキルがビジネス上必須となっている。

　もっとも、一概に英文契約といっても、その契約の内容を規律する法律は、当該英文契約において準拠法として定めた各国の法律となる。したがって、異なる法体系を有する各国の法律の特徴を理解しておくことが、英文契約の内容を理解するためには重要となる。

　この点、世界各国の法律はおおむね、アメリカやイギリスの法律である英米法の流れを汲む諸国と、イギリス以外のヨーロッパ大陸における大陸法の流れを汲む諸国とに分類することができる。そして、一般的に、英米法系に属する国においては、法律の根拠として判例が最も重視されるのに対し、大陸法系に属する国においては、法律の根拠として成文法が重視される傾向にある。もちろん、英米法系の国においても成文法が存在しており、大陸法系の国においても判例により成文法の内容を補足しているわけであるが、こういった大きな傾向を理解しておくことは、法律の根拠や原典を自ら確認したいと思ったときや、

弁護士にどのような調査を依頼すべきかといった判断をするときに役に立つ。

また、契約当事者の所在する国、契約書において準拠法や裁判管轄に選んだ国が、英語を母国語とする国であるかどうかという観点も、英文契約の実務や解釈に影響を与える。すなわち、英語が母国語の国であれば、契約書や定款といった書類の公的機関への登録・登記の手続や裁判所に提出する書類はすべて英語で記載すればよいことになるが、英語が母国語でない国においては、母国語で関連書類を作成することが必要となる場合がある。その結果、英語で作成された書類を母国語に翻訳する時間と費用が発生するとともに、英語と母国語との書類の間に微妙なニュアンスの違いが生じるリスクがある。このため、英語が母国語ではない国では、母国語に翻訳しなければならない書類を予め理解したうえで、英文の書類を作成する際には、当該国の法律や言語に照らして疑義が生じないよう、注意を払う必要がある。

さらに、国によって、契約書に記載された内容に重きを置くのか、人的関係や口約束での信頼に重きを置くのかといった文化の違いや、法律の遵法精神や違反した場合の罰則の厳しさにも違いが見られる。したがって、各国における契約や法律に関する文化や価値観の相違も理解したうえで、どこまでを英文契約に記載し、またどの国の法律と機関を使って紛争を解決するかという戦略を立てる必要がある。

このような観点から、本書籍は、日本の企業が取引を行うことが多い北米・ヨーロッパ・南米・アラブ・アジアといった国々について、それらの国に所在する企業と現地の法律を準拠法として英文契約を締結する場合において、知っておくべき基本的な法律知識と留意点についてお伝えすることを目的としている。

まずは日本とのつながりが強く、英文契約の相手方としてしばしば登場するアメリカからスタートしたい。

2 判例法と成文法

アメリカはイギリスから独立したという歴史的経緯から、（旧フランス領であったルイジアナ州等を除き、）イギリスの法律の影響を色濃く受け、イギリスと同様に、法源としての判例を重視する判例法の国である。そして、通常の裁判所が下した裁判例の蓄積により形成された判例法体系のことをコモン・ロー（Common Law）と呼ぶ。

第1章　英米法の国々

　一般的に、アメリカにおいてある特定の事象が生じた場合（たとえば、契約書に記載されたある義務を当事者が履行しなかった場合）、当該事象が州法の問題であるのか、連邦法の問題であるのかを特定し、当該事象に類似した過去の事象について判断した判例がないかを検索する。そのような事象について判断した判例が複数検索された場合には、どの判例が当該事象に対して先例としての拘束力を有するか（当該事象について管轄権を有する裁判所の判例かどうか）、どの判例がより最新のものか（過去の判例が新しい判例で覆されていないかどうか）、より権威がある裁判所の判例がないか（州や連邦の最高裁判所の判例がないかどうか）といった点を検討し、当該事象に適用がある判例から導かれる一般的な法規範（たとえば、当該義務違反が重大な債務不履行を構成する場合、契約の解除が認められる）を特定し、現在問題となっている事象に適用することにより、結論を導き出す（たとえば、当該契約の解除が認められる）というプロセスを経ることになる。

　このような判例法のシステムが成り立つには、①過去の判例が体系的にデータとして蓄積されていること、②それらのデータが一般的にアクセス可能であること、といった前提が必要となる。そうでなければ、ある事象に適用される判例（すなわち法律）を見つけることが不可能となるからである。その結果として、アメリカでは、過去の判例が電子的データとして蓄積され、裁判所や判例検索システム（LexisNexis等が有名である）を通じて、過去の判例を検索することが可能となっている。

　法律事務所の実務においては、まずは若手弁護士やパラリーガルが判例を検索し、そのリサーチの結果を上司である弁護士に報告し、どういった主張を行うか議論することになるが、人工知能（AI：Artificial Intelligence）の登場で、弁護士のプラクティスにも変化が起こるのではないかと考えている。なぜならば、過去の膨大なデータを読み込んだうえで、そこから一定の法則を導き出すというのは、まさしくAIが得意としている分野だからである。もっとも、アメリカのロースクールに留学したことがある方はご存じだと思うが、アメリカの判例は、日本の判例に負けず劣らず、非常に難解な文体で記載されていることが多い。したがって、さすがのAIといえども、イギリス時代から蓄積された難解な判例をすべて理解するには、今しばらく時間を要するのではないか、と密かに願っている次第である。

　このように、判例を第一次的な法源とする判例法の国であるアメリカでは、ある取引に関連する法律を調査したいと考えた場合、当該取引に関連する判例

を検索することが原則となる。

　もっとも、基本的な取決めについてまで逐一関連する判例を調査するのでは時間と費用がかかりすぎるし、州ごとに異なる判例が適用されたのでは法的安定性も害されるため、成文法を通じて、全米に適用される統一的事項を定めようという試みも行われている。たとえば、商事取引に関しては、統一商事法典（UCC：Uniform Commercial Code）というモデル法典が作成された。そして、アメリカのほぼすべての州にて、UCC の内容をベースとした州の法律が採択された。UCC の第 2 編では、物品の売買（Sale of Goods）に関する事項が規定されているため、物品の売買に関する基本的な商取引の条件に関しては、UCC に基づいて採択された各州の成文法が基本的なルールとして適用されることになる。

　なお、契約法（Contract Law）は、アメリカのロースクールの必修科目であり、アメリカ各州の司法試験科目でもあるので、UCC の基本的なルールを勉強された日本人も多いのではないかと思うが、国や州によって内容が大きく異なる家族法や刑法の分野と異なり、UCC の内容は日本の民法や商法と重なり合う部分も多く、日本人にとっても比較的理解し易い法律なのではないかと思う。

　もっとも、UCC の内容であっても、たとえば、「黙示の保証責任（implied warranty）」として、商品性に関する黙示の保証責任（UCC 2 - 314 条）や、特定目的適合性に関する黙示の保証責任（UCC 2 - 315 条）といった、日本の民法にはない特殊な保証責任の概念もある。したがって、日本企業が売主側となる売買契約を締結する際には、こうした保証責任の適用の是非・契約における排除の要否についても検討し、保証責任を排除したい場合には、その旨を契約書において明確に規定しておくべきことになる。

　UCC における黙示の保証責任を排除したい場合には、以下のような条項例を記載することが考えられる。

THE SELLER EXPRESSLY DISCLAIMS ALL EXPRESS AND IMPLIED WARRANTIES, INCLUDING, WITHOUT LIMITATION, THE WARRANTIES OF MERCHANTABILITY AND FITNESS FOR A PARTICULAR PURPOSE.

（和訳）
売主は、明示および黙示の保証（商品性の保証および特定の目的への適合性の

保証を含むが、これらに限られない）を明示的に排除する。

　実務においては、UCC に定められた事項であっても、契約当事者の合意によって変更できる事項も多く、UCC に定められた基本的なルールを超えた事項（たとえば、製造物責任に関連する規制はどうなっているのか等）が問題になることも多いので、その場合は、やはり問題となる州や連邦の判例や UCC 以外の州や連邦の成文法による規制について調査することが必要となる。

3　州法と連邦法

　アメリカは、独立当初は 13 州（アメリカ国旗の赤と白の縞の数）、現在では 50 州（アメリカ国旗の星の数）が結合（united）することにより成り立っている国である。

　各州にはそれぞれの政府・議会・裁判所が存在し、原則として州内の事項に関する行政権・立法権・司法権を有している。そして、日本の都道府県と比べても、それぞれの州の独立性が強いため、ある州で認められることが、他の州では認められないということが生じる。

　たとえば、アメリカでは、大麻の使用を合法化するかどうかを巡って、いくつかの州で住民投票が実施され、カリフォルニア州といった州では、大麻の使用が合法化されることとなった。この結果、ある州は大麻の使用が合法なのに、州境を越えて別の州に移動した途端に違法となるといった事態が生じる。このように、実は「アメリカの法律によれば」と一言で語れるほど単純な話ではなく、「アメリカのカリフォルニア州における法律（判例）によれば」といった特定をしないと、正しい前提を置いたことにならない場合がある。日本においては、大麻取締法といった法律が全国津々浦々まで一律に適用されることを考えると、アメリカの法律構造がいかに複雑であるかがご理解いただけると思う。

　また、アメリカの法律をさらに複雑にしている要因として、連邦法の存在が挙げられる。アメリカでは、原則として、各州が立法権限を有するが、州を超えて問題となる分野（たとえば、特許等の知的財産権、倒産法、独占禁止法等）については、例外的に連邦に立法権限が委譲されている。

　そして、連邦にどこまで立法権限が与えられているかについては、しばしば裁判でも問題となる重要な論点である（たとえば、銃の保持についてどこまで規

制できるか等）。

　このため、アメリカで法律に関する問題が生じた場合には、そもそもその法律問題が、州法により規律される問題なのか、連邦法により規律される問題なのか、あるいは州法と連邦法の両方によって規律される問題なのかについての確認も必要となる。

　日本の依頼者から、アメリカの法律についてどうなっているのかアメリカの弁護士に問い合わせて欲しい、という依頼を受けることがある。もっとも、その質問をそのままアメリカの弁護士に聞いたのでは、「どの州の問題なのか」、「州法を知りたいのか、連邦法を知りたいのか」といった前提を確認されることになる。質問に関して何らの前提も置かずに、漠然とアメリカの法律全般について調べようとすると、思わぬ時間や費用がかかることがあるので、アメリカの法律を調査する場合には、具体的な事例を念頭に、一定の前提の下に法律調査を依頼することが望ましい。

　英文契約について見ると、まず日本の民法や商法に相当するような基本的な契約法については、連邦法ではなく、各州の州法によって規定される。そして、契約に適用される準拠法をどの州の法律にするかは、原則として契約当事者の合意に委ねられている。したがって、アメリカの当事者と英文契約を締結する場合においては、その契約書に記載された合意事項の有効性や適法性を判断し、その契約文言の解釈に用いられる州の法律を選択したうえで、準拠法として規定することが必要となる。そして、当該準拠法で定めた州の法律（UCCを採用した当該州の成文法や判例）により、当該英文契約の内容が規律されることになる。

　一方で、事業や取引の内容によっては（たとえば、証券業の法律が関係する有価証券の売買等）、連邦法による規制の影響を受ける可能性がある。このため、日本の企業がアメリカの企業との間で、ある事業についての英文契約を締結する際には、アメリカの連邦法において、当該事業についての規制が及んでいないかどうかについても確認することが考えられる。

　したがって、日本の企業が、初めてアメリカの企業と英文契約を締結する際には、アメリカの弁護士資格を有する弁護士に、当該英文契約の内容に影響を及ぼす可能性のある州法（そして場合によっては連邦法）について確認しておくことが慎重な対応と言える。

🌐 4　国際的な契約に関する条約

　アメリカに限った話ではないが、国際的な英文契約を締結する際には、当該契約に適用される国の法律に加えて、当該契約の内容に影響を与える条約についても検討が必要な場合がある。そこで、国際的な契約に影響を与える2つの条約を紹介したい。

　まずは、国際的な物品売買契約を規律する統一ルールを定めたウィーン条約（正式名称は「国際物品売買契約に関する国際連合条約」（CISG：United Nations Convention on Contracts for the International Sale of Goods））である。

　CISGは、営業所が異なる国に所在する当事者間の物品売買契約に適用される条約であり、日本とアメリカはいずれもCISGの加盟国であるため、日本企業とアメリカ企業における物品売買契約には原則としてCISGが適用される。

　そして、CISGが適用された場合には、契約の成立時期・契約解除の可否・品質保証責任などについて、日本やアメリカの法律と差異が生じる可能性がある。

　もっとも、契約当事者の合意によって、CISGの適用を排除することが可能であるため、日米間の国際的な売買契約を締結する際には、CISGの適用の是非・契約における排除の要否についても検討し、CISGの適用を排除したい場合には、その旨を契約書に規定しておくべきことになる。

　CISGの適用を排除したい場合の条項としては、以下のような条項例が考えられる。

> The Parties agree to exclude the application of the United Nations Convention on Contracts for the International Sale of Goods to this Agreement.
>
> （和訳）
> 両当事者は、「国際物品売買契約に関する国際連合条約」の本契約への適用を排除することに合意する。

　もう1つの条約は、ニューヨーク条約（正式名称は「外国仲裁判断の承認及び執行に関する条約」（Convention of the Recognition and Enforcement of Foreign Arbitral

Awards))である。ニューヨーク条約の加盟国で仲裁判断を得れば、同条約に規定される承認執行拒否事由が存在しない限り、他の加盟国において、同判断の承認・執行を行う義務がある。そして、日本とアメリカはいずれもニューヨーク条約の加盟国であるため、日本またはアメリカで下された仲裁判断は、原則として相手国においても執行できることになる。

したがって、日本企業とアメリカ企業との間の契約において、紛争解決手段を規定する際には、仲裁による解決を定めた仲裁条項も1つの選択肢として考慮に値する。特に、アメリカの裁判では、陪審制度・証拠開示手続（ディスカバリー）・懲罰的損害賠償といった、日本にはないアメリカ独特の制度があるため、日本企業がアメリカの州または連邦の裁判所において、裁判による紛争解決を行うという専属的裁判管轄の合意は、日本企業にお薦めではない場合が多い。

5 契約に関する文化・慣習

アメリカの文化・慣習についても簡単に触れたい。アメリカは契約書による合意に重きを置く国であり、企業同士の取引の場合には、アメリカの企業から契約書の締結を求められることが多い。また、契約書に記載された契約文言を尊重する慣習がある。そのため、日本人の目から見ると、そこまで細かい事項を書かなくてもよいのではないかと思える事項についても、契約書に落とし込む傾向にある。

また、過去の判例によって形成されてきた法規範（たとえば、完全かつ最終的な契約書締結以前の証拠を排除する口頭証拠排除法則（Parol Evidence Rule））を、一般条項（たとえば、完全合意条項（Entire Agreement））の形で契約書の内容の一部として取り込むことにより、契約当事者の間の取引においても当該法規範が適用されることを明確にし、アメリカのどの州で裁判になった場合であっても、当該法規範が適用されることを担保している。

アメリカの州法を準拠法とした契約書においてよく規定されている完全合意条項（Entire Agreement）の条項例としては、以下のようなものがある。

> This Agreement constitutes the entire agreement between the Parties and supersedes all prior agreements, understandings and representations among the Parties, whether written or oral, relating

> to the subject matter of this Agreement.
>
> (和訳)
> 本契約は、両当事者の完全なる合意を構成するものであり、本契約の主題に関する両当事者のすべての従前の合意、理解および表明（書面であるか口頭であるかを問わない）に取って代わるものである。

　したがって、今後も新たな判例において、企業間の取引一般に影響を与えるような法規範が判示された場合には、当該判例の内容が契約書の条項に取り込まれ、その結果、アメリカの契約書はますます長く細かいものになっていくのである。

　このように、アメリカにおける契約書は新たな判例の誕生により日々進化していくものであるので、国際的な法律業務に携わる者としては、アメリカで新たに誕生した重要な判例について研究することも、重要な責務の1つと言える。

6　アメリカの弁護士業界および法律事務所について

　アメリカにおける弁護士業界の特徴としては、まず、アメリカにおいては州ごとに弁護士資格が分かれており、それぞれの州において司法試験を実施している点が挙げられる。

　一般的には、大学卒業後にロースクールと呼ばれる3年制のプロフェッショナル・スクールを卒業し、J.D.（Juris Doctor）と呼ばれる学位を取得した者であれば、どの州の司法試験でも受験することができる。一方で、ニューヨーク州やカリフォルニア州のような一部の州において、アメリカのロースクールを卒業し、J.D.の学位を取得した者以外の受験生（たとえば、アメリカ以外の国における弁護士資格を有する者）にも受験の門戸を開いている。このように各州が実施する司法試験に合格し、一定の要件を満たした者に、当該州の弁護士資格が与えられる。

　また、アメリカにおける弁護士業界の特徴として、アメリカ全土において非常に多くの弁護士が存在し、その総数は2018年時点で、約1,340,000名と言われている。

　アメリカの法律事務所の特徴としては、上記のように弁護士の絶対数が多いことに由来して、巨大化・組織化された法律事務所（ロー・ファーム）が多数存在することが挙げられる。具体的には、法律事務所に所属する弁護士数は千

名を超えるような事務所が数多く存在している。

　このような巨大化したアメリカの法律事務所の中にも、①アメリカ系とイギリス系の法律事務所が統合して巨大化した法律事務所、②アメリカ系ではあるが、アメリカ国内のみならず、ヨーロッパやアジア等に自らのオフィスを展開することにより国際化した法律事務所、③ニューヨークに代表されるアメリカ国内の主要都市を中心に発展した法律事務所、といったさまざまな歴史的経緯や構成員を有する事務所が存在する。

　また、アメリカ国内の主要都市には、数多くの法律事務所が密集しているが、ニューヨークといった経済活動の中心地にはコーポレート・M&Aといった企業法務に特に強みを発揮する法律事務所が、ワシントンD.C.といった連邦規制当局が所在する都市においては知的財産権や独禁法といった分野に専門性を有する法律事務所が、ヒューストンのような天然資源が豊富な場所においてはエネルギーや天然資源に関する業務を専門的に取り扱う法律事務所が存在するといったように、その州や都市ごとに、特定の分野に特化した法律事務所が集中しているのもアメリカならでは特徴と言える。

　日本企業が起用する機会が多い、アメリカの大手の法律事務所の多くは、タイムチャージ制と呼ばれる、弁護士が作業に要した時間に応じて、弁護士報酬が決定される仕組みを採用している。タイムチャージの金額は事務所によって異なるが、アメリカのトップ・ファームに所属するシニア・パートナーの場合は、1時間あたり1,000ドルを超えることもある。また、アソシエイトと呼ばれる中堅弁護士であっても、500ドルを超えることもあるので、アメリカの弁護士の費用は他国と比較しても高額であると言える。

　一方で、アメリカの地方都市や中小規模の法律事務所の弁護士であれば、ニューヨークのトップ・ファームに所属する弁護士よりは弁護士費用が安いことが多いが、特定の分野に秀でた著名な弁護士の場合には、高額であることも多いので、案件を依頼する前に弁護士費用を確認しておくことが望ましい。

　また、ある程度類型化された内容の作業や比較的簡易な内容の案件では、両当事者が予め合意した固定額（Fixed Fee）にて対応するということもあり得る。

　さらに、訴訟といった類型においては、訴訟の結果により得られた経済的利益に応じて、弁護士費用が決定されるという成功報酬（Contingent Fee）という類型もあり得る。

　いずれにせよ、後日の紛争を避ける意味で、アメリカの弁護士に仕事を依頼する際には、どのような方法で費用が計算され、どのようなタイミングで支払

う必要があるのか等について、事前に明確に書面化し、合意しておくことが望ましい。

また、日本とアメリカの法制度・法律用語・文化等の違いにより、日本企業の依頼の趣旨がアメリカ人の弁護士に正確に伝わらないこともあるので、必要に応じて、アメリカの弁護士資格を有する日本人弁護士等を介して、アメリカ現地の弁護士に依頼するという方法も検討に値する。

7　おわりに

以上、日本の企業がアメリカに所在する企業との間で、アメリカの州の法律を準拠法として英文契約を締結する場合において、知っておくべき基本的な法律知識と留意点や、アメリカの弁護士業界や法律事務所の特徴について記載した。

日本企業が、アメリカの企業との間で、アメリカの法律が関係する英文契約を締結する際や、アメリカの弁護士を起用する際に、少しでもお役に立てば幸いである。

（石原　坦）

Ⅱ　アメリカ(2)

法令変更リスクと英文契約の実務
—— トランプ政権の誕生を題材として

1　はじめに

　トランプ政権の誕生以来、トランプ大統領に関する報道を目にしない日はないのではないだろうか。トランプ大統領のSNSでの過激なつぶやきが紙面を飾ったことは数知れず、また、トランプ政権によって導入されてきた政策は、アメリカ国内に限らず、国際ビジネスに大きな影響を及ぼしかねないものであり、世界中がトランプ大統領の一挙手一投足に注目してきたと言っても過言ではない。そこで、本節では、アメリカのトランプ政権による政策変更や法令変更の可能性を題材として、政治が国際取引にどのような影響を与えるか、そして、そのリスクをどのように英文契約で軽減することが考えられるかを中心に解説したい。

　以下では、最初に、世界中で大きな議論を巻き起こした中東・アフリカ7ヵ国からの外国人の入国禁止の大統領令（「入国禁止令」）を題材に、トランプ政権が政策実現のために立て続けに発令した大統領令とは一体どのようなものであるかについて解説し、次に、日本企業の対米ビジネスに影響を与えたと思われるまたは今後与え得るトランプ政権の主な政策について触れ、最後に、トランプ政権の政策・法令変更リスクと英文契約実務上の対応について述べたい。

2　トランプ政権の誕生と政策変更

　2016年11月のアメリカ大統領選挙では、大方の予想を覆してドナルド・トランプ氏が勝利し、2017年1月20日に第45代アメリカ合衆国大統領に就任した。トランプ氏が大統領選挙中に掲げた公約は、オバマ政権下の政策を大きく変更するものであり、その内容の過激さもあいまって、その実現可能性の有無も含めて大きな注目を浴びていたが、その政策の一部は実施されるに至り、アメリカ国内外に大きな反響を呼んでいる。大統領就任直後に矢継ぎ早に署名

された大統領令、特に入国禁止令を巡る騒動については、読者の記憶にも新しいところだろう。報道でクローズアップされた「大統領令」は、日本人にはあまり馴染みがないところだと思われるので、以下ではまず、入国禁止令を通じて大統領令とは一体どのようなものであるかについて見ていきたい。

(1) 大統領令について

ア 入国禁止令を巡る経緯

2017年1月27日、「外国人テロリストの米国入国から国家を守る（Protecting the Nation from Foreign Terrorist Entry into the United States）」と題する大統領令（No. 13769）が署名公布された。当該大統領令は、中東・アフリカ7ヵ国（イラク、イラン、リビア、ソマリア、イエメン、スーダンおよびシリア）からの外国人の入国を90日間禁止すること、シリア難民の受入れを無期限停止すること等を定めるものだった。これにより、当該対象国およびアメリカ各地の空港では大きな混乱が生じ、また、入国禁止令に抗議するデモ集会が全米各都市に広がり、さらには、ニューヨーク州など全米15州およびワシントンD.C.の司法長官が、入国禁止令を非難する共同声明を発表する事態に至った。

そして、空港で身柄を拘束された対象国の国民や、一部の州（ワシントン州等）が、入国禁止令の一部は憲法が定める信教の自由、平等原則、デュー・プロセス等に違反するとして、執行の差止め等を求めて裁判所に申立てを行った。これにより、入国禁止令を巡る争いの舞台は法廷に移された。なお、この間、本来は大統領を擁護すべき立場にあるはずのサリー・イエーツ司法長官代行が、大統領令の合法性に確信が持てないとして、司法省の弁護士に対し入国禁止令を弁護する主張をしないよう通知し、これを受け、トランプ大統領がイエーツ司法長官代行を直ちに解任するというきわめて異例の展開を見せた。

その後、同年2月3日、シアトルの連邦地裁が、全国レベルでの緊急差止命令（temporary restraining order）を出すに至った。政権側はこれに対し不服申立て（appeal）するとともに、緊急差止命令の執行停止（emergency stay）を求めたが、同月9日、第9巡回区控訴裁判所は当該執行停止の申立てを却下したため、入国禁止令を巡る混乱はいったん収束することになった。

しかし、同年3月6日、トランプ大統領は、従前の入国禁止令を取り消し、これに取って代わる新たな大統領令（No. 13780）（「修正版入国禁止令」。「入国禁止令2.0」とも呼ばれる）に署名した。従前の入国禁止令との違いとしては、入国禁止対象国からイラクを除外し6ヵ国とする点、ビザや永住権（グリーン

カード）の保有者、二重国籍者等を制限対象外とする点等があった。この修正版入国禁止令についても、ハワイ州およびメリーランド州の連邦地裁が緊急差止命令および仮差止命令を出し、政府側が控訴裁判所に不服申立てする等、再び法廷闘争の様相を呈した。

その後、当該各連邦地裁の判断は控訴裁判所でも維持されたが、同年6月27日、連邦最高裁は、修正版入国禁止令について、アメリカとの真正な関係（bona fide relationship）を有しない者に対する入国禁止の執行を認める（つまり部分的な執行を認める）判断を下した。

修正版入国禁止令の有効期間は同年10月17日までであったが、2017年9月24日、トランプ大統領は、修正版入国禁止令の規制対象6ヵ国からスーダンを外す代わりに北朝鮮、ベネズエラおよびチャドの3ヵ国を新たに加えるとともに、期間を90日間から無期限に変更する内容の入国禁止に関する布告（Proclamation No. 9645）（「再修正版入国禁止令」。「入国禁止令3.0」とも呼ばれる）を発令した（なお、後にチャドは対象外とされた）。

再修正版入国禁止令についても、連邦地裁によって差止めが認められ、また、控訴裁判所も部分的な執行のみを認めたが、2017年12月、連邦最高裁は、審理について判断が下されるまで全面的な執行を認めるとの判断を下した。

その後、2018年6月26日、連邦最高裁は、ジョン・ロバーツ長官を含む保守派による5対4の賛成多数で、再修正版入国禁止令を支持する判断を下した。ジョン・ロバーツ長官の意見によれば、争点は、大統領が再修正版入国禁止令を発令する権限を移民国籍法（Immigration and Nationality Act）上有するか、および、当該入国政策がEstablishment Clause（国教条項）に違反するかの2点であった。この点、多数派意見は、大統領が移民国籍法上付与された外国人の入国を停止する広範な裁量を適法に行使してきたこと、原告が憲法違反の主張について本案における勝訴の見込みを立証していないことなどを判示しており、再修正版入国禁止令の合憲性を事実上肯定する内容であった。これにより、入国禁止令を巡る一連の法廷闘争は、トランプ政権の勝利という形で終わりを告げたと言える。

イ 大統領令とは

それでは、世間で話題となった「大統領令」とはそもそも何だろうか。

大統領令とは、大統領が議会の承認なくして出すことができる、連邦政府機関等に対する命令のことであり、法律とほぼ同等の効力を持つとされている。

過去に出された有名な大統領令には、リンカーン大統領の奴隷解放宣言や、フランクリン・ルーズベルト大統領による日系人収容に関する大統領令がある。

合衆国憲法に大統領令に関する明確な規定はないが、合衆国憲法の解釈により、大統領には大統領令を出す権限が与えられている、と考えられている。

さらに、「大統領令」と類似のものも存在する。ホワイトハウスのウェブサイトを見ると、大統領の行動（Presidential Actions）の欄には、大統領令（Executive Order）のほかに、「大統領覚書（Presidential Memoranda）」や「布告（Proclamation）」が併記されている。しかし、大統領令と大統領覚書の法的効力は同一であり、違いとしては、大統領令は連邦公報（Federal Register）に掲載する法律上の義務があるが、大統領覚書は一般的な掲載義務がないという点にすぎないとされている。他方、大統領布告は、一般に法的効力を有さず、儀式的なものと理解されている。

大統領令のメリットとしては、議会での立法には一定の時間を要するが、大統領令は議会の承認なくして出すことができる点が挙げられる。そのため、大統領令は、早期の政策実現のために利用されることもある。もっとも、予算を必要とする場合等は、議会の協力なくして政策の実現は困難である。なお、トランプ大統領が就任直後に大統領令を次々と発令した背景については（就任後100日間の発令数としては戦後最多と言われている）、就任後の支持率が戦後最低レベルに落ち込み、また、大統領選挙期間中に掲げた政策の実現に向けて議会の協力を得られるか不透明という状況下において、実績をアピールして支持基盤を拡大するためには、議会の承認なくして即座に発令できるにもかかわらず、世論に対して一定のインパクトを有する大統領令を発令することが最も効率的かつ効果的と考えたから、との指摘も存在する。

また、大統領令（または大統領覚書）の効力は無制限に認められるものではない。議会がこれを覆す法律を制定することもできるし、裁判所によって事後的に違憲と判断される可能性もある。実際、過去には連邦最高裁まで争われ、違憲と判断された例もある。

(2) 日本企業の対米ビジネスに影響を与え得る政策動向

入国禁止令は、日本企業の対米ビジネスに大きな影響を与えるものではないと思われるが、トランプ政権の政策の中には注目すべきものがいくつも含まれている。たとえば、すでに実施されているものとしては、環太平洋パートナーシップ（TPP）協定交渉および合意からの脱退、北米自由貿易協定（NAFTA）

再交渉の意思表明、対イラン制裁の再開、対トルコ制裁の実施、中国に対する制裁関税の発動などが挙げられる。また、これまで実施の可能性が取り沙汰された政策としては、NAFTAからの脱退、国境税ないし国境調整の導入等がある（なお、大統領権限では実行できず、議会との調整が必要なものもある）。

そのほかにも、トランプ政権下での動向に留意が必要な事項として、対米外国投資委員会（CFIUS）による対内投資に対する承認審査の運用動向、独占禁止法やFCPA（連邦海外腐敗行為防止法）の外国企業に対する執行状況等も挙げられる。

3 政策変更・法令変更と英文契約実務

(1) 政策変更・法令変更に伴うリスク分担に関する英文契約条項

トランプ政権によってこれまで実行されたあるいは今後実行される政策の内容および企業の対米ビジネスモデル次第では、過去に英文契約を締結した時の想定を遥かに上回るコストが生じる等の理由で、当該英文契約を維持する合理性が失われる可能性がある。また、新政策の実施によって、（コスト増以外の理由で）英文契約の履行が困難となる可能性も否定できない。

これらは、政策変更・法令変更のリスクが具体化した場合と言うことができ、このようなリスクは、英文契約締結から取引実行までに通常一定期間を要するM&A契約や長期の商品供給契約等において特に問題となり得る。このようなリスクに関連する一般的な契約条項として、Force Majeure（不可抗力）条項、M&A契約等におけるMAC（Material Adverse Change）条項があるので、以下、順に見ていきたい。

ア Force Majeure条項

Force Majeure条項とは、当事者のコントロールを超えた事情（Force Majeure）が発生した場合に債務不履行または履行遅滞を免責するものである。Force Majeure条項は英文契約に含まれていることが通常であり、実務上は、Force Majeure条項の存在を前提として、Force Majeure条項に列挙する事由あるいは対象外とする事由、Force Majeureが生じた場合の効果、それを発生させるために必要となる手続（相手方当事者に対する通知等）およびForce Majeure解消に向けた一定の作為義務等について交渉が行われることが多い。

取引内容によっては、厳しい交渉のうえ、数ページにもわたる詳細なForce Majeure条項が定められることもある。

最もシンプルな内容のForce Majeure条項の例としては、以下のような規定が挙げられる。

> Neither party shall be responsible for failure to perform all or any part of its obligation under this Contract if such failure is due to the occurrence of any event beyond the reasonable control of such party, including, but not limited to riots, war, acts of God, fire, storm, flood, earthquake, tsunami, strikes or any other similar causes.
>
> (和訳)
> いずれの当事者も、本契約に基づく義務の全部または一部が、その当事者の合理的な支配を超える事由(暴動、戦争、天変地異、火事、暴風、洪水、地震、津波、ストライキまたはその他の類似する原因を含むがこれらに限られない)によって履行できないときは、当該不履行につき責任を負わないものとする。

このようなForce Majeure条項に法令変更(changes in laws)が免責対象として含まれていることがあるが、たとえば、債務者が、トランプ政権下での法令変更がForce Majeureに該当するとして債務の免責を主張した場合、かかる主張は認められるだろうか。

Force Majeure条項上、当該法令変更による債務免責について具体的かつ明確に規定されており、その要件該当性が一義的に明確であれば、このような主張が認められる可能性はあるが、一般論としては、Force Majeureに該当するという主張が認められるのは簡単ではない。

まず、契約書の文言上、Force Majeureによって履行が「不可能な」場合に限り免責される旨が明記されている場合がある。この場合、債務の履行を不可能にするような政策変更であるとの立証は実務上相当困難であると思われ、たとえば、単なるコスト増を理由とする免責が認められる可能性は低いだろう。

また、Force Majeure該当性の判断にあたっては、契約締結時の当事者の予見可能性が考慮され得ると言われているが、トランプ政権による政策は、大統領選挙のときからトランプ大統領が一貫して主張していた内容と重なる部分も多いため、大幅な政策変更について、契約当事者が契約締結時に予見できたと解釈され、Force Majeureには該当しないと主張されるリスクもあり得るだろう。

イ　MAC 条項

　MAC（Material Adverse Change）条項とは、契約締結からクロージング（取引実行）までに一定期間を要する M&A 契約等においてよく定められる条項であり、当該期間内に対象会社の事業等に重大な悪影響（Material Adverse Effect（「MAE」））またはかかる悪影響が生じるような変化（Material Adverse Change（「MAC」））が存在した場合に、買主・債権者等に取引実行を拒否する権利を与える条項をいう（「MAE 条項」と呼ばれることもある）。

　英文契約における MAC 条項は詳細に定められることが多いが、比較的シンプルかつ広範に定義された重大な悪影響（MAE）の例としては、以下のような規定が挙げられる。

> "Material Adverse Effect" means any fact, event, circumstances, change in or effect that is or would reasonably be expected to be materially adverse to the business, assets or financial condition of the Company.
>
> （和訳）
> 「重大な悪影響」とは、対象会社の事業、資産または財務状況に対し重大な悪影響を及ぼすまたはかかる悪影響を及ぼすと合理的に予測される事実、事象、状況、変化または影響のすべてをいう。

　実務上は、このような MAE の定義を前提に、MAE から除外される事項を規定し（カーブアウトと呼ばれる）、さらに当該カーブアウトに限定文言を付してその範囲を限定するといった形で、ドラフトのやりとりが行われる。MAC 条項は、取引の確実性をどの程度認めるかにかかわる重要な規定であり、当事者間の交渉ポイントとなることが多い。

　では、法令変更について、MAC 条項を理由とする取引からの離脱は認められるだろうか。

　この点も、MAC 条項上、法令変更を理由とする取引離脱が具体的かつ明確に規定されており、その要件該当性が一義的に明確であれば、このような主張が認められる可能性はあるが、一般論としては認められにくいだろう。

　まず、規定の文言上、法令変更が MAE から明確に除外されていることがある。また、仮にこれが除外されていない場合であっても、MAC 条項では、何が MAE に該当するかについて明確な定義が置かれていないことも多く、その

ような場合には裁判所がMAE該当性（特に重大性）を認めるかどうかは不透明である。さらに、多くの会社が準拠法とするデラウェア州の裁判所は、MAC条項の適用に消極的と言われている。

ウ　一般法理

そのほかにも、関連する一般的な法理として、Impracticability of performance（履行の実行困難性）ないしFrustration of purpose（契約目的の達成不能）と呼ばれるものがある。前者は、契約締結後の事情変更により履行が実行困難となった場合、後者は、後発的事情により契約当事者の主要な目的達成が不能となった場合に免責を認めるものである。しかし、裁判所がこれらの法理を認めたケースはごく限られているとされており、また、上記と同様、契約当事者の予見可能性が問題となり得るため、当該一般法理に依拠することも難しい。

(2)　英文契約実務上の対応

では、英文契約実務上、政策変更・法令変更のリスクに対してどのように対応すべきだろうか。

まずは、当たり前だが、情報収集がきわめて重要である。トランプ政権に限らず、国際取引が関係する国・地域の動向およびビジネスに与える影響について、最新の情報を入手のうえ、継続的に注視しておく必要がある。もっとも、日々の業務に加えてこれらの情報を自ら収集するのは大変なので（最新の重要な情報は、英語あるいは現地語でしか入手できないことも多い）、外部の専門家から定期的に情報提供してもらうことも検討に値する。たとえば、多くの日系企業をクライアントに持つアメリカの法律事務所であれば、最新のアメリカの政治状況等をクライアントのためにモニタリングしていることがあり、こういった事務所から最新の関連情報を日本語で受け取ることができれば、企業の法務部に限らず、営業担当者にもスムーズに情報共有することができ、その結果、企業が一体となって、事前に対応策を検討することが可能となると考えられる。

また、すでに締結済みの契約については、リスクが顕在化した場合に備え、上記関連条項の有無および具体的文言、そのほかに債務免責、契約解除、価格調整・価格転嫁・ビジネスからの撤退等を認める根拠となり得る条項がないか、当該条項の行使に関連して契約上何らかの義務が課されていないか（たとえば、損害回避義務、一定期間内の相手方に対する通知義務等）を予め確認しておくべきと言える。

さらに、今後締結する英文契約については、ビジネスに大きなインパクトを与え得る政策や法令の変更が予想されるのであれば、そのリスク分担について予め契約において可能な限り具体的かつ明確に規定しておくことが望ましい。リスク分担方法としては、たとえば、当事者に（一定の金銭の支払いを条件とするまたは無償での）契約の解除権を与えるものから、一定割合でコストを分担しあうもの、当事者に再交渉義務を課すものまでさまざまなものが考えられる。また、仮に英文契約において具体的に規定しない場合であっても、少なくともそのリスクは価格等の経済条件に十分織り込むべきだろう。

　なお、冒頭で記載したとおり、政策や法令の変更は、議会による立法によって実施されるとは限らず、大統領令、大統領覚書、ガイドライン等さまざまな形式で実行に移される可能性があるため、「法令（law）」にいずれの形式まで含めるのかを明確に規定することも検討すべきだろう。

4　おわりに

　政策変更や法令変更のリスクは、これまでは主に発展途上国が念頭に置かれていたと思われるが、トランプ政権の誕生によって、アメリカでもこのようなリスクが存在することが明確になった。

　これを機に、既存の英文契約の条項を見直すとともに、今後締結予定の英文契約においては、当該リスクを想定して、具体的に定める文言等を検討することが望ましい。

（藤田将貴）

Ⅲ　アメリカ(3)

近時の裁判例の紹介

1　はじめに

　アメリカは、判例を第一次的な法源とする判例法の国であるため、英文契約書に記載される合意事項の有効性や適法性の判断に際しても、当該契約書の準拠法がアメリカの州法である場合には、アメリカの過去の判例に当たることが必要になる。

　したがって、アメリカにおける契約実務を理解し、契約文言の適切な解釈を行うためには、(特に典型的な契約文言の解釈にかかわる) 最新の重要判例を適時にフォローしておくことが必要である。このような観点から、アメリカの契約実務に関連する裁判例をいくつかご紹介したい。

2　テキストメッセージによる契約の書面性要件の充足

(1)　裁判例の概要

(St. John's Holdings, LLC v. Two Electronics, LLC, Massachusetts Land Court 2016 年 4 月 14 日判決)

　最初にご紹介するのは、Massachusetts Land Court（Massachusetts 州における不動産紛争に関する特別の裁判所）が示した契約の成立そのものに関連する判例である。

　本事案において、St. John's Holdings, LLC（「原告」または「買主」）と Two Electronics, LLC（「被告」または「売主」）とは、それぞれブローカーを起用して土地の売買をしようとしていた。両当事者は、ブローカーを通じて Letter of Intent（法的な拘束力を有するもの）のドラフトのやりとりをし、内容に関しては合意に至ったという段階で、売主のブローカーは、買主のブローカーに対し、電子メールにて "ready to do this" と送信するとともに、携帯電話のテキストメッセージにて、最終版の Letter of Intent に署名をしたうえで保証金用の

Check を売主に送付するよう要求した。そして、買主は当該売主の要求に応じて Letter of Intent に署名をした。しかしながら、その後、売主は第三者からより条件のよい提案を受け、上記買主との間の Letter of Intent に署名するのを拒み、取引を破談にしたことから、買主が本件訴訟を提起するに至った。

本件は Massachusetts 州法に基づく事案であるが、アメリカの多くの州には、Massachusetts 州と同様に、"Statute of Frauds" と呼ばれる法律があり、不動産の売買に関しては書面にて契約を締結しなければならないとする規制が存在する。

すなわち、Massachusetts 州法では、Section 1, Chapter 259 of General Laws of Massachusetts において、No action shall be brought … "u"pon a contract for the sale of lands, tenements or hereditaments or of any interest in or concerning them … "U"nless the promise, contract or agreement upon which such action is brought, or some memorandum or note thereof, is in writing and signed by the party to be charged therewith or by some person thereunto by him lawfully authorized、と定められている。

本件の被告は、かかる規制に基づき、Letter of Intent は両当事者が署名するに至っていない以上、当事者間にいまだ法的拘束力のある合意は締結されておらず、したがって、被告はそれに拘束されない（すなわち、原告に土地を売却する義務は生じていない）との主張を展開した。そこで、上記のようなテキストメッセージの送信により、署名がなされ書面性要件を充足すると言えるか否かが本件の争点となった。

裁判所は、たとえ売主が物理的に Letter of Intent に署名していないとしても、上記売主のブローカーが送信したテキストメッセージは、それが送信された経緯やその前後の電子メールでのコミュニケーションを前提とすると、"Statute of Frauds" が要求する書面性要件を充足するに足りる文言が含まれており、また、署名に関しても、売主のブローカーがテキストメッセージの末尾に自分の名前を記載したことにより満たされ、拘束力のある合意が成立すると判断した。

(2) 解説

本件の売主の行動（いったんは売るから合意書に署名をするようにと要求しておいて、それを撤回してよりよい条件を提示した相手に売却する行為）は自己矛盾的であり誠実性を欠くため、裁判所の判断は合理的と言え、多くの読者にとって違和感のない結論と思われる。また、素人ではなく、不動産の売買のために起

用されたプロのブローカーから送信されたテキストメッセージであったことも裁判所の判断に影響した可能性がある。

このように、本件の裁判所の判断は、テキストメッセージが送信された具体的な背景や経緯等を踏まえた個別の判断であって、必ずしも一般化はできないかもしれないが、スマートフォンにおけるさまざまなメッセージアプリの登場等、急速に電子的なコミュニケーション手段が発達している昨今の状況に鑑みれば、テキストメッセージのみならず、他の媒体によるコミュニケーションであっても、書面性の要件が充足され、合意の成立を認定される可能性がある点は留意する必要がある。

(3) 教訓

ブローカーや代理人を起用する際には、自らが意図しない契約が成立してしまうことのないよう、コミュニケーションに際しては常に自らにも写しを入れるよう要求するとともに、最終合意前に必ず自らのレビューに回すよう要求しておくことが望ましい。

また、ブローカー等を起用するか否かにかかわらず、テキストメッセージであれその他のコミュニケーション手段であれ、当該コミュニケーションが書面性の要件を充足し、合意が成立したと認定されるリスクがあるため、合意の成立を示唆するような文言の使用には（当然のことながら）慎重になる必要がある。

● 3　契約上の "Implied covenant of good faith and fair dealing" の排除条項の有効性

(1) 裁判例の概要

(Orckit Communications Ltd. v. Networks Inc., Delaware Court of Chancery 2015 年 1 月 28 日判決)

次にご紹介するのは、Delaware Court of Chancery（Delaware 州における衡平法裁判所）が示した、Delaware 州法上契約の当事者が黙示に負うとされている、誠実義務と公平取引義務（"Implied covenant of good faith and fair dealing"）を排除する規定の有効性に関する判例である。

本事案において、Orckit Communications Ltd.（「原告」または「譲渡人」）と Networks Inc.（「被告」または「譲受人」）とは、譲渡人が譲受人に対して特許

権を譲渡する旨の契約を締結していた。しかしながら、譲渡人はイスラエルの会社であり、当該特許権譲渡取引にはイスラエル当局の承認が必要であったところ、同契約書には、譲受人の義務（主として当該特許権の譲渡代金の支払義務）の前提条件として、当局の承認が得られていることが規定されており、当該承認が得られているかに関しては、"the terms and conditions in the ... approval shall be satisfactory in the sole discretion (which for purposes of this condition shall not, to the extent permitted by law, be subject to the implied covenant of good faith and fair dealing) of Networks." との規定が存在した。

すなわち、当局の承認を得るという条件が成就したか否かの判断は、譲受人の単独の裁量により行うことができ（たとえば、譲受人にとって不都合な条件等が付された承認であれば、承認は得られなかったものとして譲受人の義務は発生しないと主張することができる）、譲受人による判断に関しては上記 Delaware 州法上の誠実義務と公平取引義務は排除されるとされていた。

そして、実際に当局から得られた譲渡の承認は、譲受人にとって満足のいくものではなく、譲受人が譲渡の実行を拒否して契約を解除したため、譲渡人が本件訴訟を提起するに至った。

本件訴訟において、譲渡人は、主として以下の2つのような主張を行った。すなわち、上記の譲受人の単独の裁量（sole discretion）の行使に関しては、第1に、契約の他の条項に規定されている commercially reasonable efforts の基準（裁量の行使の前提として経済的に合理的な努力を要求するもの）が適用され、当該基準に合致する限りにおいて正当化されると主張した。また、第2に、本件の契約書上明示的には記載されていないものの、放棄不可能な default good faith の基準（契約文言にかかわらず契約当事者は常に誠実に行動する義務があるとするもの）が適用されるところ、そのような基準に合致しない裁量の行使は正当化されないと主張した。そして、本件における譲受人の裁量の行使は、上記第1、第2のいずれの基準にも合致しないから、当局の承認が得られていないとの譲受人の判断は不当であり、したがって、譲受人による契約の解除は無効であると主張した。

しかしながら、裁判所は、上記第1の主張については、契約上特に規定された裁量の行使に関する定めは、契約の他の箇所で一般的に規定されている内容に優越するなどとして、また、第2の主張については、Delaware 州では契約の実行は当事者の合意した文言により規律されるところ、本件の契約文言では誠実義務と公平取引義務が排除されていることが明白であるなどとして、いず

れも退け、上記の誠実義務と公平取引義務を排除する条項の有効性を認めた。

(2) 解説

本件で問題となった誠実義務や公平取引義務のみならず、ある国や地域において明示的に認められ、または黙示的に負うと解釈されている義務を当事者の合意（契約条項）によって排除することが認められるか否かが問題となることは珍しくない。本件により、少なくとも Delaware 州法上は、黙示の誠実義務と公平取引義務に関しては、契約において明確に規定しておくことにより排除できる可能性が示された。

(3) 教訓

英文契約書の作成においては、それが法律上明示的なものであるか否かにかかわらず、いかなる義務を排除しておくことが望ましいのか、また、いかなる義務の排除が判例上または解釈上認められているのかを理解したうえで文言の検討を行う必要がある。

また、本件において特定の義務を排除する条項の有効性が認められたのは、疑義のない明確な文言により規定されていたからであることに鑑みると、可能な限り疑義を生じさせない明確な文言により、義務の有無を規定することの重要性が再確認された裁判例と言えよう。

● 4 "Anti-reliance" 条項

(1) 裁判例の概要

（IAC Search, LLC v. Conversant LLC, Delaware Court of Chancery 2016 年 11 月 30 日判決）

最後にご紹介するのは、Delaware Court of Chancery（Delaware 州における衡平法裁判所）が示した、契約当事者は契約書に定められるもの以外の表明に依拠しない旨を定める非信頼条項（anti-reliance（non-reliance）clause）の効力に関するものである。準拠法は Delaware 州法である。

本事案は、原告である IAC Search, LLC（「原告」または「買主」）が、被告である ValueClick, Inc.（「被告」または「売主」）と株式・資産譲渡契約（「本契約」）を締結し、売主の子会社株式等を譲り受けた。買主は、買取価格を決定

する際に、デュー・ディリジェンスの過程で売主から提供された広告収入にかかわるパフォーマンス・メトリックスに依拠したものの、後日、売主の改ざんにより、これが誤っていたことが判明した。そのため、買主は、売主に対し、詐欺を主張して、本契約の賠償額の上限（indemnification cap）を超える損害の賠償を求めたものである。

本契約には、以下のような規定があった。すなわち、

①「買主は洗練された買主であり……独自に調査、検討および分析を行い、ここで検討されている取引を行ったものであり、当該調査、検討および分析は、その目的のために従事する……専門家とともに行われた。データルーム、マネジメント・プレゼンテーション……その他買主に提供されたいかなる想定に関し、そのような情報が表明または保証に明示的に含まれていない限り、売主……が直接または間接に、いかなる表明または保証も行っていないことを買主は認識している」（注：上記パフォーマンス・メトリックスは売主の表明保証の対象ではなかった）

という買主の認識に関する規定があり、さらに、

②「本契約……は完全な合意を構成し、これに先立つ当事者間の書面による同意、アレンジメント、コミュニケーションおよび覚書……のすべてに優先する」

という、いわゆる完全合意条項があった。

原告は、上記には、デュー・ディリジェンスの過程で取得された情報に買主が依拠することによって生じる債務に関し、買主が売主を免除することまでは規定されていないと主張した。しかし、Delaware州衡平法裁判所は、売主の責任免除は、不利益を受ける買主の立場から明確に規定される必要があるところ、①は買主の立場から買主が何に依拠し、何に依拠せずに契約締結に至ったかが明確にされているうえ、①と②が一体となって明確な非信頼（anti-reliance）条項となるため、たとえ、デュー・ディリジェンスの過程で取得された情報であっても、契約の規定の外側にあるものを根拠に詐欺を主張することはできないとした。

(2) 解説

本事案によれば、Delaware州法上、明確な非信頼（anti-reliance）条項があれば、表明保証の対象外の情報について、それがたとえ詐欺的に提供されたものであっても、売主は責任を免れることができることになる。

(3) 教訓

売主としては、詐欺行為をなす意図がなくとも、表明保証の範囲を明示的に限定するとともに、明確な非信頼（anti-reliance）条項を定めておくことは、後日、買主から言いがかり的に詐欺行為を主張される場合の防御策として検討に値するだろう。

一方、買主としては、特に価格決定に影響を及ぼす事由については、確実に売主の表明保証事由として明記することが重要であり、また、デュー・ディリジェンスの過程で取得した情報も重要である場合には、非信頼（anti-reliance）条項の規定を受け入れるかどうかは慎重に判断すべきであろう。

5 おわりに

契約書の文言はすべて、当該契約にかかわる紛争が将来発生する場合に備えて規定されている。しかし、英文の契約書では、和文の契約書以上に、実際にどのような場面で適用される条項であるかの具体的なイメージを持つことが難しい。

そこで、本節でご紹介した具体的な裁判例を、個別の英文契約書の条項をドラフティングする際の参考としていただくとともに、「契約文言作成時には常に紛争になった際の具体的なイメージを持つ」という姿勢の重要性について再認識していただければ幸いである。

（福田一翔、島田充生）

Column
ニューヨーク州弁護士への道

「ニューヨーク州弁護士」という肩書きを目にしたことはあるだろうか？ 米国では、弁護士資格は州ごとの資格となっている。日本人が米国で弁護士資格を得るためには、米国のロースクールで3年間のJ.D.（Juris Doctor）課程を修了して、各州のBar Examという司法試験に合格するという一般的な米国人弁護士がたどるのと同じルートのほか、米国の一部の州（ニューヨーク州やカリフォルニア州等）では、一定の要件を満たす場合には、3年間のJ.D. 課程を経ずに、Bar Examの受験が可能となる場合がある。ここでは、比較的多くの日本人留学生が取得を目指すニューヨーク州の弁護士資格の取得までの道の

りを簡単にご紹介したいと思う。

　ニューヨーク州では、米国以外の国で法律家となるための教育課程（日本のロースクール等）を履修したうえで、American Bar Association が認める米国のロースクール（ABA-approved law school）において、LL.M. プログラム（米国外ですでに法学教育を受けた者を対象とする1年間のコースであることが多い）を修了した場合において、Bar Exam の受験資格が認められる。

　この米国外での教育課程の履修を要件とする受験資格については、事前に Advance Evaluation of Eligibility という手続を経て、その要件を満たすか確認してもらう手続が必要となる。The New York State Board Of Law Examiners（「BOLE」）と呼ばれるニューヨーク州の司法試験委員会はこの手続を申請するための書類を、受験する Bar Exam の1年前までに提出することを推奨している（最低でも、Bar Exam の受験申込期間の初日から6ヵ月前までに提出しなければならない）。Bar Exam は2月と7月の年2回行われるが、LL.M. 卒業直後の7月に Bar Exam を受験することを考えるのであれば、その前年の7月までに手続を行うことが望ましいということになるので、LL.M. 留学準備の1つとして、日本出国前に申請を行っておくとよいだろう。

　また、Bar Exam の受験資格を得るためには、LL.M. での履修科目やその単位数についても、一定の要件があるので、LL.M. で履修する授業の選択にも注意しなければならない。

　その後 Bar Exam の受験申込みを行い（Advance Evaluation of Eligibility の手続は受験申込みとは別物なので、申込時期がきたら忘れないように受験申込みをしなければならない）、LL.M. を卒業すると、いよいよ Bar Exam の受験である。受験地は、受験申込後にニューヨーク州内の指定された会場から希望地を選択することになるが、例年ニューヨーク州外から受験する受験者は、New York City を選ぶことができないようである。州外から受験する日本人に人気なのは、Albany や Buffalo（試験後にナイアガラの滝を見るために Buffalo を選択する日本人受験生は多い）であるが、その時期になると受験会場に近いホテルはすでに予約でいっぱいなので、ホテルの予約は早めに（留学のための渡米直後にでも）行うことをお勧めする。

　ニューヨーク州の司法試験は2016年7月より、Uniform Bar Examination（UBE）と呼ばれる全州統一試験となり、1日目の午前中に Multistate Performance Test（MPT）と呼ばれる法律文書を作成する試験（全2題、合計3時間）、午後に Multistate Essay Exam（MEE）と呼ばれる論述式試験（全6題、合計3時間）が行われ、2日目は、午前と午後に3時間ずつ Multistate Bar Examination（MBE）と呼ばれる短答式試験（全200問、合計6時間）が行われる。

　こうして2日間の Bar Exam を終えて、晴れて Bar Exam に合格しただけでは、実はニューヨーク州弁護士として登録することはできない。登録のため

には、Multistate Professional Responsibility Examination（MPRE）と呼ばれる倫理試験（年3回開催）への合格や、ニューヨーク州法に関するNew York Law Course（NYLC）というオンラインのコースを履修したうえでNew York Law Exam（NYLE）と呼ばれるオンラインの試験（年4回開催）に合格することや50時間以上のプロボノ活動を行うことも必要となる。これらの要件は、Bar Exam後に充足することも可能であるが、MPREやNYLC・NYLEはLL.M.在学中に終わらせてしまうことも可能であるし、プロボノ活動についてはLL.M.プログラムの開始前1年間に日本で行った活動（やもちろんLL.M.在学中の活動）も認められうるので、Bar Exam合格直後にニューヨーク州弁護士登録を行うことを考えている場合は、早めにこれらの要件を満たしてしまうとよいだろう。さらに、2018年8月1日以降に開始するLL.M.プログラムを履修する受験生においては、Skills Competency Requirementと呼ばれる新たな要件を満たす必要があるとのことである。Bar Examの受験資格や弁護士登録の要件については、BOLEのサイトにより詳細な説明が掲載されているので、受験者自身でBOLEのサイトを熟読し、必要な要件や有効期限等を確認していただきたい。

　こんなに大変な苦労をしてニューヨーク州弁護士登録を行う意義はどこにあるのだろうか？　LL.M.を卒業してニューヨーク州弁護士になれば、アメリカの現地法律事務所に就職できるかというと、必ずしもそうではなく、3年間のJ.D.課程を修了したネイティブのアメリカ人との競争の中で限られたポジションを勝ち取るのは、非常に狭き門のようである。もっとも、アメリカで弁護士として働くことを前提としなくても、LL.M.留学の集大成としてであったり、ニューヨーク州弁護士という肩書きを持つことによって得られる副次的な効果（たとえば、弁護士・依頼者間の秘匿特権（attorney-client privilege）と呼ばれる弁護士に認められる権利の獲得や英米法の素養があることを交渉相手に印象付ける、等）を求めてであったり、米国法に関する法律知識を深めるためであったり、外資系法律事務所や外資系企業における就職の可能性を広げるためであったり、さまざまな理由から、多くの日本人LL.M.留学生がニューヨーク州弁護士資格の取得を目指してチャレンジしている。

（神保咲知子）

Ⅳ　イギリス

コモン・ローの故郷へ

🌐 1　はじめに

(1)　「英国法（English law）」とは

「英国法（English law）」という言葉を耳にすると、漠然と、イギリス（グレート・ブリテンおよび北アイルランド連合王国）（United Kingdom）全体をカバーする法律をイメージされる方も多いかもしれない。しかし、通常、「英国法」という場合、厳密にはグレート・ブリテン島のうちイングランドとウェールズの2地域で適用されている法のみを指すとされている。独立に関するニュースが日本でも報道されるスコットランドや北アイルランドでは、歴史的経緯から独自の別の法体系がとられている。したがって、本節ではEnglish lawについて言及する場合には、「英国法」との表記を用いることとする。

それでは、コモン・ローの故郷であるイギリスにおける、「英国法」のうち、特に英文契約に関する特徴を見ていきたい。

(2)　英国法の特徴

英国法は、中世以来、判例法を重視するコモン・ロー（Common Law）法体系を維持しており、特に基礎的かつ重要性の高い法分野（契約（contract）等）の根幹部分に適用されるのは判例法である。

ただし、判例法を部分的に修正・補完する制定法も存在する。本節で後述するもののほかにも、たとえば動産の売買に関して適用される「The Sale of Goods Act 1979」や、責任排除条項（Exclusion Clause）に関して規定する「The Unfair Contract Terms Act 1977」、「The Unfair Terms in Consumer Contracts Regulations 1999」等、契約に関する制定法も存在するため、英国法を準拠法とする英文契約を作成・交渉・締結する場合には、英文契約の対象となっている取引に、当該制定法の適用がないかどうかにも留意する必要がある。

また、英国法においては、個人的価値観に左右される「道徳（morals）」と

「法（law）」をはっきりと区別するという特徴がある。「法」とは、安定性・確実性を有し、適用による帰結が明確に予想できるシンプルかつドライなルールであることが重視される。そのため、たとえば「正義」や「公正」というような抽象的な概念は「法」として認められない傾向にある。このような「道徳」と「法」の峻別は、判例法・制定法を問わず、英国法における法源解釈を貫く姿勢と言える。

2　英国法を準拠法とする契約締結にあたって注意すべき事項

次に、英国法を準拠法とする契約の締結や解釈にあたって、特有の注意を要する事項に、いくつか触れたいと思う。

(1)　契約上の第三者の権利（Third Parties' Contractual Rights）

1999年、The Contracts (Rights of Third Parties) Act 1999 が採択されたことにより、英国法では、契約上明示的に認められている場合、または当該条項が、ある第三者（a third party）に利益を与えることを目的としている場合（当該条項が第三者の権利行使を制限していると解釈される場合を除く）に、契約当事者ではない当該第三者が当該契約条項で定められた権利を行使できることとなった。ただし前提として、当該第三者が、契約上、少なくとも、ある集団の一員である（a member of a class）、またはある特別な要件を満たす（answering a particular description）という程度には特定されていることが要求される。もっとも、契約締結当時、当該第三者が生まれている必要はないとされている。

この法律の登場により、たとえば法人である会社が契約当事者となる契約において、同会社の責任に関する免責条項を置くことに加えて、同会社の従業員や代理人の免責を目的とした条項を置くか、または、同人らに免責を主張する権利があることを明記しておけば、契約の当事者ではない当該従業員や代理人が直接免責を主張でき、使用者たる会社も使用者責任を免れられるというロジックが使えるようになった。

なお、The Contracts (Rights of Third Parties) Act 1999 の適用は、契約当事者の合意によって除外できる。したがって、同法採択後、実務上は、契約当事者が第三者による権利行使のリスクを回避するための対応策として、商取引契約を締結する際に、同法の適用除外に関する条項を置くことが多くなっている。

具体的にはたとえば以下のような定め方をすることが考えられる。

> A person who is not a party to this Agreement/Deed may not enforce any of its terms pursuant to the Contracts (Rights of Third Parties) Act 1999 unless the contrary is specifically provided herein, but even then the parties hereto shall at all times be entitled to rescind or vary this Agreement/Deed without the consent of the person concerned.
>
> (和訳)
> 本契約書／本捺印証書の当事者でない者は、本契約書／本捺印証書に異なる特段の定めがない限り、The Contracts (Rights of Third Parties) Act 1999に基づいて、本契約書／本捺印証書の条項に基づく権利行使を行うことはできない。ただし、本契約書／本捺印証書の当事者は、いつでも、関係者の同意を得ることなく、本契約書／本捺印証書を破棄または変更することができる。

(2) 損害賠償に関する定め——損害賠償額の予定(Liquidated Damages)と違約罰(Penalty)

「損害賠償額の予定(Liquidated Damages)」とは、契約に違反した当事者が支払わなければならない損害賠償額について予め合意しておくことを指す。このような合意を契約書に記載しておくことには、実際に生じた損害の多寡や因果関係に関する立証を不要とすることで、争いを迅速に解決できること、また、違反者となり得る当事者の立場からすれば、将来的に生じるリスクを把握し管理できること等のメリットがある。

ところが、英国法においては、契約で「違約罰(Penalty)」を定めることは認められていない。違約罰とは契約違反を防止することを目的とする制裁的意味の支払義務の定めを指し、そのような定めを置いても法的拘束力がないこととされる。

それでは効力が認められる「損害賠償額の予定」と法的拘束力が認められない「違約罰」との境目はどこにあるのか、という点が問題となる。

この点については伝統的な判例(Dunlop Pneumatic Tyre Co Limited v New Garage & Motor Co Limited事件)があり、有効な「損害賠償額の予定」と認められるためには、定められた金額が、当該義務違反によって予測される損害を

正しく見積もったもの（a genuine pre-estimate of the anticipated loss）であることを要するとされてきた。

もっとも、2015年、英国の最高裁判所（The Supreme Court）において、契約上のある条項が「違約罰」か「損害賠償額の予定」のいずれにあたるかは、当該条項の内容が、「第一次的な義務（the primary obligation）」の強制における、契約違反をされた「善意の当事者（the innocent party）」の「あらゆる正当な利益（any legitimate interest）」と不釣合いに、違反者に対して負担を課する「第二次的な義務（a secondary obligation）」にあたるか否かによって判断する、という判示がなされ、区別の基準が明確化されたと言われている（Cavendish Square Holding BV v Talal El Makdessi 事件、Parking Eye Limited v Beavis 事件）。すなわち、まずは当該条項によって、正当なビジネス上の利益が守られているかを判断し、もしそうであるならば、次に、当該条項に定められた違反者の負担が「法外（extravagant, exorbitant, or unconscionable）」ではないかを判断することになる。

契約書に「損害賠償額の予定」に関する条項を置く場合、具体的にはたとえば以下のような定め方をすることが考えられる。

> If there is an [event of default/breach of representations and warranties/breach of covenants] of Party 2, Party 2 shall pay Party 1, as liquidated damages, £[AMOUNT].
>
> （和訳）
> 当事者2に、[期限の利益喪失事由／表明保証違反／誓約違反]が発生した場合、当事者2は、当事者1に対して、損害賠償額の予定として●ポンドを支払うものとする。

(3) 捺印証書（Deed）

コモン・ロー上、契約の成立要件として、「約因（consideration）」、すなわち、「受約者（promisee）が、約束者（promisor）に対して与える利益、または被る不利益」の存在が求められることは比較的有名である。そこで、約因がない約束に法的な拘束力を持たせたい場合、英国法においては、特定の様式を満たす「捺印証書（Deed）」という書面で作成することが求められる。

特に捺印証書の作成が必要とされるのは、期間が3年間を超える不動産賃貸

借契約を締結する場合（The Law of Property Act 1925 第52条、第54条）であるが、実務的には、書面によることを要する、土地に関する権利の譲渡（The Law of Property (Miscellaneous Provisions) Act 1989 第2条第1項）、遺言（The Wills Act 1837 第9条）または担保権設定契約についても、捺印証書が作成されることが多い。

　会社が捺印証書を作成する際には、「社印（common seal）」があるならその押印、署名権限のある者（取締役等）2名による署名、または署名認証をする（attest the signature）証人1名の前で署名権限のある者1名が署名することのいずれかが必要である（Companies Act 2006 第44条第1項～第3項）。ほかにも、捺印証書として署名したことの明記等、有効な捺印証書として認められるための詳細な要件が、The Law of Property (Miscellaneous Provisions) Act 1989 の第1条第2項～第4項に定められている。以前は社印の押印が必須とされていたが、現在は上記のとおり、必ずしも社印を押印しなくても有効な捺印証書が作成できるように要件が緩和され、約因がない約束に法的拘束力を持たせることが比較的容易になった。

　また、捺印証書の有効要件の1つとして「交付（delivery）」が求められるが、会社によって作成された捺印証書については、反対の意思（a contrary intention）が証明されない限り、署名後直ちに交付されたとみなされる（a document is presumed to be delivered）ため、実務上はあまり問題にはならない。クロス・ボーダー取引において、契約当事者が複数の国に所在する場合、契約書の最終版を電子メール等で関係者に送付し各当事者が署名のうえで署名頁を1ヵ所に集めるということが行われることがあるが、捺印証書の場合には、当該捺印依頼の際に該当する捺印証書の最終確定版を送付したうえで署名を依頼することが厳格に求められることになるので、留意が必要である。

3　英国式の契約書における特徴（アメリカ式の契約書との主要な相違点）

　アメリカ式の契約書を見慣れた読者を悩ませるもう1つの問題は、いわゆる「英国式」の契約書とアメリカ式の契約書における様式の違いであると思われる。この様式の違いは、同じコモン・ローの国でありながら細部において異なる法体系の違いから発生する部分もあるが、いわゆるブリティッシュ・イングリッシュとアメリカン・イングリッシュの言語の違いやドラフティングのスタイルの違い等、さまざまな要因が考えられる。実際の契約書でよく目にする主

要な相違点として、たとえば以下のようなものが挙げられる。

(1) 会社番号（Corporate Number）

英国式の契約書においては、契約当事者を記載する際に、法人の場合には会社登録番号（Company Registration Number）が記載されることが多いが、アメリカ式の契約書においては当事者の会社番号（Company Registration Number）はあまり見かけない。英国では、法人の会社登録番号が会社登録機関（Companies House）に登録されており、当該会社の登録情報等を会社登録機関（Companies House）から受領する際などに会社登録番号が要求されるため、英国における会社の基本情報を取得するうえで有益な情報であることから契約書においても記載することが求められることが多いと考えられる。

(2) 日付の表記

英国式の契約書においては、「1 January 2019」というように「日付／月／年」（間にカンマなし）という表記が多いが、アメリカ式の契約書においては、「January 1, 2019」というように「月／日付／年」（日付と年の間にカンマあり）という表記が多い。この違いは純粋に言語的な違いに由来するもので、法律的な効果に違いはないが、日付について誤解を生じさせないため、1つの契約では統一した様式で日付を表記することが望ましい。

(3) ドラフティングのスタイル

英国式の契約書においては、段落分けを多用し、各文章も短く区切られる傾向にあるが、アメリカ式の契約書においては、1つの段落ですべての事項を書き切り、類似する用語（たとえば、「譲渡」を意味するtransfer, assign, convey等）が並列的に記載されることが多い。この違いが生じる原因は種々考えられるが、日本の契約書もどちらかと言えば、重複した内容の条項や用語を嫌う傾向にあるため、英国式の契約書のほうが日本人に馴染み易いのではないかと思われる。

(4) 条文番号

英国式の契約書においては、「Clause」等が用いられることが多いが、アメリカ式の契約書においては、「Section」等が用いられることが多い。この違いも当事者の権利義務を決定するうえで重要な意味を持つわけではないが、1つの契約では統一した様式で条文を表記することが望ましい。

(5) 大文字・太字の利用

英国式の契約書においては、大文字・太字はあまり多用されないが、アメリカ式の契約書においては、大文字・太字で記載された条項が散見される。この違いは、アメリカの契約書に関する判例法の違いに由来すると思われる。したがって、英国法やアメリカの法律を準拠法とする契約書において何を大文字・太字で記載すべきかについては、該当する法律の専門家のアドバイスを得る必要がある。

4　国際的な契約に関する条約の適用の有無

準拠法の選択を考えるうえで、国際的な契約に関する条約が適用になるか否かも1つの判断材料となる。そこで、代表的なものとして、ウィーン条約（国際物品売買）およびニューヨーク条約（仲裁）について述べる（本章Ⅰ4も参照されたい）。

(1) ウィーン条約（国際物品売買）

ウィーン条約（United Nations Convention on Contracts for the International Sale of Goods）とは、物品の国際的な売買に関する基本的な条件を定める条約である。たとえば、国際的な物品売買契約の成立条件、当事者の基本的な義務、当該義務に違反した場合の損害賠償責任等が定められており、物品の国際的な売買に適用されるルールの統一を試みるものである。

この点、イギリス（グレート・ブリテンおよび北アイルランド連合王国）（United Kingdom）は、ウィーン条約の締約国になっていない。したがって、イギリス企業との間で、英国法を準拠法として、物品の売買に関する英文契約を締結する場合には、ウィーン条約の適用は考慮しなくてよいことになる。

(2) ニューヨーク条約（仲裁）

ニューヨーク条約（Convention on the Recognition and Enforcement of Foreign Arbitral Awards）とは、仲裁条項の有効性および国外において下された仲裁判断の執行に関するルールを定めている。同条約は、国際紛争を解決する手段としての仲裁の重要性に鑑み、仲裁に関する国際的なルールの統一を試みるものである。

イギリス（グレート・ブリテンおよび北アイルランド連合王国）は、ニューヨーク条約の締約国となっている。したがって、日本企業とイギリス企業との間における紛争解決手段として、英文契約において仲裁条項を合意する場合、ニューヨーク条約の適用を前提として考えることができるため、ニューヨーク条約に慣れ親しんだ企業にとっては予測可能性が担保される。

● 5　イギリスの弁護士業界および法律事務所について

　イギリスにおける弁護士業界では、まず、弁護士がSolicitor（事務弁護士）とBarrister（法廷弁護士）とに分かれている点が特徴的である。Solicitorは、個人や法人から直接、法的な問題に関する相談や依頼を受け、法廷弁論以外の訴訟関連業務（各種書類作成、証拠収集等）やその他の契約書作成・交渉等の法務サービス、法律相談等を処理する。一方、Barristerの業務は法廷弁論や複雑な法的問題に関する法律意見書の作成であり、伝統的にはSolicitorを通じて顧客から間接的に依頼を受ける。このようなBarristerとSolicitorの役割の違いから、特に日本の企業の法務担当者等が直接接触する可能性が高いのは、Solicitorということになる。もっとも、1990年代以降は所定の研修を経て資格を取得したSolicitorは上級裁判所での弁論活動が可能となったほか、一定の経験を積んだBarristerは短期の研修を受ければSolicitorを介することなく直接顧客から依頼を受けられる等、SolicitorとBarristerとの間の制度上の違いは小さくなってきている。なお、イングランドおよびウェールズのSolicitorを規制する組織であるSolicitors Regulation Authority（SRA）の発表によれば、2018年11月時点で実働しているSolicitorの数は約14万6000人である[1]。また、イングランドおよびウェールズのBarristerを規制する組織であるBar Standards Board（BSB）のAnnual Report[2]によると、2018年3月31日時点で実働しているBarristerの数は約1万6000人である。

　企業法務を担当するイギリスの法律事務所については、大きく分けて、①ヨーロッパ以外の国を含めた国際展開を積極的に進める大手事務所（いわゆるMagic Circle Firm）、②主にイギリスおよびヨーロッパ諸国に注力する大手事務

---

[1]　SRAウェブサイト（http://www.sra.org.uk/sra/how-we-work/reports/data/population_solicitors.page）参照。

[2]　BSBウェブサイト（https://www.barstandardsboard.org.uk/media/ 1945100 /bsb_annual_report_ 2017 - 18.pdf）参照。

所、③上記①および②以外の中堅・小規模の法律事務所に大きく分けられる。昨今では、①および②の大手事務所の中には、一定程度の日本語対応が可能なSolicitorを擁する法律事務所も見受けられる。日本企業にとって、特にヨーロッパ・中東・アフリカ地域に属する複数の国が関係する国際的な案件を依頼する必要が生じた場合、世界各国のブランチ・オフィスまたは提携事務所との広範なネットワークを有する①のMagic Circle Firmに一括して依頼するメリットが高まる。もっとも、弁護士報酬との関係で、ディールの規模や複雑性、緊急性等を勘案し、②の大手事務所または③の中堅・小規模事務所と他国における独立系事務所との組み合わせのどちらが費用対効果の点でメリットがあるかを慎重に検討する必要がある。

弁護士報酬の定め方は1時間ごとのタイムチャージ制とされることが多く、大手法律事務所のパートナーであれば700～1000ポンド、アソシエイトなら300～500ポンド[3]、中規模の法律事務所ではその6～8割程度の水準が目安となる。ただし、いわゆるリーマン・ショック後においては、特定の案件全体に関する報酬見積りを案件開始前に依頼することも多く見受けられる。また、大規模なデュー・ディリジェンスを伴うM&A案件や大量のドキュメント・レビューが必要な調査案件等については、近年、AI（人工知能）を利用したマンパワーの削減（弁護士の稼働時間の効率化）も実務上広がってきており[4]、将来的には、たとえばドキュメント・レビューについて、パッケージ（Lump sum）での報酬見積りが導入される可能性もある。なお、イギリスの法律事務所からは一般的にスターリング・ポンド建てでの報酬見積りを受領すると思われるところ、イギリスの法律事務所に依頼するにあたっては、同通貨のボラティリティの高さを考慮して報酬規模を精査する必要がある点に注意を要する。

イギリスの法律事務所ランキングとしてはChambers & Partnersがある。同ランキングは、世界各国の法律事務所および企業法務弁護士を対象としているところ、調査対象の法律事務所・弁護士から提出される案件実績のほか、調査員による依頼者および弁護士へのインタビューやアンケート等をベースに評価をしており、イギリスの法律事務所についても、特に信頼性の高いランキング

---

[3] なお、英国では司法試験合格後3年目までの弁護士はTrainee Solicitorと呼ばれ、所定の期間において実務経験その他の研修・トレーニングを完了した後、正式にSolicitorとして登録される。このため、一般的にはTrainee Solicitorのタイムチャージは登録後のアソシエイトよりも低く設定されている。
[4] 一部の大手事務所では契約書ドラフトの自動化についても導入または検討が行われている。

とされている。Chambers&Partnersで上位にランキングされるMagic Circle Firmを筆頭とする大手法律事務所は、大型・複雑なディールやクロス・ボーダー案件についても迅速・的確なサービスが期待できる一方で、たとえば国内の小規模案件やいわゆるジェネラル・コーポレート案件については日本と比較して中小規模の事務所との棲み分けが進んでいるように思われる。

6 おわりに

　日本企業がイギリス企業と英文契約を締結する場合、お互いが自国の法律を準拠法とすることを望むことが多く、準拠法の選択は1つの重要な契約交渉のトピックとなる。

　そこで、本節で記載した英国法の特徴や国際条約の適用の有無も考慮したうえで、英国法を準拠法とするかどうかを検討するとともに[5]、英国法を準拠法とした場合に、英文契約の内容を修正する必要がないかどうかを検討していただければ幸いである。

　また、イギリスとEUとの間では2019年2月現在Brexit（いわゆるイギリスのEUからの離脱）に関する交渉が進められている。Brexit交渉の行く末次第ではこれまで適用があったEUにおける各種規制の適用がなくなるといった可能性もある。たとえば、Brexit前においては、民事及び商事事件における裁判管轄及び裁判の執行に関するブリュッセル条約およびブリュッセルⅠ規則（「ブリュッセル条約等」）が適用されるが、Brexit後において英国がブリュッセル条約等と同様の枠組みを国内法として採用しない場合、英国における裁判とEUにおける裁判が競合する可能性も考えられる。したがって、英国法を準拠法とする場合には、Brexitの進捗およびその後の英国政府の国内法整備の進捗にも注意を払う必要がある。

　　　　（宮川賢司、金子涼一、片山いずみ、ブライアン・ダン（Bryan Dunn））

---

5)　なお、複数の法域にまたがる大型案件の場合、英国弁護士は少なくともコモン・ウェルス（インド等の旧大英帝国領）を相手方とする契約については、英国法準拠を志向する傾向にある。

Column
英国(イングランドおよびウェールズ)弁護士(Solicitor)への道

　日本人であっても、海外の弁護士資格を取得できることはご存じであろうか。弁護士資格といっても英国(スコットランドおよび北アイルランドは厳密には別の法域なので、実際上はイングランドおよびウェールズ)の場合、法廷弁護士(Barrister)と事務弁護士(Solicitor)があり、訴訟を除く一般的な企業法務はおおよそ事務弁護士の範疇に含まれる。本コラムでは事務弁護士(Solicitor)に焦点を絞る。

　イングランドおよびウェールズであれば、現地人がSolicitorになるための正規課程(undergraduate(3年間)がlaw degreeならばその後LPC(Legal Practice Course。full-timeならば1年間、part-timeならば2年間)のみ。undergraduateがそれ以外ならばLPCの前にGDL(Graduate Diploma in Law。full-timeならば1年間、part-timeならば2年間)にも通い合格する必要がある)に通い、修了したうえで2年間のtrainee期間を経て、ようやくSolicitorとして登録できるというのが基本的なコースである。しかし、近年にはそれ以外にも、一定の要件を満たすことにより、他国の法律資格(日本では弁護士のみ)から直接、Solicitorとして登録を受けることが認められている。この「一定の要件」の中で最重要のものがQLTS(Qualified Lawyers Transfer Scheme)である。なお、日本人でも弁護士でない者は、(他国の法律資格を有している場合を除いて)QLTSを通じてSolicitorとなることはできないので、留意されたい。

　QLTSはMultiple Choice Test(MCT)とObjective Structured Clinical Examination(OSCE)からなり、要するに、前者は日本の旧司法試験および現在の司法試験予備試験でいう短答試験、後者は論文試験および口述試験である。

　ちなみに、米国ニューヨーク州の司法試験の受験資格で要求されているような①本国における法律家となるための教育課程(日本のロースクール等)の履修、②英国のロースクールにおけるLL.M.プログラム(法学士保有者のための1年間のコースであることが多い)の履修というような条件は存在しない(米国ニューヨーク州の司法試験の詳細はアメリカのColumnを参照されたい)。したがって、イングランドおよびウェールズのSolicitorになるという見地だけからすると、留学は必要ないという結論になる。ただし、特にOSCEを振り返ってみると、帰国子女でもなく、留学経験もない日本人が一発でQLTSに合格するのは、英語力の観点から困難だというのが率直な感想である。

　ちなみに、受験時点では司法試験の受験資格を精査されることはなく、事実上は誰でもQLTSを受けてしまえる。ただ、実際に登録する段階になると、他

国の法律資格（日本ならば弁護士）や生まれてから1年以上過ごした国で捜査対象となっていないことの証明書（日本では、外務省を通じて警察庁に依頼して発行してもらう）等さまざまな条件が必要になる。とはいえ、通常、日本人弁護士にとって最大にして唯一の難関となるのは QLTS のみである。

　試験は、MCT は1月（または2月）と7月の年2回、OSCE は5月（または6月）と11月の年2回行われ、前者は1日、後者は論文部分・口述部分に分けてそれぞれ3日間（合計6日間）にわたって実施される（MCT は午前・午後両方とも実施され、OSCE はすべて午前か午後の半日のみ行われる）。

　QLTS の受験科目は多岐にわたり（試験内容は https://qlts.kaplan.co.uk/the-assessment を参照されたい）、米国ニューヨーク州の司法試験の受験談と比較してもハードルが高い試験であることは間違いないと思われる。米国ニューヨーク州の司法試験では日本人有志により作成された資料等が準備の助けとなるようであるが、イングランドおよびウェールズの Solicitor の場合には（少なくとも私が勉強した2017年の時点では）そのような資料はないので、地道に英語文献を勉強するしかない。勉強方法としては、QLTS School という予備校が出しているコースが（値段は高いが）質量共に十分で最も信頼できる。受験料は MCT が10万円弱、OSCE が50万円（！）程度、QLTS School の MCT プログラムが20万円程度、OSCE プログラムが35万円程度であり、決して安くはない。必要な時間は、私の英語力（留学前の時点で IELTS Overall 7.5、components は7.0〜8.0だった）を前提として MCT 400時間、OSCE 400時間で合計800時間程度だった。合格時の成績としては、最低ラインギリギリではなく、ある程度余裕を持っての合格だった。

　試験当日の様子としては、特に他の試験と異なることはなかった。OSCE は各人別々の部屋での試験のため、他の受験生の受験現場における様子もわからない。ただ、周りの受験生に圧倒的にアジア人が少なく、他方で英語を母語とするコモンウェルスの国々出身の者は多く、アジア人の受験生自体が珍しい試験だと感じた。読者が興味のありそうな口述試験に触れると、Advocacy/oral presentation では Solicitor である採点者相手にひたすら法律上・事実上の主張（要するにプレゼン）を繰り返し（必要に応じて突っ込みが来るのでうまく受け答えする）、Client interview では Solicitor ではない素人の採点者相手に事実を聞き出し、最低限のアドバイスを与える作業を繰り返す（その後、interview の内容に基づいて attendance note/case analysis を書き、提出する）。基本的な英語のスピーキング・リスニング能力はもちろん大切だが、それはできて当然の最低ラインであり、イングランドおよびウェールズ法の正確な理解が最も重要だと感じた。重要な事実関係を聞いても、それが法的に重要だと判断できなければ、そこを掘り下げて述べることはできないからである。

　なお、米国ニューヨーク州の弁護士として登録するために要求される要件は司法試験合格以外にも多数存在するが、それらの要件に相当するものは現在の

ところ、イングランドおよびウェールズの Solicitor との関係では不要である。たとえば、倫理試験ならびにオンラインのコースおよび試験への合格、50 時間のプロボノ活動等いずれも不要である。

　なお、イングランドおよびウェールズのソリシターになるための受験資格や登録要件については、常に最新のものを把握しておくことが望ましいため、実際に受験を検討する際には、SRA（イングランドおよびウェールズにおける Solicitor の規制団体）や Kaplan（QLTS の実施を受託している教育関連企業）の QLTS 関連のサイト（http://www.sra.org.uk/solicitors/qlts.page、https://qlts.kaplan.co.uk/home）に記載された要件等を熟読するよう留意されたい。

　このような数々のハードルをクリアしてイングランドおよびウェールズの Solicitor になるメリットであるが、一般的には、①QLTS を通じた英国（イングランドおよびウェールズ）法に関する法律知識の獲得（なお、イングランドおよびウェールズ法はコモンウェルスを構成する（または過去に構成していた）国々（たとえばオーストラリア、インド、香港、シンガポール、ニュージーランド等）と伝統的に親和性が高く、法の根本的な考え方は同じであると言われる場合が多い）、②外資系法律事務所や外資系企業における就職の可能性（日本人 Solicitor の希少性も一因）、③弁護士（Solicitor を含む）・依頼者間の秘匿特権（attorney-client privilege）といった弁護士のみに認められた権利の獲得、といった点が挙げられる。特にイングランドおよびウェールズの Solicitor は希少性が高く、また QLTS 合格のためには実際に相当量勉強もしないといけないので、実際にイングランドおよびウェールズ法の working knowledge を身に付けられる可能性が高い。

　一方で、資格取得・維持に伴う負担としては、①司法試験に合格するために要する時間や費用（英国留学では欧州各地に旅行する者が多い。私は QLTS ゆえにその時間を十分に捻出できなかったが、旅行もまた貴重な人生経験だと強く思う）に加えて、②資格維持のための会費の支払い等が挙げられる。

（長谷川敬洋）

V シンガポール(1)

アジアのコモン・ロー

🌐 1 シンガポール契約法の成り立ち──イングランド法（English law）の継承

　本節は、コモン・ローの故郷イギリスを離れて、コモン・ローを継承したアジアの国の1つであるシンガポールである。
　シンガポールは、イギリスの植民地であったため、イングランド法（English law）を継承した、英米法系諸国の1つである。

(1) 植民地化以前

　シンガポールは、紀元後7世紀ころには漁村テマセックとして知られ、その後14世紀末には、「シンガプーラ」という、サンスクリット語で「ライオンの町」を意味する名称で呼ばれるようになり、これが、現在の「シンガポール」の国名の由来となっていると言われている。

(2) イギリスによる植民地化

　シンガポールは、一時は、ポルトガル領およびオランダ領となったが、1819年ころ、東インド会社の書記官であったイギリス人のトーマス・ラッフルズが、シンガポールの地理的重要性に目をつけ、シンガポールの近代化に着手し、1824年にイギリスの植民地となった。
　1826年にイングランド国王により、第二司法憲章（The Second Charter of Justice）が発行された。同憲章には、「現地の諸事情に照らして適用可能であり、かつ当該事情により修正されたイングランド法が法として適用される」と規定され、この規定に基づき、シンガポールではイングランド法が包括的に導入された。後に1950年民事法第5条で、商事法について、原則としてイングランド法が適用されることも規定されている。

(3) マレーシアとの統合

　第二次世界大戦後の1963年に、シンガポールはイギリスから独立し、マ

レーシア連邦に参加した。その際、相当程度のマレーシア法がシンガポールに適用されることとなった。

マレーシアとの統合は、結局2年足らずで解消され、1965年にシンガポールは完全に独立した共和国となったが、マレーシアの制定法のいくつかは、現在でもシンガポールで適用されている。

(4) 独立国家としてのシンガポール——イングランド法適用法

独立後約40年間は、上記1950年民事法第5条によりイングランドの商法が適用されていたが、同条に関して種々の解釈上の問題等が生じたこと、およびイングランド法依存からの脱却のため、1993年にイングランド法適用法（Application of English Law Act）が制定され（同時に1950年民事法第5条は削除）、現在に至っている。

イングランド法適用法の下で、イングランドのコモン・ロー（エクイティを含む）は、シンガポールの環境に適合および修正されることを条件に、シンガポール法として継続して効力を有することとされ（同法第3条）、また、制定法については、イングランド法適用法の別紙1に記載された法律（主に商事法）が、シンガポール法の一部として適用される（同法第4条）。

これにより、契約法をはじめとした主要な法領域において、シンガポール法はイングランド法に非常に類似している。

なお、適用されるイングランドのコモン・ローは、1993年11月12日より前のものに限られ、それ以降のものは、シンガポールにおいて直接的に適用はされない。しかしながら、シンガポールの裁判所はその判決の際、1993年11月12日以後のイングランドのコモン・ローに属する判例法についても参照することが多く、引き続きイングランド法の影響を強く受けている。

2 シンガポール法を準拠法とする契約締結にあたって注意すべき事項

次に、シンガポール法を準拠法とする契約の締結や解釈にあたって、特有の注意を要する、約因（consideration）について、説明したい。

なお、契約上の第三者の権利（Contracts (Rights of Third Parties) Act）や損害賠償に関する定め等に関する留意点は、イングランド法と共通するため、本章Ⅳを参照されたい。

(1) 約因（Consideration）

　コモン・ローにおいて契約が成立するためには、契約当事者の合意があるだけでは足りず、約因が必要とされる。大陸法をベースとする日本の民法においては、このような要件は存在せず、コモン・ロー独特の概念である。

　約因とは、「受約者（promisee）が、約束者（promisor）に対して与える利益、または被る不利益」と言われる。たとえば、A氏がB氏所有の自動車を100万円で買う売買契約を締結した場合、A氏（受約者）からみれば、B氏（約束者）から自動車の所有権を得る代わりに、売買代金（約因）を支払うこととなる。他方、B氏（約束者）からすれば、A氏（受約者）から売買代金を得る代わりに、自動車の所有権（約因）を譲渡することになる。言い方を変えれば、このような約因が存在しない契約（一方のみが利益を与え、他方のみが利益を受ける契約）は、コモン・ロー上、原則として無効とされる。約因が要求されるようになった理由や起源は明らかにされていないが、16世紀ころのイングランドではすでに約因の概念が確立されていたようである。

ア　保証契約

　保証契約は、約因の有無が問題とされ易い契約類型の1つである。

　もっとも、通常の親会社保証のように、銀行から子会社へのローン提供に際し、子会社の借入債務を親会社が保証するような場合は、約因が認められる場合が多いと推察される。なぜならば、親会社の保証提供の約束は、銀行の子会社へのローンの提供という約因に支えられていると考えられるからである。

　他方、保証の提供に関して問題になり得るのが、既存ローンのために追加で保証を提供する場合である。たとえば、すでに子会社が銀行からローンの提供を受けていたが、子会社の財務状況の悪化等の理由により、親会社が追加で保証を提供した場合、そのような保証契約に約因が認められるだろうか。一見、上記のローン提供の際に保証提供する場合と違いはないように見える。しかしながら、約因は過去のものであってはならないとのルールがあるため、原則として、このような場合の親会社の保証には約因は認められない。なぜなら、親会社の保証提供時には、銀行はすでにローンの提供を行っており、親会社が保証提供をする時点で、これに対する親会社の利益または銀行の負担が認められないからである。

　なお、保証契約に約因が認められない場合であっても、後記の捺印証書形式

を用いれば、執行可能な契約を締結することが可能となる。また、状況的に約因が認められる可能性がある場合であっても、保証契約は一般的に約因が認められ難い契約類型と考えられていることもあって、実務的には、捺印証書形式で締結されることが多い。

イ　変更契約

続いて、変更契約も、約因の有無が問題とされ易い契約類型の1つである。変更契約については、十分な（sufficient）約因が存するかという点が争われることがある。

変更契約の約因に関するリーディングケースは、1809年のイングランドのStilk v Myrick事件である。同事件では、Myrickが保有する船の航海中、乗組員のうち2人が脱走したが代わりの人員を確保できなかったため、同船の船長が残りの乗組員に対し、無事にロンドンに到着したら、脱走した2人分の給料を残りの乗組員に分配して支払うと約束した契約の有効性が争われた。裁判所は当該契約は十分（sufficient）な約因によって支えられていないため無効であると判断したが、その理由は、航海を無事に完了させることは、もともと乗組員の契約上の義務に含まれており、乗組員の新たな負担がないためであった。

すでに負担している法的義務は十分な約因にならないとのStilk v Myrick事件の判断を厳格に適用すると、大半の変更契約は法的に無効と判断されるおそれがある。そこで、後にWilliams v Roffey Bros Nicholls (Contractors) Ltd.事件におけるイングランド控訴院の判断で、当該要件は緩和された。Williams v Roffey Bros & Nicholls (Contractors) Ltd.事件の概要は次のとおりである。建築業者であるRoffey Brothersは、自らが受注した27フロア分のリフォーム作業をWilliamsに対して20,000ポンドで再委託した。しかし、低予算のため仕事が思うように進まなかったことから、Roffey Brothersが依頼主との約束の期限までに仕事が終わらないことを心配し、両者協議の結果、追加で10,300ポンドが支払われることになった。Roffey Brothersは、リフォーム作業の完成はもともとWilliamsが負っていた法的義務であるから、追加の支払いに約因はなく、変更契約は無効であると争ったが、裁判所は追加の支払いを命じた。その理由は、Roffey Brothersは、追加の支払いをすることによって、納期までの仕事の完成という「実際上の利益（practical or factual benefits）」を得たため、十分な約因があるということだった。

シンガポールの裁判所は、今までに多数の判決においてWilliams v Roffey

Bros & Nicholls（Contractors）Ltd.事件を援用しており、シンガポール法の下でも、「実際上の利益」があれば、約因として十分であると判断される。しかしながら、何が「実際上の利益」であるかについて、シンガポールの裁判所の基準は定まっておらず、かなり広く「実際上の利益」の範囲を広げて判断した先例もあれば、狭く解釈した先例もあり、注意が必要である。

　以上のとおり、変更契約についても約因の十分性が争われ易い契約類型であり、シンガポールにおいてはその射程が定まっていないため、大半の変更契約については問題がないと思われるものの、変更契約の締結時には、約因の有無について留意をしておく必要がある。

(2) 捺印証書（Deed）

　上記のとおり、シンガポール契約法上、契約を有効に成立するためには、原則として約因が必要とされるが、捺印証書形式で契約を締結すれば、約因がなくとも、契約を有効に成立させることができる。なお、捺印証書の概念はコモン・ロー特有のものであり、日本法に同様の概念は存在しない。

　コモン・ロー上、捺印証書とは、署名され、調印され、交付された文書をいい、捺印証書であるかどうかを判断する基準は、当事者が当該文書を捺印証書として締結する意思を有していたかどうかである。

　実務上、捺印証書として契約を締結する際は、契約書のタイトルを「Deed」とし、署名欄に「Signed, sealed and delivered as a deed」といった文言を加える。会社が捺印証書を作成する際には、原則として、「社印（common seal）」の押印が必要であるが、シンガポールの2017年の会社法改正により、現在では、社印に代えて、取締役2名による署名、または取締役1名＋証人1名の署名でも捺印証書の作成が可能となった。同じ英米法系諸国であっても、社印に代わる捺印証書の作成方法が国によって微妙に異なるので、注意が必要である。

　取締役2名による方式の署名欄の例は以下のとおりである。

```
SIGNED, SEALED and DELIVERED as a deed
For and on behalf of [NAME OF COMPANY]
By:


_____
[NAME OF DIRECTOR]
Director
```

```
_____
[NAME OF DIRECTOR]
Director
```

取締役1名および証人1名の署名による場合には、以下のようになる。

```
SIGNED, SEALED and DELIVERED as a deed
For and on behalf of [NAME OF COMPANY]
By:

_____
[NAME OF DIRECTOR]
Director

In the presence of:

_____
[NAME OF WITNESS]
[ADDRESS OF WITNESS]
```

なお、捺印証書の有効要件の1つとして「交付（delivery）」が求められるが、会社によって作成された捺印証書については、反対の意思（a contrary intention）が証明されない限り、署名後直ちに交付されたとみなされる（a document is presumed to be delivered）ため、実務上はあまり問題にはならない。

3 シンガポール式の契約書における特徴

シンガポールは、かつてイギリスの植民地であり、イングランド法を承継したため、契約書もおおむねイングランド式の特徴を備えている（イングランド式の契約書における特徴については、本章Ⅳを参照されたい）。

ただし、アジア圏に属する国であるためか、イングランド式の契約書ほど詳細に契約条件を規定せず、どちらかと言うと、簡潔な文章で、多くを記載しない傾向があると感じられる（ちょうど、イングランド式と日本式の間くらいの記

載ぶりと思われる)。

🌐 4 国際的な契約に関する条約の適用の有無

　準拠法の選択を考えるうえで、国際的な契約に関する条約が適用になるか否かも1つの判断材料となる。そこで、代表的なものとして、ウィーン条約（国際物品売買）およびニューヨーク条約（仲裁）について述べる。

(1) ウィーン条約（国際物品売買）

　ウィーン条約（United Nations Convention on Contracts for the International Sale of Goods）とは、物品の国際的な売買に関する基本的な条件を定める条約である。たとえば、国際的な物品売買契約の成立条件、当事者の基本的な義務、当該義務に違反した場合の損害賠償責任等が定められており、物品の国際的な売買に適用されるルールの統一を試みるものである。

　シンガポールは、イギリスと異なり、ウィーン条約の締約国であるため、売主と買主の所在国がいずれもウィーン条約の締約国である場合には、原則としてウィーン条約が適用される。したがって、日本の会社とシンガポールの会社との間の売買契約では、ウィーン条約の適用があることを前提に契約書を作成するか、または、契約書においてウィーン条約の適用を排除するかを検討する必要がある。

(2) ニューヨーク条約（仲裁）

　ニューヨーク条約（Convention on the Recognition and Enforcement of Foreign Arbitral Awards）とは、仲裁条項の有効性および国外において下された仲裁判断の執行に関するルールを定めている。同条約は、国際紛争を解決する手段としての仲裁の重要性に鑑み、仲裁に関する国際的なルールの統一を試みるものである。

　シンガポールは、ニューヨーク条約の締約国となっている。したがって、日本企業とシンガポールとの間における紛争解決手段として仲裁を選択する場合、ニューヨーク条約の適用を前提として考えることができる。また、大多数のASEAN諸国もニューヨーク条約に加盟しているため、シンガポール以外のASEAN諸国に所在する会社と契約する場合であって、当該国の裁判制度の未発達を理由に第三国での紛争解決を希望する場合、シンガポールでの仲裁は有

力な選択肢になるであろう。

5 おわりに

　シンガポールの契約法は、日本企業がシンガポール企業と英文契約を締結する場合に限らず、日本企業と他のASEAN諸国との間の契約、ASEAN諸国の企業間の契約でも準拠法として指定されることが多く、アジア業務を行ううえで、避けては通れないものである。

　本節の説明のとおり、シンガポールはイングランドから法律を承継した歴史があるため、その内容は基本的にはイングランド法と同一であるが、その適用においてイングランドの裁判所と異なる判断をシンガポールの裁判所が行う可能性もあり、いずれの法律についても目を配る必要がある点に留意をいただきたい。

（花水　康、﨑地康文）

VI シンガポール(2)

紛争解決の「ハブ」

1 「ハブ」の国

　「Red Dot」という言葉がある。日本語に直訳すれば「赤い点」となるこの言葉であるが、その国土の狭さから世界地図において赤い点としてしか表示されないシンガポールを指す言葉として使用されている。当初はその国土の狭さを揶揄する表現として他国が使用したものとされるが、シンガポール側ではこれを逆手にとり、現在ではその規模をハンデとせずに、大いに繁栄しているシンガポールという国をポジティブに表現する言葉として日常的に使用するとともに、建国50周年以降の建国記念日のロゴ等にも赤い点を模したデザインが採用されている。

　歴史的にオランダやイギリスといった列強諸国の植民地となり、周囲をインドネシアやマレーシアといったより広大な国土を有する国に囲まれ、これといった資源もなく、まさに地図上では「Red Dot」にすぎない国が、なぜ現代においてこれほどの国際的なプレゼンスを発揮できているのか。その大きな理由の1つとして、シンガポールという国が東南アジアの「ハブ（hub）」になることに徹しているという点が挙げられる。シンガポールは、東南アジアのほぼ中心に位置とするという地理的利便性、英語を公用語としていることによるコミュニケーションの容易さ、各種税制優遇措置等のインセンティブの付与といった要因により、東南アジアの物流や金融のハブとなることでその繁栄を築いてきた。

　これは法的インフラにおいても例外ではない。近時は東南アジアの知的財産や債務整理手続のハブとなることを目指し具体的な法改正等がなされているが、何と言っても有名なのは、シンガポール国際仲裁センター（SIAC）をはじめとする、紛争解決のハブとしての機能であろう。前置きが長くなったが、本節では、東南アジアを中心とする国際取引において、なぜシンガポールが紛争解決地として好まれるのかという点を概説したうえで、シンガポールの紛争解決手段の最新動向を概説するとともに、東南アジアにおける取引に関する契約にお

ける紛争解決条項について見てみたい。

2 紛争解決地としてのシンガポール

(1) 紛争解決条項について

　本書の多くの読者にとっては釈迦に説法ではあると考えられるが、ここで改めて契約書において紛争解決条項を規定する意味について考えたい。

　契約書において紛争解決条項が規定されていないとどうなるか。どこに訴訟を提起するかは訴える側（原告）が決めることになる。もちろん、原告のまったくの自由ということにはならず、提訴がなされた国の法令における裁判管轄の考え方には左右されるものの、どのような理由付けでどこに訴訟が提起されるかについては、被告にとって予測が困難となる。この点、紛争が実際に発生した時点において相手方と紛争解決手段について合意することも可能であるが、そもそも紛争が顕在化し両当事者がある程度対立関係にある段階において、そのような合意が成立するかは不透明である。

　以上のとおり、紛争解決条項を規定しないとすると実際に紛争になった場合の見通しが立たないというデメリットがある。特に国際的な取引においては、相手方は日本以外の国籍の企業であるので、どこで紛争解決が図られるかという点は当該紛争解決にかかるコストや紛争解決機関による判断等の見通しを立てるうえで、非常に重要なファクターとなる。したがって、このような紛争解決の見通しを立てるために、紛争解決条項について合意をするということは、特に国際的な取引においては重要であると考えられる。

(2) なぜシンガポールか

　2016年1月10日にシンガポール法曹協会（Singapore Academy of Law）が発表したクロス・ボーダー案件における準拠法および紛争解決手段の選択に関する調査結果によれば、シンガポール周辺地域を対象とする調査において、紛争解決地として最も選択されることが多かったのは、シンガポールであり、全体の52％を占めるとされる（第2位は香港の22％）。なぜこれほどまでにシンガポールが紛争解決地として支持されているのか。以下にいくつか要因を挙げてみたい。

ア　地理的な優位性

1でも述べたとおり、シンガポールは東南アジアのほぼ中心という位置にあり、また各国から多くの航空便が就航しているという意味でアクセスが非常に良い。また、アジア太平洋（APAC）の拠点をシンガポールに置こうとする会社に対して、税制面等の優遇措置を含めた地域統括拠点（Regional Headquarter）という制度を推し進めた結果、各国の有力企業のAPACの拠点がシンガポールに集中しているという事情もあり、東南アジアで取引を行う企業担当者にとってシンガポールは利用のし易い国となっている。

イ　司法の透明性

司法機関を含めて一般的に公的機関における汚職が多いとされている東南アジア地域において、シンガポールは汚職がきわめて少ない国と言える。Transparency Internationalの2018年度の腐敗認識指数（Corruption Perceptions Index 2018）では、シンガポールのランキングは同点で3位とされており、APAC地域では2位のニュージーランドに次いで汚職が少ない国とされている（なお、日本は同点で18位、シンガポールと並んで紛争解決のハブ拠点とされる香港は同点で14位）。したがって、特に東南アジアにおける取引に関しては、他国に比べて司法の透明性が確保されているシンガポールを紛争解決地とすることで公平な判断が期待できると考えられる。

ウ　仲裁への裁判所による介入の限定性

紛争解決手段として仲裁手続を選択する場合、仲裁地の裁判所が仲裁判断の取消しを行う傾向にある場合には、仲裁判断を執行することが難しくなる。また、国によっては裁判所が仲裁手続の停止等の仲裁判断への介入を認めている場合がある。この点、シンガポールでは、法令によって裁判所が仲裁手続に介入できる場合が限定されており、実務上も裁判所が仲裁手続に介入することには謙抑的である。したがって、シンガポールでは、裁判所の任意の介入により仲裁手続の見通しが不明確になるといった事態が生じることは少ない。

エ　政府によるサポートの充実

1で述べたとおり、シンガポールは国を挙げて東南アジア地域のハブになることに徹しており、これは紛争解決についても例外ではなく、政府が前面に立って紛争解決関連のサポート体制を構築している。その一例がシンガポール

中心部にある Maxwell Chambers という建物であり、ここには SIAC をはじめ International Chamber of Commerce（ICC）といった他の紛争解決機関や仲裁人の事務所、法廷速記や翻訳等を行う業者が入居するなど、まさに紛争解決についてワンストップ・サービスを提供している。また、Maxwell Chambers では TV 会議等、最新鋭の設備が準備されており、国際的な当事者の利用を見据えたインフラ整備がなされている。

　以上のとおり、アクセスの利便性、政府によるサポート体制の充実といった要因に加えて、司法の透明性や裁判所による介入の限定性といった要因により紛争解決が不測の要因によって妨げられることのない点が、紛争解決地としてのシンガポールの人気の秘訣であると考えられる。

3　シンガポールにおける紛争解決手段

　それでは、シンガポールにおける紛争解決手段はどのようなものがあるか。本節では、紛争解決のハブであるシンガポールにおいて特徴的な紛争解決手段として、SIAC における仲裁手続に加えて、設立から比較的日の浅いシンガポール国際商事裁判所（SICC）における訴訟手続およびシンガポール国際調停センター（SIMC）における調停手続を紹介する。なお、各手続を選択する場合に契約に入れる紛争解決条項については、次頁の図表①を参照されたい（SIMC を選択する場合の条項例については、第６章を参照）。

第 1 章　英米法の国々

図表①：紛争解決条項の例

> ■ SIAC を選択する場合の条項例[1]
> Any dispute arising out of or in connection with this contract, including any question regarding its existence, validity or termination, shall be referred to and finally resolved by arbitration in Singapore in accordance with the Arbitration Rules of the Singapore International Arbitration Centre ("SIAC Rules") for the time being in force, which rules are deemed to be incorporated by reference in this clause.
>
> The Tribunal shall consist of _____ arbitrator (s).
>
> The language of the arbitration shall be _____.
>
> ■ SICC を選択する場合の条項例[2]
> Each party irrevocably submits to the exclusive jurisdiction of the Singapore International Commercial Court all disputes arising out of or in connection with the present contract, including any question relating to its existence, validity or termination.

(1) SIAC における仲裁手続

　SIAC での仲裁手続については、東南アジア・南アジアを中心とした国際取引契約において紛争解決手段として定められることも多く、読者にとっても馴染みが深いものと考えられる。

　一般的な仲裁手続と同様、SIAC における仲裁手続も当事者の合意（仲裁合意）を要件として申立てが可能となる。本節では詳細には立ち入らないもののその手続の概要は次頁の図表②のとおりである。

---

1) 条項例については、以下の URL より取得可能（2019 年 1 月 15 日現在）http://www.siac.org.sg/model-clauses/model-clauses/siac-model-clause
2) 条項例については、以下の URL より取得可能（2019 年 1 月 15 日現在）https://www.sicc.gov.sg/docs/default-source/guide-to-the-sicc/sicc_model_clauses.pdf

図表②：SIACにおける仲裁手続の流れ

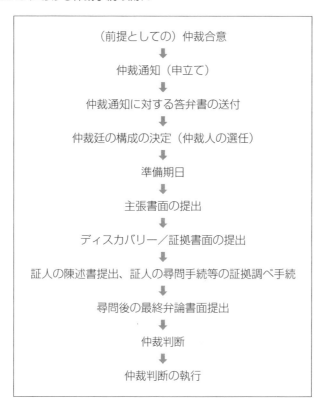

　他の機関と比較した場合、SIACは、厳格な手続および仲裁判断の内容の妥当性の点で評価の高いICCと低廉な費用と柔軟な手続に定評のある香港国際仲裁センター（HKIAC）との中間的な位置にあるとされており、内容の厳格性も維持しつつも柔軟な手続で進められることに特徴があるとされる。また、多くの国での執行事例があることも、その紛争解決機関としての安定性を高めている（中国、香港、インド、インドネシア、ヨルダン、タイ、ベトナム、オーストラリア、英国、米国等での執行事例がある）。

　なお、ICCにはない独自の手続として係争金額が小さく（S$ 6,000,000を超えない場合）複雑でない紛争において用いられることが想定された簡易仲裁手続（Expedited Procedure）およびICCにも導入されているものの、アジアではSIACが最初に導入した、仲裁判断を待つ間の緊急的な保全措置を可能とする緊急仲裁手続（Emergency Arbitration）といった制度もSIACの仲裁手続を利便

性の高いものとすることに貢献している。

(2) SICC における裁判手続

　SICC は、2015 年 1 月 5 日に創設された比較的新しい紛争解決機関である。その特徴は、あくまでシンガポールの高等裁判所（High Court）における専門部として位置付けられている裁判機関であるものの、その手続内容に仲裁手続の要素を加味している点にある。具体的には、以下のような特徴が挙げられる。
　① 当事者の合意によって初めて手続を係属させることが可能。
　② 外国法裁判官（コモン・ロー、シビル・ロー両法域）による訴訟指揮がなされる。
　③ 外国法弁護士も、登録をすれば当事者の代理人を務めることができる。
　④ 証拠調べのルール選択が柔軟であり、必ずしもシンガポールの証拠法を用いる必要がなく、他の手続法に基づく証拠調べも可能。
　⑤ シンガポールと無関係な紛争については、広く非公開とすることが認められる。
　⑥ 当事者の合意により、上訴を禁止することができる。
　このような特徴を有する SICC であるが、SICC が審理の対象とできる案件には一定の制限がある。具体的には、「国際的かつ商業的」な事案のみ、当事者の合意を前提に審理の対象とすることができる。したがって、原則として、シンガポールに籍を置く企業同士の争いであれば SICC の審理対象から外れる。また、SICC は、刑事事件や行政事件を取り扱うことはできない。
　SICC の創設当初以来の大きな課題ととらえられているのは、SICC の判決を外国で執行できるかどうかという点である。ニューヨーク条約に基づき多くの国において仲裁判断の執行が可能な SIAC における仲裁と異なり、SICC はあくまでもシンガポールの裁判所の一部であるので、その判決をシンガポール国外で執行するにあたっては、原則として、執行を求める国において外国裁判所の判決として SICC 判決の承認・執行手続が必要になる。ただし、国際裁判管轄の合意に関する条約（ハーグ条約）を批准している国（たとえば、EU 諸国（デンマークを除く）やメキシコ）との関係では SICC の判決も問題なく執行できる状況が確保されている。また、シンガポールとコモン・ローの体系に属する国々（イギリス、オーストラリア、ニュージーランド、スリランカ、マレーシア、パキスタン、ブルネイ、パプアニューギニア、インド（ジャンムー・カシミール州を除く）および香港）との間では、判決の相互執行を認める法的枠組みが存在

することから、これらの国においても SICC の判決を執行することが可能である。

(3) SIMC における調停手続

SIMC は、2014 年 11 月 5 日に創設された紛争解決機関である。調停手続とは、事案に関する決定権限を有しない中立な第三者の助力により、双方当事者が手続中での和解合意を目指す形式の紛争解決手段である。あくまで当事者の合意に基づく紛争解決であるので、判決や仲裁判断のように直接的な執行を行うことは想定されず、両当事者間の契約として和解により紛争を解決することが想定されている。このような調停手続に関して、SIMC は、専門的知識を有する調停人を任命する権限を有し、ケースマネジメントのサービスを提供している。

SIMC の特徴的な手続の 1 つが、SIAC の仲裁手続との関係で提供される Arb-Med-Arb（Arbitration-Mediation-Arbitration の略）の手続である。その内容は、仲裁手続が開始された後に、調停手続に移行し、調停がまとまらない場合に仲裁に戻すというものである。これは、当事者が非公式な手続を通じて早期の和解に達することを促し、仲裁において生じ得る時間および費用の節約を図ることを目指したものである。

(4) 紛争解決条項に関する視点

東南アジア周辺地域を舞台とするクロス・ボーダー取引においては、シンガポールを紛争解決地とすることが適当であることが多いと考えられるものの、シンガポールの紛争解決機関の中でどの機関を選定するかという点は個別の事案に応じた考慮が必要である。たとえば、シンガポールの紛争解決機関としてはやはり SIAC が著名ではあるが、SIAC における仲裁は一般に費用が高く、規模のあまり大きくない取引については、係争額を超える費用が仲裁にかかる場合も珍しくない。そのような取引については、SIAC ではなく SICC を選択することも考えられる。

日本において外国裁判所の判決を承認・執行するためには、日本と当該国の間に相互の保証（民事訴訟法第 118 条第 4 号）があることが必要であるが、シンガポールについては日本と相互の保証があるとされていることから、日本企業の取引相手となる外国企業からすると、SICC の判決は日本において執行可能と考えられ、日本企業との取引における紛争解決条項に SICC における裁判を

選択することも選択肢になり得ると考えられる。これに対して、日本企業の立場からは、取引相手となる外国企業の設立地・所在地においてシンガポール裁判所の判決が執行可能な場合に限りSICCにおける裁判を紛争解決条項において選択することになると考えられる。SIACの仲裁条項に比べるとSICCの裁判管轄条項が規定されることはまだ少ない状況であるが、マレーシアや香港等の企業との取引においては実例も少しずつ増えている印象である。

なお、本節では、紛争解決地としてのシンガポールの優位性を中心に説明してきたが、シンガポールの仲裁も万能ではなく、SIACと並ぶアジアにおける国際的な仲裁機関であるHKIACはもちろん、それ以外にも取引の規模、取引の複雑性、紛争解決に要する費用、執行可能性等の諸要素を考慮したうえで、インドネシアのBANI（BANI Arbitration Center）やベトナムのVIAC（Vietnam International Arbitration Centre）等の現地の仲裁機関を選択した仲裁条項が規定される例も増えている。これらの仲裁機関は、紛争解決の実績・経験や法的安定性という点ではSIACに劣ると言わざるをえないが、費用や執行可能性ではSIACよりも魅力的な場合もあると考えられる。今後はシンガポール以外の東南アジア各国における仲裁機関も発展していくと考えられ、東南アジアの取引における紛争解決条項に関する選択肢も増えるものと思われる。

● 4　おわりに

以上、本節では、紛争解決のハブという切り口から、シンガポールにおける紛争解決が契約における紛争解決手段として好まれる理由およびシンガポールにおける特徴的な紛争解決手段に触れた。本節が、読者のアジアにおける国際的取引契約の紛争解決条項の検討の一助となれば幸いである。

（花水　康、中野常道）

Column
シンガポールにおける判決取得後の手続について

1　はじめに

金銭の支払いを命じる判決を取得したとしても、任意に支払わない債権者から債権を回収することは容易ではない。それが日本ではなく、慣れない外国で

の債権回収であればなおさらであろう。そのため、債権回収を行う予定の国における判決執行手続を知ることは非常に重要であるが、判決取得後の手続は判決取得前の手続に比べてあまり知られていないように思われる。

そこで、本コラムでは、シンガポールの裁判所において、債務者に対して金銭の支払いを内容とする判決を取得したものの、当該判決を受けてもなお判決債務者（judgement debtor）が支払いを拒む場合に、判決債権者（judgement creditor）はどのような手続を利用することができるか、特に、日本の制度と大きく異なる財産開示手続（examination of judgement debtor）およびコミッタル手続（committal proceedings）を中心に説明したい。

2　判決取得後の手続について

金銭支払命令を内容とする判決が下されてもなお、判決債務者が任意に支払わない場合、判決債権者は一定の要件の下、各種執行手続を申し立てることができる。詳細は割愛するが、たとえば、代表的な執行手続として以下の手段が挙げられる。

① 動産等の差押えおよび売却（writ of seizure and sale）
② 金銭債権の差押手続（garnishee proceedings）
③ 差押え等が困難な場合の賃料等からの回収手続（equitable execution）

もっとも、通常、財産の差押え等の執行手続を行うためには、対象となる財産を特定し、必要な情報を入手していなければならない。たとえば、債権の差押手続により、判決債務者の預金債権を差し押さえたい場合、判決債務者が口座を有している銀行名や口座番号等を把握している必要があるが、そのような情報を漏れなく入手することは必ずしも容易ではない。そこで、判決債権者としては、以下の財産開示手続を利用することが考えられる。

3　財産開示手続（Examination of Judgment Debtor：EJD）

判決債務者の財産に関する情報を入手するための手続として、examination of judgement debtor（EJD）と呼ばれる財産開示手続が存在する。

判決債権者の申立てにより、裁判所から当該手続を実施する旨の財産開示命令（EJD order）が下された場合、判決債務者は、裁判所における期日に出席し（判決債務者が企業である場合は代表者等の役員が出席することになる）、判決債務者の財産状況に関する質問に回答しなければならない。

また、判決債権者は、裁判所における期日に先立ち、裁判所所定の質問票を利用し、判決債務者の財産状況について質問をすることができ、判決債務者は、決められた期限までに回答を提供しなければならない。質問票に対する回答は、裁判所において行う宣誓の対象となるため、真実に基づくものであることが求められる。さらに、財産開示手続において、裁判所は、判決債務者に対し、関連する書類の提出を要求することができ、判決債務者はかかる命令に従わなければならない。

しかし、このような財産開示手続が実施されてもなお、判決債務者が誠実に対応しないことも考えられる。たとえば、決められた期限までに質問票に対する回答を提供しない、連絡なく期日を欠席する、または、虚偽の回答を行うといったことも現実に起こり得る。

このように判決債務者が財産開示手続に非協力的である場合、判決債権者としては以下のコミッタル手続の申立てを行い、判決債務者の誠実な対応を促すことが考えられる。

4 コミッタル手続（Committal Proceedings）

コミッタル手続は、いわゆる法廷侮辱行為（contempt of court）を罰するための手続である。違反の程度や態様にもよるが、上述した財産開示命令の不遵守は法廷侮辱行為の1類型として処罰の対象になり得る。

裁判所での審理の結果、処罰の対象になる法廷侮辱行為がなされた旨の認定がされた場合、法定刑として、10万シンガポールドル（約800万円）以下の罰金もしくは3年以下の懲役またはその両方を科すことが定められている（ただし、当該法廷侮辱行為がどの裁判所に対してなされたかなどによって法定刑は若干異なる）。また、判決債務者の役員が財産開示命令に従わなかった場合、当該役員個人も上記刑罰の対象となり得る。

日本でも財産開示手続の出頭拒否や虚偽の陳述に対する制裁自体は存在するものの、判決債権者はかかる制裁を行うよう裁判所に申し立てる権限を有していない。また、仮に制裁が科されることになったとしても、制裁内容としては30万円以下の過料が定められているにすぎず（民事執行法第206条第1項第1号および第2号）、シンガポールにおける財産開示命令違反に基づくコミッタル手続上の罰則と比較すると、当事者の違反行為に対する抑止力はそれほど強くないと言える。

もっとも、公刊物を見る限り、シンガポールにおけるコミッタル手続において、懲役刑が科される件は多くない。また、裁判所は、コミッタル手続において懲役刑を科す場合でも、判決債務者に裁判所の命令を遵守する最後の機会を与えるべく、数日から数週間程度の猶予期間を与えることがしばしば見られる。そのため、実際に懲役刑が執行される件はさらに少ないものと考えられる。

それでもなお、判決債権者が申立権限を有すること、判決債務者、特に企業の役員個人に対し懲役刑が科される可能性があることからすると、コミッタル手続の存在は、判決債務者に対し財産開示手続の遵守を促す強い効果があるものと言える。

5 結語

以上、簡単にではあるが、財産開示手続およびコミッタル手続を中心に、判決取得後の手続について説明した。

債権を回収する立場の依頼者をサポートする場合、事案に即してどのような手続を利用することが可能か、そのメリット・デメリットはどのようなものか

といった点を慎重に検討しながら、最適な解決策を提示していきたい。

(土門駿介)

VII インド

アジアのコモン・ロー　その2

🌐 1　インド契約法の成立経緯

(1)　イギリスによるインドの植民地化と英領インド帝国

　イギリスは、18世紀中ごろから、東インド会社を通じてインドの植民地化を進め、18世紀後半には、インドは実質的にイギリスの植民地となった。1857年に起きたインド大反乱（かつては「セポイの乱」等と呼ばれた）を契機として、イギリスはGovernment of India Act, 1858（1858年インド統治法）を成立させ、ムガル帝国を滅亡させるとともに、インドを藩王国による間接統治体制に移行させた。しかしながら、藩王国からイギリス直轄領への人口流出が続いたことなど、藩王国による間接統治が必ずしも奏功していないとの判断から、約20年後の1877年にイギリスは全インドを直接的に統治することとし、英領インド帝国が成立した。国王には、イギリスのヴィクトリア女王が即位した。

(2)　インド契約法の成立

　2019年現在も有効なインドの契約法であるIndian Contract Act, 1872（「1872年インド契約法」）が制定され、公布されたのは1872年であり、この時期は、上記藩王国による間接統治体制の期間に当たる。1872年インド契約法は、同時期のイングランドの契約法を参照して制定されており、イギリスのコモン・ロー、エクイティの法理が反映された内容となっている。

　同法の制定以前、インドにおいて一般的に適用される契約法は制定・公布されておらず、生活集団や宗教集団内の当事者間において適用される生活法、宗教法（ヒンドゥー法、イスラーム法等）や、異なる生活集団や宗教集団に属する当事者間において適用される慣習法が存在するのみであった。

　その後、インドが1947年にパキスタンと分離独立した際にも、1872年インド契約法は有効な契約法としてインドに受け継がれ、幾度かの改正を経て、現在に至っている。このような1872年インド契約法の成立の経緯から、インド

の裁判所が1872年インド契約法を解釈・適用する際には、イギリス契約法における判例法や法準則が参照されることがある。

(3) インド契約法の地理的範囲

1872年インド契約法が制定された1872年の時点では、現在のインドに該当する地域だけではなく、現在のバングラデシュ、パキスタンおよびミャンマーに該当する地域も、イギリスの間接統治体制の領域（後の英領インド帝国の領土）に含まれていた。

そのため、インド、バングラデシュ、パキスタンおよびミャンマーの旧英領インド帝国の各地域が独立して成立した国においては、制定以来百数十年が経過した現代においても、それぞれ若干の改正を経てはいるが、依然として1872年インド契約法が各国の契約法として引き継がれている（契約法の名称は、各国の独立に際して変更されている。たとえば、バングラデシュにおいては、契約法の名称は、「Indian」を削除した「Contract Act, 1872」に改められている）。よって、これらの4ヵ国においては、現在でも、契約法の内容は大きく似通っている。

また、これらの4ヵ国は、もともとは同一の国であったことから、契約法以外にも共通する法令が少なくなく、法制度、法内容について多くの類似点が見られる。

2 連邦法と州法

インドは、2019年現在、29の州および7の連邦直轄領から成る連邦制であり、法律には連邦法と州法とがある。

インド憲法（Constitution of India）第246条は、その別紙7において、法令分野を連邦政府リスト、州リスト、連邦政府および州リストの3つに分類している。連邦政府リストに列挙された法令分野については国会が、州リストに列挙された法令分野については州議会が、連邦政府および州リストに列挙された法令分野については、国会および州議会の双方が立法権を有する。

主要な法令分野については連邦政府リストに列挙されており、今回取り上げる契約法も、連邦政府リストに列挙されている法令分野の1つである。そのため、インドにおいてインド法を準拠法として契約を締結する場合、どの州において契約を締結するかにかかわらず、同一の契約法（すなわち、1872年インド

契約法）が適用される。

● 3　インド法を準拠法とする契約締結にあたって注意すべき事項

　上述のとおり、1872年インド契約法は、イングランドの契約法を参照して制定されており、イギリスのコモン・ロー、エクイティの法理が反映されていることから、約因（Consideration）に関する議論や、契約上の第三者の権利（Rights of Third Parties）や損害賠償に関する定め等に関する留意点は、イングランド法と共通する。これらについては、本章Ⅳの該当箇所の説明を参照されたい。

　以下では、1872年インド契約法の特徴（特にコモン・ローの一般的な契約法との相違点）と、インド法を準拠法として契約を締結する場合の注意点を中心に述べる。

(1) 捺印証書（Deed）の不存在

　上述のとおり、1872年インド契約法は、同時期のイングランドの契約法を参照して制定されたものである。しかしながら、同法には、同時期のイングランドの契約法（およびその後の通常のコモン・ロー系の契約法）において見られる捺印証書（Deed）の概念が存在しない（イングランド法上の捺印証書の概念については、イギリス契約法の解説の該当箇所の説明を参照されたい）。

　一般に、コモン・ロー系の契約法において、捺印証書とは、署名（sign）され、調印（seal）され、交付（deliver）された文書をいうが、1872年インド契約法においては、契約の成立に際して調印や交付は不要とされており、かつ調印や交付を行う別類型の契約（すなわち捺印証書）に関する規定は存在しない。すなわち、1872年インド契約法上は、いわゆる通常の契約（simple contract）と捺印証書（deed）の区別自体がなく、すべての契約は、単一類型の契約（contract）として扱われる。

　コモン・ローの一般的な契約法においては、捺印証書形式で契約を締結すれば、約因がなくとも、契約を有効に成立させることができるとされているが、上述のとおり、1872年インド契約法上は、捺印証書自体が存在しないため、この捺印証書のメリットも存在しない。換言すれば、1872年インド契約法上のすべての契約については、すべて約因（Consideration）が必要とされる。

　1872年インド契約法は、同時期のイングランドの契約法を参照して制定さ

れたものであり、コモン・ロー系の契約法であるにもかかわらず、なぜ捺印証書の概念がないのかの理由は不明である（筆者が調査した限りでは、1872年インド契約法に捺印証書の概念がない理由について、明示的に言及した文献等は存在しなかった）。

　なお、契約法上の概念としての捺印証書（deed）が存在しない結果、インドにおいてdeedと言った場合、他の何らかの法令に基づいて作成が必要とされる、権利移転の証明書のことを意味することが一般的である。たとえば、不動産取引において現所有者から新所有者に交付される不動産の権利移転証（transfer deed of real estate）、同じく株式取引において現所有者から新所有者に交付される株式の権利移転証（transfer deed of shares）などがこれにあたる。

(2)　競業避止条項（non-compete clause）

　1872年インド契約法27条は、適法な事業や取引を制限するような契約上の規定は無効である旨規定している。同条に基づき、インドの判例では、一般に、「契約期間中の競業避止義務は有効」、「契約期間終了後の競業避止義務は原則として無効」と解釈されている。

　したがって、たとえば、日本企業とインド企業が代理店契約を締結する場合に、インド側代理店に対し、契約期間中の競業避止義務を課す規定は有効と判断される可能性が高いが、契約終了後に一定期間の競業避止義務を課す規定は無効と判断される可能性が高い。また、同様に、たとえば日本企業のインド子会社が締結する雇用契約において、役員や従業員に対し、在職中の競業避止義務を課す規定は有効と判断される可能性が高いが、退職後に一定期間の競業避止義務を課す規定は無効と判断される可能性が高い。

　なお、契約期間終了後の競業避止義務の規定は、上述のとおり無効と判断される可能性が高いものの、そのような規定を設けること自体が違法というわけではない。そのため、無効となるリスクを承知しつつも、心理的な拘束力を期待して、あえて契約終了後の競業避止義務の規定を設けることも、実務上多く行われている。ただし、契約終了後の競業避止義務規定が法的に無効となる可能性が高い以上、上記例で代理店や元従業員等が退職後の競業避止に違反し、それに対して契約違反を主張して訴訟や仲裁等を提起したとしても、裁判所や仲裁廷により、差止めや損害賠償等の請求が認められる可能性は低いということになる。

　代理店契約や雇用契約における実際の競業避止義務条項の例としては、以下

のような規定が挙げられる。

> The distributor (employee) hereby expressly agrees and undertakes that, during the term of this Agreement and for a period of one year thereafter, the distributor (employee) shall not, directly or indirectly, on his own account or as an agent, employee, officer, director, consultant, or shareholder or equity owner of any other person, engage or attempt to engage or assist any other person to engage in the business or activities undertaken by the Company within the Territory or otherwise own, manage, operate, finance, control or participate in the ownership, management, operation, financing, or control of, be employed by, associated with, or be connected in any manner with or render services or advice to, any business whose products, services or activities compete in whole or in part with the products, services or activities of the Company anywhere within the Territory.
>
> （和訳）
> 代理店（従業員）は、本契約の期間中およびその後1年間、直接・間接を問わず、自己の勘定で、またはその他の者の代理人、従業員、役員、取締役、顧問もしくは株主もしくは持分所有者として、指定地域内で当社が行う事業もしくは活動に従事し、または従事しようとしてはならず、他の者がかかる事業もしくは活動に従事することを支援してはならないことを明示的に合意し、義務として引き受ける。また、代理店（従業員）は、指定地域内のいずれかの場所において当社の商品、サービスまたは活動と全体的または部分的に競業する商品、サービスまたは活動の事業を、所有、管理、運営、出資、支配してはならず、また、所有、管理、運営、出資または支配に参加してはならず、かかる事業に雇用され、協働し、いかなる方法により関係し、サービスを提供し、または助言の提供を行ってはならないことを明示的に合意し、義務として引き受ける。

(3) 紛争解決条項（dispute resolution clause）

　1872年インド契約法上の問題というわけではないが、インドにおいて契約を締結する際に、常に頭を悩ませるのが紛争解決方法の規定である。
　一般に、日本企業がインド企業と契約を締結する場合はもちろん、日本企業のインド子会社が、取引先のインド企業と契約を締結する場合であっても（すなわち、インド国内の取引であっても）、契約における紛争解決方法を「インド

での裁判」と合意することは、訴訟遅延の問題、および訴訟に対するハードルの観点から、可能な限り避けるべきである。

インドは、イギリスのコモン・ロー、エクイティの法理を継受していることから、司法制度それ自体は公正な判断が期待できるものではあるが、構造的な問題として、インドの裁判は、訴訟件数の多さと裁判官の不足から未済滞留案件が多数にのぼっており、解決までにきわめて時間のかかる制度（場合によっては20年以上）となってしまっている。近時、インドは、この問題を解決すべく、2015年10月に商事裁判所制度（一審における商事裁判所、高等裁判所における商事専門部および商事控訴部）を導入し、商事裁判においては改善に向けた努力が見られるものの、訴訟遅延の問題が完全に解決されたとは言い難い状況である。

また、インド人は、日本人と比べて訴訟に対する抵抗感が低く、日本人の感覚からすると訴訟を起こすまでもないような事案についても訴訟を提起してくることが少なくない。インド国内での裁判は、（外国での裁判や第三国での仲裁等と比べて）インド人にとって訴訟提起のハードルが低いため、契約で紛争解決方法を「インドでの裁判」と合意した場合、簡単に訴訟を提起され、長期の訴訟に巻き込まれてしまうリスクが高くなってしまう。

他方、紛争解決方法を「日本での裁判」とすることにもリスクが伴う。日本とインドの間では、過去に裁判判決の相互承認を行った例がないため、日本の裁判でインド企業相手に勝訴判決を得たとしても、インド国内での執行が認められない可能性が高いためである。

以上を踏まえ、紛争解決方法としては、比較的迅速な解決が期待できる日本または第三国での仲裁を選択することが望ましい。後述のとおり、日本もインドも「外国仲裁判断の承認及び執行に関する条約」（いわゆる「ニューヨーク条約」）に加盟しているため、仲裁判断は原則として相互に承認、執行される。

日本での仲裁は、不公平としてインド企業側が拒絶することが多いため、日本企業（またはそのインド子会社）が取引先インド企業と契約を締結する場合に最もよく選択される紛争解決方法は、第三国、特にシンガポールでの仲裁である。シンガポールはインドと同じくコモン・ローの法体系の国であること、公用語が英語であること、シンガポールの国際仲裁センターが国際取引の仲裁の経験を多数有していること、地理的に日本とインドの中間地点にあることなどが、その主な理由である。

インドにおける最高裁判例の変遷（Bhatia International v. Bulk Trading SA 判決お

よび Venture Global Engineering v. Satyam Computer Services Ltd. 判決から、Bharat Aluminium Co. v. Kaiser Aluminium Technical Service Inc. 判決へ）により、2019年現在では、インド国外での仲裁を契約上合意した場合に、インドの仲裁法である「1996年仲裁及び調停法（Arbitration and Conciliation Act, 1996）」が強制的に適用されることはない。ただし、2015年には、同法の改正により、インド国外で仲裁が行われる場合であっても、仲裁を合意する当事者が明示的にインド国内での暫定救済（interim relief）（日本法上の仮処分に相当）の利用可能性の排除を合意しない限り、仲裁当事者はインド国内において暫定救済が利用できることとなった。

　上記2015年改正は、日本企業にとって必ずしもメリットであるとは限らず、むしろデメリットとなる可能性もある。すなわち、これまでは、日本企業とインド企業の間の契約において、インド国外での仲裁を紛争解決方法として合意しておけば、インド国内での裁判（一般に非常に時間がかかり、それに伴って費用もかかる）は、暫定救済の申立てを含めてすべて避けることができた。しかしながら、上記改正により、仲裁を合意する当事者が明示的にインド国内での暫定救済の利用可能性の排除を合意しない限り、相手方であるインド企業がインド国内の裁判所に暫定救済を申し立てることもできるようになり、日系企業においてインド国内での暫定救済申立てに対する応訴負担のリスクが生じるようになった。そのため、日本企業が、個別事案の性質を考慮のうえ、時間とコストのかかるインド国内での裁判それ自体を絶対的に避けたい場合、契約書の仲裁合意において、インド国外での仲裁を合意すると同時に、明示的にインド国内での暫定救済の利用可能性の排除を合意しておくという対応も検討すべきである。

　インド企業との間の契約で、シンガポール国際仲裁センターの仲裁規則に準拠し、シンガポールを仲裁地、英語を仲裁言語として、仲裁人1名で仲裁を行う場合の仲裁条項の例としては、以下のような規定が挙げられる。なお、下記規定では、明示的にインド国内での暫定救済の利用可能性の排除することを合意する形にしている。

> If any dispute arises between the Parties in connection with the validity, interpretation, implementation or performance or non-performance or alleged breach of any provision of this Agreement, the dispute shall be finally resolved by binding arbitration by a sole

arbitrator in accordance with the provisions of the Arbitration Rules of the Singapore International Arbitration Centre (SIAC). The arbitrator shall be appointed in accordance with the Arbitration Rules of the Singapore International Arbitration Centre (SIAC). The venue and place of the arbitration shall be Singapore, and the language of arbitration shall be English. The Parties agree that the operation of Section 9 (interim measures by court) of Part I of the Arbitration and Conciliation Act, 1996 of India is excluded and shall not apply to any arbitration proceedings pursuant to this Agreement.

(和訳)
契約当事者間で、本契約の有効性、解釈、実行、履行もしくは不履行、または契約規定の違反について紛争が生じた場合、当該紛争は、シンガポール国際仲裁センター（SIAC）の仲裁規則に従い、単独の仲裁人による拘束力ある仲裁により、最終的に解決される。仲裁人は、シンガポール国際仲裁センター（SIAC）の仲裁規則に基づいて選任される。仲裁地および仲裁場所はシンガポールとし、仲裁言語は英語とする。契約当事者は、インドの1996年仲裁調停法の第1章の第9条（裁判所による暫定救済）の適用は排除されること、よって本契約に基づく仲裁手続には適用されないことに合意する。

4　インド式の契約書における特徴

　インドは、シンガポールと同様、かつてイギリスの植民地であり、また1872年インド契約法はイングランドの契約法を参照して制定されていることから、契約書もおおむねイギリス式の特徴を備えている（イギリス式の契約書の特徴については、本章Ⅳの該当箇所の説明を参照されたい）。
　インドは、アジア圏に属する国であるが、法文化や法制度に関するイギリスの影響が非常に強いため、契約書のスタイルも基本的にはイギリス式である。

5　国際的な契約に関する条約の適用の有無

　準拠法の選択を考えるうえで、国際的な契約に関する条約が適用になるか否かも1つの判断材料となる。そこで、代表的なものとして、ウィーン条約（国際物品売買）およびニューヨーク条約（仲裁）について述べる。

(1) ウィーン条約（国際物品売買）

ウィーン条約（United Nations Convention on Contracts for the International Sale of Goods）とは、物品の国際的な売買に関する基本的な条件を定める条約である。たとえば、国際的な物品売買契約の成立条件、当事者の基本的な義務、当該義務に違反した場合の損害賠償責任等が定められており、物品の国際的な売買に適用されるルールの統一を試みるものである。

インドは、イギリスと同様、ウィーン条約の締約国ではない。ウィーン条約は、売主と買主の所在国がいずれもウィーン条約の締約国である場合に初めて適用されるため、日本企業とインド企業の間の物品の売買契約においては、ウィーン条約の適用は考慮しなくてよい。なお、実務的には、日本企業とインド企業の間の物品の売買契約において、ウィーン条約が適用されないことを確認的に規定することも少なくない。

(2) ニューヨーク条約（仲裁）

ニューヨーク条約（Convention on the Recognition and Enforcement of Foreign Arbitral Awards）とは、仲裁条項の有効性および国外において下された仲裁判断の執行に関するルールを定めている。同条約は、国際紛争を解決する手段としての仲裁の重要性に鑑み、仲裁に関する国際的なルールの統一を試みるものである。

上述のとおり、インドは、他の多くの国と同様、ニューヨーク条約の締約国となっている。したがって、日本企業とインド企業との間における紛争解決手段として仲裁を選択する場合、ニューヨーク条約の適用を前提として考えることができる。また、同じく上述のとおり、日本企業（またはそのインド子会社）が取引先インド企業と契約を締結する場合に最もよく選択される紛争解決方法は、第三国、特にシンガポールでの仲裁である。

● 6　インドの弁護士業界および法律事務所について

インドは、2011年に後述の司法試験が実施されるまで、資格試験としての司法試験は存在せず、5年制の Integrated Law School または3年制の Law College を卒業すれば、誰でも弁護士登録を行うことができた[1]。2011年に、インド弁護士会（Bar Council of India）により、All India Bar Examination と呼

ばれる司法試験（年2回実施）が導入され、2010年以降に Integrated Law School や Law College を卒業したすべての学生について、弁護士として法廷で代理人活動を行うためには上記司法試験を受験し、合格することが義務付けられた。もっとも、インドの司法試験の合格率はおおむね70％前後で推移しており、米国の司法試験と同様、選別し落とすための試験ではなく、弁護士として実務に携わるために必要最低限の知識を身につけているかどうかを確認するための試験という位置付けである。なお、インドにおける法学教育や司法試験は、すべてインドの公用語の1つである英語で実施されているため、基本的に弁護士は皆、英語に通じている。

インド弁護士会が、正確な弁護士登録者数をタイムリーに公表していないため、2019年現在、インドにどの程度の数の弁護士がいるかは不明であるが、2011年にインド弁護士会が開示した情報[2]によれば、同時点で弁護士登録を有している者の数は約120万人であった（この数は、あくまで実際に弁護士登録を有している者の数であり、弁護士登録ができる資格を有する者の数についてはその4～5倍程度とも推計されている）。インドでは、毎年、総数約950の Integrated Law School や Law College の6～7万人に上る卒業生が、新たに弁護士登録を受けているため、2019年現在の弁護士登録者数は、160万人を超えているのではないかと思われる。

上述のような弁護士へのなり易さ、また弁護士数の多さは、他のアジアの国ではあまり見られないインドの大きな特徴であり、このことが、「質のばらつきの大きい多数の弁護士および法律事務所」、「弁護士および法律事務所間の激しい競争」、「インド法弁護士およびインド弁護士会による外国法弁護士や外国法律事務所のインドのリーガルマーケットへの参入の強い抵抗、警戒」等のインドのリーガルマーケットの特徴を基礎付けているのではないかと思われる。

2019年1月1日現在、外国法弁護士がインドで外国法業務を行うことや、外国法律事務所がインド国内に支店を開設することは、インドの弁護士法上の規制により、認められていない。この外国法弁護士や外国法律事務所に対する

---

1) インドはいわゆる法曹一元制をとっており、法律実務家は、基本的にすべて弁護士からキャリアをスタートする。弁護士として最低でも10年程度の経験を積み、裁判所にその能力や人格を認められた者が、選抜試験を経て、裁判官や検察官に選任されるシステムとなっている。
2) インド弁護士会（Bar Council of India）のウェブサイト参照（http://www.barcouncilofindia.org/about/about-the-bar-council-of-india/vision-statement-2011-13/）。

規制については諸外国からの批判も強く、相当以前から規制の緩和が議論されているが、インド弁護士会による強い反対などもあり、現在に至るまで規制の緩和には至っていない。インド政府は、（諸外国からの批判を受けて）少なくとも外形的には外国法弁護士や外国法律事務所への門戸開放を推進しようとする構えは見せているが、その度に、インド国内のインド法弁護士やインド弁護士会から強い反対を受けて門戸開放に向けた動きが停止し、巻き戻るということを繰り返しており、実際の門戸開放はまったく進んでいないというのが実情である。なお、外国法弁護士や外国法律事務所が、インド国内にいわゆるアフィリエイトオフィス（形式的にはインドの法律事務所であるが、実質的には外国法弁護士や外国法律事務所の支店としての機能を有する法律事務所。他のアジアの国では、このような形での外国法弁護士や外国法律事務所の進出が少なからず見受けられる）を設けて活動することも、周囲のインド法弁護士から厳しく監視されており、そのようなアフィリエイトオフィスが、周囲のインド法弁護士からインドの弁護士法違反で告発され、裁判で法令違反が認定された事例もある。

　インドでは、もっぱら訴訟や刑事事件を扱う小規模の法律事務所（そのほとんどは個人事務所）と、企業法務を扱う中大規模の法律事務所が比較的はっきり分かれている。日本企業が依頼するのは通常後者であるが、上記に述べた理由から、中大規模の法律事務所であっても、法律事務所や弁護士によってサービスの質は大きく異なることが多い。

　インドの企業法務を扱う法律事務所の多くは、弁護士報酬を各弁護士の1時間あたりの単価の合計額とする、いわゆるタイムチャージ制を採用している。タイムチャージのアワリーレートは、大手法律事務所の場合、パートナーでおおむね450〜600米ドル程度、アソシエイトでおおむね250〜400米ドル程度であることが多く、中規模法律事務所で、その7〜8割程度の水準であることが多い。総じて、インドの弁護士報酬の相場は、物価や経済規模に比して高額である。これは、インドの大手法律事務所が、同じく弁護士報酬の水準が高い英国の大手法律事務所をモデルにしていること、またインドでSenior Counselと呼ばれる訴訟弁護士の報酬水準がきわめて高額であり（Senior Counselにもよるが、おおむね1時間あたり30〜50万円程度）、インドの弁護士業界全体の報酬水準がこのSenior Counselの報酬水準に引っ張られていることなどが、理由であると思われる。

　インドの大手法律事務所は、一般に五大法律事務所と呼ばれる大手法律事務所が各種ランキングでも上位を占めることが多く、その次に準大手の法律事務

所がランクインすることが多い（もちろん、ランキングによっては、準大手が大手よりも高くランクされていることもある）。上述のとおり、インドの弁護士、法律事務所は質のばらつきが大きいが、大手または準大手法律事務所の弁護士の質は比較的安定しているため、金額が大きい契約やM&Aなどの複雑な事案、あるいは現地特有の規制が絡む問題等については、弁護士費用は高くなってしまうが、大手または準大手法律事務所を任用したほうが安全であると思われる。

7 小括

　インドの契約法は、日本企業（またはそのインド子会社）がインド企業と契約を締結する場合には、その適用を避けて通れないことが多い。
　インドの契約法は、イングランドの契約法を参照しているため、その内容はおおむねコモン・ローの一般的な契約法に沿ったものであり、したがって法内容自体が不合理ということはなく、これを準拠法としても、それだけで大きな問題が生じることは通常ないと思われる。もっとも、他の多くのコモン・ローの国の契約法に見られる捺印証書（deed）の概念が存在しないこと、また競業避止に関する特徴的な規定など、インド特有と言えるいくつかの規定も存在する。また、契約法それ自体の問題ではないが、契約上の紛争解決方法の合意についても注意すべき点が多い。
　また、インドの弁護士、法律事務所は質のばらつきが大きいため、インドの弁護士に契約のチェックをしてもらう場合、特に契約金額が大きい場合には、インドの大手、準大手の法律事務所を任用したほうが安全であると思われる。

(琴浦　諒)

Column
インド人の「訴訟好き」な国民性について

　筆者がインドの現地法律事務所で勤務していたころから、またその後日本に帰国してインドに進出する日本企業を法務面でサポートする仕事に携わるようになって以降も強く感じるのは、インド人の「訴訟好き」な国民性である。
　日本人と比べると、訴訟その他の法的手段に訴えるまでの速度が格段に速く、また容易なことでは和解に応じようとしない。
　法的な問題が生じた際に、日本人、日本企業であれば、一通り相互の主張を交わし合い、「さあ、これから解決に向けて本格的な話し合いだ」という段階で、

インド人、インド企業はすでに訴訟を提起している。「話し合いを尽くした後に訴訟」という感覚ではまったくなく、むしろ「まずは訴訟を提起し、その後に話し合う余地があるのであれば話し合う」という感覚である。

また、(訴訟提起後の)和解の話し合いにおいても、日本のように、「お互いに落としどころを意識しながら、相互に譲歩する」という感覚はあまりなく、特に裁判当事者が企業ではなく個人である場合、自身の主張を一方的にぶつけ、「したがって譲歩するのはそちらである」という態度を崩さないことが多い。当然ではあるが、当事者の片方または双方がこのような態度をとっている場合、和解に至ることはほとんどない。むしろ、主張したいことを主張したうえで、裁判所に白黒を決めてもらおうとする態度が非常に強い。

さらに、第一審の裁判判決が出た後も、そのまま判決が確定することはほとんどなく、敗訴当事者が上訴して、高等裁判所、最高裁判所に至るまで争い続けることが多い。インド企業と外国企業(日本企業を含む)の間の国際仲裁でインド企業に不利な仲裁判断が出た場合も、インドの裁判所での仲裁判断の執行の段階で異議を申し立てることで、インド国内で第2ラウンドの争いに持ち込もうとする。まるで、「争わなければ損だ」、とでも言わんばかりに。

このような訴訟の頻発に対し、インドの裁判所の事件処理能力はまったく追いついておらず、未済滞留案件は年々増える一方であり、訴訟遅延が大きな社会問題となっている。インドの訴訟遅延の問題は、国際的にも広く認識されており、外国企業が紛争解決方法を選択する際にインドでの裁判を可能な限り避けようとする一因にもなっている。

あくまで感覚的なものではあるが、アジアの国の中でも、ここまで訴訟好きな国民はそうはいないのではないか。その行動様式やメンタリティは、むしろ、同じく訴訟大国である米国の国民性に近いように思われる。

インドと米国の国民の法的な行動様式やメンタリティが似ている理由としては、以下のような両国の社会的背景の共通性があるのではないかと思われる。

① コモン・ローおよびエクイティ・ローの発祥地である英国の植民地であった時期があり、その際にそれらの概念が継受されたという経緯から、「正義の法」、「衡平の法」という感覚が強く、「裁判所による公正な判断」に対する信頼が強い。

② 多民族国家であり、多くの文化や言語が異なる民族が1つの国に暮らしていることから、共通の文化的背景に基づく「常識」に依拠することが難しく、話し合いによる解決よりも、客観的な基準としての法律による解決を求める傾向にある。

③ 弁護士数が非常に多く(インド、米国のいずれも100万人を超えている)、弁護士へのアクセスが容易かつ、(小規模事務所や個人弁護士を任用することで)弁護士費用を安価に抑えることができる。また、弁護士の側も、自身の仕事を確保するために、(米国において揶揄される ambulance chaserのように）依頼者に訴訟をけしかけることを厭わない。

　上記はあくまで筆者の推測であり、インドと米国の国民の法的な行動様式やメンタリティが似ている実際の理由は不明であるが（また、そもそも「似ている」という点についても異論があるかもしれないが）、実際問題として、インドに進出している日本企業の多くが、インド企業から、あるいはインド政府当局や個人（解雇した従業員等）から、他のアジアの国と比べても、非常に多数の訴訟を提起されていることは事実である。

　インドはアジアの一員ではあるが、少なくとも法的な面においては、東アジアや東南アジアの国々における感覚と大きく異なる感覚を持った国である。日本企業が、インド企業と取引したり、インドに進出する場合の訴訟リスクは、むしろ米国に近いという感覚でとらえておいたほうがよいかもしれない。

（琴浦　諒）

第 2 章

中南米の国々

I　ブラジル

地球の裏の大陸法（シビル・ロー）

🌐 1　はじめに

　ブラジルは、南米大陸最大の面積・人口を擁する国家であり、面積（約851万km²・日本の約22倍）・人口（2億770万人（2017年）・日本の2倍弱）ともに世界第5位の規模を誇る。経済に関しても、2000年代にはBRICS（ブラジル、ロシア、インド、中国および南アフリカ共和国）の一角として世界経済の次世代の主軸を担うとまで言われた。2010年以降（特に2015年以降）、政局不安も手伝い、思い描かれていたほどの経済成長は進んでいないが、2014年サッカー・ワールドカップおよび2016年リオデジャネイロオリンピック・パラリンピックを無事に開催することができた。2018年8月現在、景気の底は越え、緩やかな回復に向かっているとする見立ても多く、インフレ率の落ち着き、2017年労働法改正に伴う労働裁判の減少等具体的な明るい材料も増えてきた。

　政治的・経済的問題は数多くあるものの、肥沃な土地や資源および中流層の拡大を背景に、2022年に建国200周年を迎えるブラジルが今後どのように成長していくか期待は大きい。

(1)　ポルトガル語

　ブラジルは、英語でなく、ラテン語から発展して形成されたロマンス諸語の1つであるポルトガル語を母語とする。ポルトガル語を母語とする人口は、世界中でおよそ2億5000万人と言われ、主にポルトガルおよびその旧植民地（ブラジルを含む）の国または地域において使用される。ポルトガル語は、女性名詞・男性名詞があるほか、動詞の活用の複雑さ、また、それに伴う主語の省略等英語とは大きく異なる特徴を持つ言語である。また、ブラジルのポルトガル語は、ポルトガルのポルトガル語とは（それぞれの話者の間で会話は成立するものの）発音や文法が異なる。

　ブラジルの法律は、一部英訳が提供されているものもあるものの、当然のことながら、原文はあくまでもポルトガル語により記述され、また多くの契約書

はポルトガル語で作成されている。

　しかし、ブラジルにおいても、日本と同様、国際案件、特に企業間の取引では、英文契約書（または英文とポルトガル語併記の契約書）が用いられることが多く、もちろん交渉も英語を主体に進められることが多い。なお、ブラジルの町中においては英語が通じることは少なく、またネイティブ同様に英語を使いこなす弁護士の数も決して多くはないものの、現地のトップローファームの弁護士たちはほぼ例外なく流暢に英語を使いこなす。契約の相手方（およびその弁護士）が必ずしも英語を使いこなすわけではないことも考えれば、ブラジルでビジネスを行ううえでは、信頼できるブラジル人弁護士（またはブラジル人弁護士と強いパイプを有する者）を見つけておくことが肝要と言えよう。

(2)　ブラジル文化

　契約書の背景の理解に欠かせない文化についてもいくつか述べてみよう。

　まず、宗教につき、ブラジルは世界有数のカトリック大国で、有名なカーニバルやリオデジャネイロのコルコバードの丘にある巨大なキリスト像をはじめ、ブラジルおよびブラジル人のことを説明するうえでキリスト教とのかかわりは避けて通れない。1977年の憲法改正までは離婚が認められなかったように、宗教が法律にまで影響を与える。

　ブラジル文化を語るうえでもう1つ避けられないのが、「Jeitinho Brasileiro（ジェイチーニョ・ブラジレイロ）」（翻訳は難しいが、あえて日本語で言うならば、「ブラジル流のルールやモラル無視の解決方法」または「何とかなるさ」）だろう。ブラジルでは、日本で考えるとおりに物事は進まない。道路網が渋滞で麻痺することは日常茶飯事であるし、銀行や税関や公共交通機関、大学はたまた病院がストライキを起こすことも珍しくない。そう言う時にも、ブラジル人は簡単にあきらめたり大人しく大勢に従ったりせず、時にはルールやモラルを無視した方法で解決しようとする、という傾向のことを言う。ブラジルでは、思い描いたタイムスケジュールどおりには行かないことも多い一方で、思いもよらない手法・伝手により物事が急に進むこともある。

　また、他の新興国と同様に、高いインフレ率（2016年には年10％前後にも及んだこともあったが、2018年8月現在では5％弱まで下がってきてはいる）についても着目したい。モノ・サービスの値段が毎年のように相当程度上がる。従業員の給料も同程度上がらなければ、従業員の給料は実質的に下がることになる。進歩なければ後退することと同じと言えるほど、日々の変化は激しい。日本で

は、2017年民法改正が成立し、年5％の固定利率であった法定利率が年3％に引き下げられ、変動制が導入されたのとは対照的である。

2　ブラジル法制度の概要

続いて、ブラジルの契約法を理解するうえで、ブラジルの歴史をひも解いてみよう。

ブラジルの歴史は、1822年のポルトガルからの独立から始まる。独立後、「ブラジル法」が歴史に登場するのは、初代皇帝ドン・ペドロ1世による1824年憲法の発布である。もっとも、契約法を含むブラジル民法典の成立は、独立から1世紀近く経った1916年であり、それまでは宗主国ポルトガルで適用されていたフィリペ法典が民法典の一部として機能していた。

1916年ブラジル民法典（その後の2002年改正を含む）は、中身の大部分につきポルトガル法（スペイン法との共通部分も多い）を継受し、債権法の一部および特に編纂方式につきフランス法やドイツ法が参照されており、日本民法と同じくパンデクテン方式（総則を先に、各則を後に規定する方式）となっている。

(1)　大陸法

ブラジルは、ポルトガルから独立したため、大陸法の影響を強く受けた成文法主義を採用する国である。したがって、立法府によって制定された法令が第一次的な法源とされる一方、裁判所の判例は法的拘束力を有せず、司法上重要な判断を果たし得る程度にとどまる。もっとも、確立された先例を尊重しなければならないとする先例拘束制度（Súmula vinculante）があるほか、事実上、上級裁判所による判例は下級裁判所によって尊重されていることには留意が必要である。

また、裁判所の法令解釈の傾向として、日本法の感覚からは到底考えられないような、条文の文言を離れた目的的解釈をすることも時折見受けられ、判例法主義ではないにもかかわらず、裁判所が一定の法創造的機能を果たしている（特に労働法や競争法等）。

(2)　連邦制

ブラジルは、26の州および連邦首都区（ブラジリア）から成り立つ連邦国家であり、法律にも連邦法および州法が存在する。さらに、法分野によっては、

地方自治体も独自の法規範を制定することができる。連邦に委ねられた立法の専権事項は、民事、商事、刑事、訴訟法、選挙法、労働法等、国として統一する必要性が高いと判断されている事項や、海洋法、航空法、宇宙法等、対外的に統一する必要が高い事項等である（もっとも、それらの事項に関しても、具体的な規範については一部州や地方自治体に対し授権可能）。したがって、米国とは異なり、契約法や会社法は連邦法である。これに対し、環境、消費者保護、教育、税務といった事項、および一般的規則に関する連邦法が存在しない場合には、各州はそれぞれその特殊性に応じて立法権を有する。

なお、弁護士資格も州ごとにあるものの、上記のとおり民事、商事、刑事といった主たる法律が連邦法であることから、不動産関連や地方税関連等地域性の高い事項を除き、特にどの州の弁護士に依頼するかについてアメリカほど気を遣う必要はないと思われる。

3 ブラジル契約法

(1) 契約の成立要件

ブラジルにおける契約の成立要件は当事者間の合意であり、英米法と異なり、約因（consideration）は不要である。特別法で要求されない限り、言語はポルトガル語には限られず、また口頭の契約でも有効に成立する（書面が要求されない）のが原則である。

(2) ポルトガル語での記載が要求される場合

上記のとおり、契約は、どのような言語を用いても、ブラジル法上有効に成立するのが原則であるが、いくつかの例外も存在する。

第1に、裁判で証拠とするためにはポルトガル語に翻訳しなければならない。

第2に、契約書等を監督官庁へ登録・届出する場合も例外の1つである。たとえば、特許、工業意匠、商標、技術移転およびフランチャイズ等に関する契約書は、国立産業財産権院（Instituto Nacional da Propriedade Industrial：通称INPI）への登録が必要であり、契約書がポルトガル語以外の言語で作成された場合には、ブラジルの公認翻訳者によるポルトガル語訳の添付が必要とされ、加えて、最低2人の証人による契約書への署名が必要とされる。

また、ブラジル国外で契約した契約書や署名された委任状を裁判所や監督官

庁に提出するためには、当事者の署名について公証人による認証に加え、外務省等でのアポスティーユの取得が必要となる。

さらに、会社の定款についても、同様に、州商業登記所への登記にあたってポルトガル語での提出が必要となる（この場合はポルトガル語が正となる）。

🌐 4　ブラジル式の英文契約書における特徴

ブラジル式の英文契約書は、米国英語が用いられることが多く、その様式・形態も英国式よりは米国式に従ったものが多く見られる。

(1)　特殊な様式

個人がブラジルの契約の当事者となる場合には、個人を特定する情報として、身分証明書番号（Registro Geral（RG））または外国人居住者である場合には外国人登録書番号（Registro Nacional de Estrangeiros（RNE））、納税者番号（Cadastro de Pessoas Físicas（CPF））、住所、職業、さらには婚姻状況までもが長々と記載されるのが通常である。婚姻状況については、独身（solteiro）または既婚（casado）の別だけでなく、離婚（divorciado）というかなりセンシティブな情報も記載する。なお、契約書にこれらの情報を記載することはあくまでも慣例にすぎず、記載せずとも、当該契約がブラジル法上当然に無効とされるわけではない。たとえば、記載例としては以下のようなものが挙げられる（なお、具体例として比較的詳細なものを挙げているが、会社間の取引の場合、代表者に関する記載はないものもある）。

> This PURCHASE AGREEMENT dated as of the [*dd*] day of [*mm*], [*yyyy*] (this "Agreement"), is entered into by and among [X Corp], a company duly incorporated and existing according to the laws of [Country] with its principle place of business at [Address], herein represented by its Chief Executive Officer [Name], a Brazilian citizen, married, businessman, with identify card No. [xxxx], registered with the Taxpayer Registry (CPF/MF) under No. [xxxx], with professional address in [Address] ("Seller"), and [Y Corp Ltda.], a limited liability company (sociedade limitada) duly incorporated and existing according to the laws of the Federative Republic of Brazil, registered with the Brazilian Federal Taxpayers' Registry (CNPJ/MF) under No. [yyyy], headquartered at [Address], Brazil, herein represented by

> its Chief Executive Officer [Name], a Brazilian citizen, single, economist, with identity card No. [yyyy], registered with the Taxpayer Registry (CPF/MF) under No. [yyyy], with professional address in [Address] ("Purchaser"), [Z Corp S.A.], a corporation (sociedade por ações) duly incorporated and existing according to the laws of the Federative Republic of Brazil, registered with the Brazilian Federal Taxpayers' Registry (CNPJ/MF) under No. [zzzz], headquartered at [Address], Brazil, herein represented by its Chief Executive Officer [Name], a Brazilian citizen, judicially divorced and living under stable union regime[1], lawyer, with identify card No. [zzzz], registered with the Taxpayer Registry (CPF/MF) under No. [zzzz], with professional address in [Address] ("Intervening Consenting Party")[2].
>
> (和訳)
> 本売買契約は、yyyy 年 mm 月 dd 日に、[X 国] [X] に主たる営業所を有する [X 国] 法に従い適法に成立し存続する会社の [X Corp]（同社最高経営責任者 [X]（ブラジル人・既婚・ビジネスマン・[身分証明番号 xxxx] [納税者番号 xxxx] [勤務地]）により代表される）（以下「売主」という）、ブラジル連邦共和国 [Y] に主たる営業所を有するブラジル連邦法に従い適法に成立し存続する有限会社 [Y Corp]（同社最高経営責任者 [Y]（ブラジル人・独身・エコノミスト・[身分証明番号 yyyy] [納税者番号 yyyy] [勤務地]）により代表される）（以下「買主」という）、ブラジル連邦共和国 [Z] に主たる営業所を有する株式会社 [Z Corp]（同社最高経営責任者 [Z]（ブラジル人・離婚後事実婚状態・弁護士・[身分証明番号 zzzz] [納税者番号 zzzz] [勤務地]）により代表される）（以下「利害関係人」という）間にて締結された（以下「本契約」という）。

　また、日本では、契約書を製本テープで袋とじにし、割印を押して頁の差し替えを防止することが多いが、ブラジルでは契約書の袋とじはせず、他の欧米諸国と同様に、全頁（たいてい右端下部）に全当事者が略式の署名を記入する（なお、契約に証人を要する場合には、証人も各頁に略式の署名を記入する必要がある）。数十～数百頁にわたるような企業間の契約書では、この負担もなかなか馬鹿にならない。

---

1) 余談にはなるが、ブラジルでは一定の事実婚についても法律婚と同様の保護が図られている。
2) ブラジルの契約では、利害関係人も当事者として記載されることが多い。売買契約における売買目的物に担保権を有する者が代表的な例である。

(2) 法人格否認の法理

　法人格否認の法理とは、会社の法人格の独立性を否定し、会社とその背後の株主または持分権者とを同一視してその責任を追及する法理である。日本法上は、この理論は法文上明記されておらず、判例上ごく例外的に採用されているにすぎないが、ブラジル法上は、いわゆる「エコノミック・グループ理論」（資本関係等で結ばれた同一のエコノミック・グループに所属する会社は、連帯して責任を負うとする理論）として、民法のみならず、労働法、税法等個別法にも明記されており、注意が必要である。

　つまり、ブラジル現地子会社のみが契約書にサインしているからといっても、法分野によっては、日本の親会社は必ずしも株主有限責任の原則で保護されるとは限らない点につき留意が必要である。

(3) インフレ率等に配慮した規定

　前記1(2)のとおり、ブラジルではインフレ率が高く、またその変動率も非常に高い。1990年前後には、現在の通貨「レアル」誕生のきっかけとなったいわゆるハイパーインフレ（なお、その当時の通貨は「クルゼイロ」であった）があり、その名残もあって、インフレ率の変動に配慮した規定・文言が盛り込まれることがある。なお、インフレ変動率を表す数字として、ブラジルでよく用いられるものとして、ジェトゥリオ・バルガス財団（FGV）の総合物価指数（IGP-M）、サンパウロ大学経済研究所（FIPE-USP）の消費者物価指数（IPC/FIPE）、政府統計局（IBGE）の拡張物価指数（IPCA）が挙げられる。

　その他、ブラジルでは経済情勢の変化が激しいことから、為替変動や労働組合との労働協約に配慮した規定も見られる。

　以下は、これらの記載例である。

例1　遅延損害金における例
(S)hould one of Parties fail to timely comply with any of its obligations contemplated herein, the amount of the obligation in default shall be (a) increased by a non-compensatory fine in the amount of zero point five percent (0.5%) per day, limited to ten percent (10%), of the obligation in default ; and (b) adjusted by inflation according with the variation of the IGP-M....

(和訳)
一方当事者が期日までに本契約上の義務を履行しなかった場合、債務不履行に基づく支払金額は、(a) 当該未履行相当金額の0.5%の金額が非填補的賠償として各日において加算され（10%を上限とする）、加えて、(b) IGP-Mの変動率により算出されるインフレ率により調整されるものとする…

例2　企業買収に関する契約において、通常どおりに事業を営んでもらうことを約束する誓約条項における例

Seller shall not, and shall cause the Company not to, enter into, assume or amend any Material Agreement, other than renewal of any Material Agreement (including by replacing the relevant vendor, contractor or supplier), substantially in the same terms and conditions as currently in force (with values adjusted for inflation, agreements with unions, foreign exchange fluctuation affecting prices of services provided or in accordance with market standards)

(和訳)
売主は、自ら重要契約を締結してはならず、また対象会社をして重要契約を締結させてはならない。ただし、現在締結されているものと実質的に同一条件（インフレ、労働組合との協約もしくはサービス料に影響を与える為替変動のための調整または市場基準に沿った調整を含む）での、重要契約の更新（関連するベンダー、委託業者またはサプライヤーとの契約を含む）についてはこの限りではない。

(4) 不可抗力事由

　ブラジルでは労働組合が非常に強く、ストライキ等の活動も盛んである。公共交通機関や税関や銀行等、経済取引を進めるうえで欠くことのできない団体がストライキを起こすことも珍しくない（なお、税関等においてはストライキであってもその業務のすべてを停止することはできず、一部の業務は行われるのだが、ストライキ期間中はその業務処理効率が大幅に低下する）。銀行がストライキを起こした場合、ATMは稼働しており、オンライン取引は可能であるものの、窓口業務が行われず、銀行口座の開設等を行うことは困難である。
　ブラジルの契約においては、不可抗力条項を設ける場合に原則としてストライキも不可抗力事由に入れるべきだが、ストライキが現実に起こり得る可能性が高いことを考慮して慎重に検討する必要がある。

(5) 紛争解決条項

ブラジルでは訴訟の数が日本とは比べものにならないほど多いため（2015年末時点で約7400万件）、訴訟が遅延することが多く、また、敗訴者が勝訴者の弁護士費用を負担しなければならないこともあるため、契約上の紛争解決方法は、裁判ではなく仲裁とすることが望ましい。なお、ブラジル仲裁法（1996年法第9307号）上、仲裁に付すためにはその旨の書面による合意が必要とされる。

この点、代理店法（1965年法第4886号等）、消費者保護法（1990年法第8078号）、労働法（1943年法第5452号）等個別の法令においては、仲裁に付すことに関し制限が課せられていることがあるので注意が必要である。なお、従前労働契約に関する仲裁合意は一律に禁じられていたが、2017年11月施行の改正労働法では、社会保障給付金の最大給付額の2倍（2018年1月現在約11,300レアル：約325,000円[3]）以上の月給を受領する労働者との間であるならば、労働契約にも仲裁条項を設けることが可能となった。

🌐5　国際的な契約に関する条約の適用の有無

準拠法の選択を考えるうえで、国際的な契約に関する条約が適用になるか否かも1つの判断材料となる。そこで、代表的なものとして、ウィーン条約（国際物品売買）およびニューヨーク条約（仲裁）について述べる。

(1) ウィーン条約（国際物品売買）

ウィーン条約（United Nations Convention on Contracts for the International Sale of Goods）とは、物品の国際的な売買に関する基本的な条件を定める条約である。たとえば、国際的な物品売買契約の成立条件、当事者の基本的な義務、当該義務に違反した場合の損害賠償責任等が定められており、物品の国際的な売買に適用されるルールの統一を試みるものである。

ブラジルはウィーン条約の締結国である。したがって、ブラジル法を準拠法とする国際売買関連の契約書では、ウィーン条約を排除するか否かを検討し、排除する場合には契約書上明示的にその旨を規定する必要がある。

---

[3]　2018年8月15日現在の前日終値1レアル＝28.7円のレートによる換算値。

(2) ニューヨーク条約（仲裁）

ニューヨーク条約（Convention on the Recognition and Enforcement of Foreign Arbitral Awards）では、仲裁条項の有効性および国外において下された仲裁判断の執行に関するルールを定めている。同条約は、国際紛争を解決する手段としての仲裁の重要性に鑑み、仲裁に関する国際的なルールの統一を試みるものである。

ブラジルはニューヨーク条約の締結国である。したがって、日本企業とブラジル企業との間における紛争解決手段として仲裁を選択する場合、ニューヨーク条約の適用を前提として考えることができ、ブラジル国外の仲裁機関による仲裁判断もブラジル国内で執行することが可能である。実務上、日本企業（またはそのブラジル子会社）が取引先のブラジル企業と契約を締結する場合に、よく選択される紛争解決方法も仲裁である。

もっとも、ブラジル国外の仲裁機関による仲裁判断をブラジル国内で執行するためには、連邦最高裁判所における手続が必要となり、この手続には数年かかるケースもある。

これに対し、ブラジル国内の仲裁機関の仲裁判断の場合には上記手続が不要なため、ブラジル国内で執行手続を行うことが見込まれる場合には、ブラジル国内の仲裁機関を選択するほうが望ましい。なお、ブラジル・サンパウロにおける国際的な仲裁機関として、日本企業を含む外国企業によく利用されるものとしては、国際商業会議所（International Chamber of Commerce：ICC）、ブラジル・カナダ商工会議所（the Brazilian-Canadian Chamber of Commerce）やアメリカ商工会議所（the American Chamber of Commerce）が挙げられる。

● 6 ブラジルの弁護士業界および法律事務所

ブラジル法に基づく弁護士になるためには、①ブラジル法弁護士連合会（OAB）に認められたロースクール（5年制）を卒業することおよび②司法試験（全体の合格率はおおよそ20％前後）に合格することが必要とされる。

ロースクール卒業の要件として、一定の実務経験が定められていることが多いことから、ブラジルの法律事務所でロースクールの学生（研修生）が、数ヵ月から数年の期間、勤務していることがしばしば見受けられる[4]。大手の法律事務所の場合、このような研修生から若手の弁護士を採用することがよくあ

るキャリアパターンの1つであるということもあり、若いうちから弁護士業務について多くの経験を積むことができることは、日本と大きく異なる点である。日本だと、(比較的一般的な弁護士になるためのルートを想定し) 大学卒業・2年または3年間の法科大学院・1年間の司法研修という過程を経た場合、弁護士になるのは26〜27歳ころである。これに対し、ブラジルでは飛び級制度もあることから、弁護士になるのは最短で22歳ころであり、しかもすでに数年単位で経験を積んでいる場合もある。たとえば、30歳というと、日本人弁護士の場合にはまだ若手というイメージだが、ブラジル人弁護士の場合にはそろそろ中堅に差し掛かるイメージになっているといった違いがある。

司法試験が年に3回行われていることもあり（日本は年に1回）、ブラジル弁護士の人数は年々急増中であり、2018年8月現在110万人弱ほどである[5]。日本の弁護士人口は現在4万人弱なので、総人口比を考慮しても10倍以上の弁護士がいるということになる。なお、裁判官や検察官になるためには、一定の法律実務経験に加え、上記司法試験とは別個の試験に合格する必要がある。

2018年現在、一部の欧米系法律事務所がブラジル国内に支店を実質的に開設しているものの、法律上、ブラジル法に関するリーガルサービスを提供するためには、ブラジル人弁護士を共同パートナーとしなければならず、その支店の名称等にも規制が及んでおり、容易に支店を開設できるというわけではない。そのため、企業向けにブラジル法に関するリーガルサービスを提供している大手事務所は、外資系ではなく、ブラジルローカルの法律事務所が中心となっている。

ブラジルにおける法律事務所としては、①（個人事務所を含む）小規模の法律事務所と、②企業法務を扱う中大規模の法律事務所、それに加えて、③労務・税務等一部の専門分野を取り扱ういわゆるブティック系法律事務所とおおまかに分類することが可能である。日本企業が起用するブラジルの法律事務所は、②のうち大規模な総合法律事務所または②③のうちいわゆるジャパンデス

---

4) 日本や米国の法律事務所でも、サマー・クラークやサマー・アソシエイト等と称して法科大学院の学生や法学部の学生を短期間の研修生（インターン）として受け入れることがあるが、期間も夏季休暇中の数週間程度と短期であることが多く、また、実質的な労働力供給という側面よりも、採用・リクルート活動の一環という側面が強い場合が多い。

5) ブラジル弁護士の人数は、OABのサイト (http://www.oab.org.br/institucionalconselhofederal/quadroadvogados) にて確認することができる（弁護士人数の統計のみならず、州ごとの人数・男女比・年齢ごとの区分も確認可能である）。なお、同サイトは、毎日午前0時1分に更新されている。

クを構えた中規模の法律事務所ということが多い。ブラジルの法律事務所の費用は、固定金額や成功報酬といった形を取ることもごくまれに見受けられるが、特に企業法務の場合においては、弁護士報酬を各弁護士の1時間あたりの単価の合計額とする、いわゆるタイムチャージ制で算出されることがほとんどである。タイムチャージのアワリーレートは、おおむね日本よりも高く、大手法律事務所の場合、パートナーレベルで500～800米ドル、アソシエイトレベルで250～500米ドル程度、研修生で100～150米ドル程度である。中小規模法律事務所の場合にはもう少し低額なことが多いが、マンパワー不足によりタイムリーな対応が得られない場合もあり得るので、中小規模法律事務所を起用する際においては、特にそのマンパワー、案件のスケジュール、担当者のレスポンスの速さに注意する必要がある。

7 おわりに

　ブラジルの契約法には、消費者保護法および労働法をはじめとする各種の強行法規があることもあり、ブラジルに進出する日本企業はその検討を避けて通れない。もっとも、契約自由の原則は適用されるので、ブラジル法を契約の準拠法としても、それだけでブラジルに進出する日本企業に大きな不利益が生じるということは特にない。

　しかし、ブラジルでの執行を前提とした場合、必要に応じ、ポルトガル語訳を作成しなければならない等のひと手間が生じる可能性があることや、ブラジル国内での執行を考えるとブラジル国内での仲裁を前提とした仲裁条項が望ましいこと等、ブラジルに固有の留意すべき事項はいくつかある。

　また、ブラジル人やブラジル文化への理解も、ブラジルでの契約交渉の成功の鍵となる。ビジネスを円滑に進めるためにも、日常生活も含めた人間関係・信頼関係の構築を重んじるブラジル人の特性を理解することが重要である。アミーゴ文化ともいわれるブラジル社会において、平均3年から5年間と言われる日本企業の駐在期間内に結果を残し、後進につなぐ苦労は並大抵ではないと思われるが、われわれ日本人弁護士も引き続きブラジル法の知識や経験を生かし、ブラジルで活躍されている日本企業の方々に最大限のサポートを提供していきたいと考えている。

　　　　　　　　　　　　　　　　　　　　　　　（福家靖成、岩崎　大）

Column
日本人弁護士のブラジル法律事務所での研修の意義
〜不確実な時代に地球の裏側で、何を学ぶか〜

　日本の大手法律事務所において、一定の年次のアソシエイト弁護士が、欧米その他の国の大学院（ロースクールやビジネススクール等）に留学後、海外の法律事務所における研修をする機会が与えられることはよくあることである。ここでいう「海外の法律事務所における研修」とは米英の法律事務所を指すことが多く、近年多様性を増してきたものの、依然として米英の法律事務所がその主流ということに変わりはなく、南米やブラジルの法律事務所という例はいまだに数が少ない。また、ブラジルの法律事務所に関して、日本語で説明した文献は非常に少ない。そこで、本コラムでは、日本人弁護士による海外の法律事務所における研修の意義を振り返りながら、ブラジルの法律事務所での1年間の研修について、米国の大手法律事務所での1年間の研修も行った私の個人的感想・経験談を交えつつも、ここで触れたいと思う。

　まず、そもそも、日本人弁護士が、海外の法律事務所で研修を行う意義は何であろう。

　「駐在ですか？」と聞かれることもあったが、いわゆる企業内における「駐在」とは異なる。研修先の海外の法律事務所は、日本の所属法律事務所と資本関係はなく、また、日本の所属法律事務所と研修先の海外の法律事務所間には独占的といった強固な提携関係もないことが通常だ。期間も数ヵ月から1年程度と比較的短期間のことが多い。「1年程度で何ができるのですか？」と聞かれることも多かった。しかし、たかが1年されど1年である。私にとって米国の大手法律事務所での研修は大変得難い1年であった。実践的な英語能力の向上や、業界最先端とも言われる米英の大手法律事務所の仕事の流儀の学習に始まり、人種の異なる法律事務所の同僚や現地駐在員との人間関係の構築、現地法の実践的な学習・理解等学んだ事は枚挙にいとまがない。また、会社法や証券法を中心としたいわゆるコーポレートやファイナンスの分野は、米英での研究が進んでおり、法理論としても学ぶべきものが多かった。日本の大手法律事務所の弁護士数が数百人に対して、千人を優に超える米国の大手法律事務所での経験は、組織づくりの面でも大変貴重な経験であった。

　それでは、ブラジルの大手法律事務所での研修ではどうであったろうか。

　ブラジル・日本間のビジネスはある程度のボリュームがあるものの、米国・日本間のそれに比べれば、現在のところ少ないことは否めない。ブラジルの言語は、日本で使う機会の少ないポルトガル語だ。また、私がブラジルの法律事務所で研修していた時期（2015年10月から2016年10月までの間）の間は、ブラジル経済が低迷し、当時大統領であったジルマ・ルセフ大統領が罷免されるという歴史的な政治混乱期でもあった。

ただ、法律実務でできることが少ないか、非英語圏だから学ぶべきものが少ないかというと、そのようなことはまるでなかった。「不景気ならではこそ」の法的問題が山積みだった。撤退または事業規模縮小に伴う会社法関連の検討、ブラジルリスクに挙げられる労務・税務の問題、世界的に意識が高まるコンプライアンス（腐敗防止法対応等）に関する問題、現地子会社役員等による不正調査、ブラジル国外で起こるM&Aに関連した企業結合対応等、日本では経験できない事例であった。米国での研修では、日本企業から米国法に関する相談のみならず、米国企業から日本法に関する相談も受ける機会があったが、ブラジルでの研修期間中では、残念ながらブラジル企業から日本法に関する相談を受ける機会はなかった。しかし、日本法の知識がブラジルでの研修で役立たなかったということはなく、ブラジル法上の問題であっても、日本法に精通している者ならではの疑問を積極的に提起、内部で議論し、クライアントへわかり易い言葉で説明することに努めた。このことは自身にとって日本法の再勉強にもなったし、文言上不明確な法律の場合の解釈や実務上の運用状況等非常に勉強になった。

ブラジルの大手法律事務所は、日本の大手法律事務所と同規模、同じく非英語圏ということもあり、その立ち位置がとても似ていると感じられた。（英語を共通言語とする）国際的案件にどのように取り組んでいくのか、すなわち、グローバル案件の多くのシェアを握る米英の大手法律事務所にどのように対抗・協働していくのかが大きな課題であった。そのためには、海外進出に伴う法的問題において母国語以外でいかに丁寧かつ迅速なリーガルサービスを提供していくのか、そして言葉の壁を超えてどのようにクライアントの信頼を勝ち得るのかが重要であった。昼夜問わずクライアントのために懸命に働くパートナー弁護士、アソシエイト弁護士および彼ら・彼女らを真摯に支えるスタッフの姿勢は、地球の裏側でも同じだった。

ブラジル大統領が罷免された2016年は、アメリカの大統領選挙におけるドナルド・トランプ氏の当選、英国の欧州連合からの離脱（Brexit）の決定といった大きな変革を感じさせる出来事が続いた。2018年現在でも「不確実な時代」ということが叫ばれている。不確実な先の見えないこの社会で、私は「人とどのようにかかわっていくべきか」を地球の裏側のブラジルで学んだ。「ブラジル社会はアミーゴ社会」「ラテン民族は陽気だ」といったステレオタイプにとらわれることなく、また、目の前の事実に目を背けることなく、的確な法的アドバイスを誤解なきようきちんと伝えていくことの大切さを痛感した。この経験を生かして、今後もよりよいリーガルサービスを提供できるよう努力を重ねていきたいと思う。ポルトガル語のブラジル六法は今でも私の宝物である。最新法令を官報で確認しつつ、ポルトガル語とブラジル法の理解のためにブラジルの最高裁判所の法廷を時折Youtube（ブラジルの連邦最高裁判所は、ウェブサイト上で自身のメディア（http://www.tvjustica.jus.br/）を有し

ており、Youtube で法廷の様子等を放映している）で見ることが今も私の確かな習慣となっている。

(岩崎　大)

Ⅱ　メキシコ

米国の隣りの大陸法（シビル・ロー）

🌐 1　はじめに

　メキシコは、総人口約1億3000万人、ラテン・アメリカ[1]ではブラジルに次いで第2位の経済圏である。太平洋と大西洋の双方に面している数少ない国の1つであり、景気変動の激しい中南米主要国の中において、マクロ経済面では安定感がある。また、日本との関係も長年良好であり、2010年以降ケレタロ州、グアナファト州、アグアスカリエンテス州等を中心としたバヒオ（Bajio）地区と呼ばれるメキシコ中央高原地域への日系自動車関連企業の進出が目覚ましい。

　メキシコの経済は、他の中南米諸国とは異なり、中国に対するコモディティの輸出に依存していないため、中国経済の減速に強い影響は受けない一方、1994年に発効した北米自由貿易協定（North American Free Trade Agreement：NAFTA）により、アメリカ・カナダ両国の経済の影響を強く受けている。

　NAFTA離脱や米墨間国境の「壁」建設等非合理的とも思われる発言を繰り返していたドナルド・トランプ氏の米国大統領就任は、メキシコ経済に影響と動揺を与えたが、その後は同氏の言動等から当初想定されていたほどの大きな影響はなく、本節の執筆日現在、NAFTAの改定も合意された。米国とメキシコとの間の関係には今後も注視する必要がある[2]ものの、メキシコ市場の有望性は当面揺るがないように思われる[3]。

---

[1]　「ラテン・アメリカ」というと、地理的に、メキシコ以南のアメリカ大陸とその周辺地域の全領域と考えられる方や、文化的に、スペイン語やポルトガル語といったラテン系言語を話す人々が多く居住するラテン系の文化圏の地域と考えられる方がいると思うが、たとえば、南米のガイアナ共和国やカリブ海の西インド諸島の国々はアングロサクソン系の文化圏であり、前者と後者は必ずしも一致するものではない。

[2]　直近のメキシコ政治動向に目を向けると、2018年7月1日、中道左派のAndrés Manuel López Obrador（AMLO）氏が、中道右派の対立候補を破り、大統領選挙の当選を決めた。同氏は、友好的な対米関係の構築を目指すと公言しており、米墨の衝突・摩擦関係が急激に悪化することはないように思われる。

第2章　中南米の国々

(1)　スペイン語

　本書は、「英文」契約に関する論稿であるが、メキシコの母語は、英語でなく、ポルトガル語と同様ラテン語から発展したロマンス諸語の1つであるスペイン語を母語とする。

　スペイン語を母語とする人口は世界中でおよそ4億2000万人と言われ、英語、フランス語、アラビア語に次ぎ4番目に多くの国で使用され、国際連合（United Nations）では、英語、フランス語、ロシア語、中国語、アラビア語と並ぶ6つの公用語の1つである。女性名詞・男性名詞があるほか、動詞の活用の複雑さ等英語とは大きく異なる特徴を持つ言語ではあるものの、母音の種類が少なく、日本人にとっては英語よりも発音は容易という声も耳にする（ただ、筆者らの肌感覚では、発音という観点からすると、英語よりもスペイン語、スペイン語よりもポルトガル語のほうがより母音の発音が強く、日本語と親和性が近いように感じる）。また、スペイン語は、SVOやSVCと語順のルールが比較的明確に定まっている英語よりも、語順の柔軟性が高く、形式度合いの高い契約書であっても、ネイティブスピーカーの読み易さの判断により、語順が入れ替えられて表現されることがたびたびあることにも留意が必要である。

　メキシコの法律は、スペイン語が原文であり、メキシコ政府作成による主要法令の英語訳は現在に至るまで見当たらない。また、メキシコにおける多くの契約書はスペイン語で作成されている。しかし、メキシコにおいても、日本と同様、国際案件、特に企業間の取引では、スペイン語での記載が要求される一部の例外を除き、英文契約書が用いられることが多く、もちろん交渉も英語を主体に進められることが多い。

(2)　メキシコ文化等

　法制度や契約の内容について具体的に触れる前に、その前提となる文化等について触れておきたい。

　メキシコの文化は、アステカ、マヤ等の先住民文化とカトリックとイスラムの影響を受けるスペイン文化の融合である。多くの国民がカトリック信者と言われるものの、顔の黒いマリア像や「死者の日」の祝日等メキシコ独特の文化

---

3)　世界銀行の「Doing Business 2018」においても、メキシコのビジネスのし易さランキングは49位と、チリ（55位）、ペルー（58位）、コロンビア（59位）、アルゼンチン（117位）、ブラジル（125位）等他の主要なラテン・アメリカ諸国の中でも上位である。

へと発展させている。食文化も先住民文化とスペイン文化の融合であり、伝統的かつ代表的な食べ物であるトウモロコシ粉を用いた「タコス」や、メキシコ原産の竜舌蘭を原料としヨーロッパの醸造技術により作られた「テキーラ」は、読者の中でも楽しんだことがある人も多いであろう。

　ラテン・アメリカの国々の1つとして、メキシコの人々は陽気というイメージがあるかもしれないが、筆者の知る限り、メキシコ人の仕事ぶりについてはまじめな者が多いという印象だ。また、メキシコのルーツ・スペインの文化の1つであるシエスタ（昼寝）は、一部のメキシコ人の間では広まっている（まだ文化として残っている）ものの、法律事務所等においてシエスタを取る者はほとんどまれである。

　なお、米国を中心とした諸外国からの投資により産業を発展させてきた国であり、経済が発展した現在でも外資・投資を奨励する姿勢に基本的に変わりはないということも忘れてはならないポイントであろう。国単位のみならず、各州において個別の外資誘致政策を導入している事例も多くあり、具体的な出資を行う場合には、各州の投資優遇政策について調査することが望ましい。

2　メキシコ法制度の概要

　メキシコ法制度の概略に触れる前に、メキシコの歴史についてもおさらいをしておこう。

　近代メキシコの歴史は、1821〜1822年の宗主国であるスペインからの独立・メキシコ連邦共和国の樹立宣言に始まる。その後、アメリカによるテキサス併合を発端とした米墨戦争（1846〜1848年）、フランスによる介入、内戦等幾多の混乱期を乗り越えて、現代メキシコの大きな枠組みが固まってきたのは、1911年のメキシコ革命、1917年の現行憲法制定以降である（なお、その後100回以上の憲法改正が行われているが、国家の統治構造については、米国憲法をモデルとした1824年憲法および1857年憲法を踏襲していると言われる）。

(1)　大陸法

　メキシコは、旧宗主国であるスペイン法を継受し大陸法の影響を強く受けた成文法主義を採用する国であり、法令は成文化されている。したがって、立法府によって制定された法令が第一次的な法源とされる一方、裁判所の判例は法的拘束力を有せず、司法上重要な判断を果たし得る程度にとどまる。

なお、メキシコ法は大陸法の影響を強く受けているが、メキシコ法が影響を受けているのは、スペイン法等大陸法だけではない。米国法がメキシコ憲法や会社法に大きな影響を与えているほか、興味深いところでは、旧ソビエト民法がメキシコ民法の危険物使用者責任の規定に影響を与えていることも挙げられる。

(2) 連邦制・アムパロ（Amparo）という特殊な裁判

メキシコは、32州からなる連邦国家である（なお、首都メキシコシティは、連邦直轄区とされていたが、2016年の憲法改正により32番目の州とされた）。メキシコ法には、会社法・労働法等連邦が専属的立法権限を有している事項を除き、多くの分野において、連邦法と州法が存在している。なお、たとえば、各州の民法典は連邦法典に依拠して編纂された内容となっている等、各州の法令は連邦法と似通っていることが多いと言われている。

裁判所についても、連邦裁判所の系列と州裁判所の系列が存在する。地方裁判所・高等裁判所・最高裁判所という三審制である日本とは異なり、原則として二審制であるものの、アムパロ（Amparo）というメキシコ特有の保護請求の訴えがあることにより、各裁判所の判決自体が人権侵害であるまたは判決の基礎となった法律自体が憲法違反もしくは人権侵害を犯している等との主張をして、アムパロ裁判に訴えることができ、これにより通常審判に加え、憲法違反または人権侵害を理由とした複数回の審議が行われることがある。

3 メキシコ契約法

メキシコにおける契約は、原則民法により規律されるが、たとえば商事関連の契約は商法や証券法による等、一定の場合には個別法規においても規律される。

(1) 契約の成立要件

メキシコにおける契約の成立要件は、原則として、当事者間の合意および契約の目的が合目的的であることの2点のみとされ、英米法と異なり、約因（Consideration）は不要である。また、特別法で要求されない限り、様式は特に要求されず、言語はスペイン語に限られず、また口頭の契約でも有効に成立するのが原則である。

(2) 書面またはスペイン語での記載が要求される場合

　上記のとおり、契約は、どのような言語を用いても、また、書面でなくとも、メキシコ法上有効に成立するのが原則であるが、いくつかの例外が存在する。
　まず、法令上、スペイン語での記載が要求される場合である。たとえば、連邦消費者保護法上、消費者との間の一定の契約においては、書面性が要求され、契約の有効性のために事業者側の名称・住所ならびに対象商品・サービス等の特定等の記載が要件とされ、スペイン語での記載が当然の前提とされている。
　また、その他、一定の契約や書類（たとえば、不動産売買契約、委任状、寄付契約、質権設定契約、抵当権設定契約、信託契約、定款）においては、公証人による認証等一定の手続が必要とされる場合があり、かかる手続においては、スペイン語での提出が前提とされている。
　なお、契約締結やその他の法律行為を代理するための委任状については、メキシコ特有の一定の様式・内容が必要とされており、要件が満たされない場合には委任状が無効とされるおそれもあるため、通常は公証人により認証される。
　また、裁判所へ証拠等として提出する場合においては、日本語や英語等他の言語が正本であっても問題がないが、スペイン語での翻訳が要求される。
　なお、メキシコ国外で契約した契約書や署名された委任状を裁判所や監督官庁に提出するためには、当事者の署名について公証人による認証に加え、外務省等でのアポスティーユの取得が必要となることにも留意されたい。

4　メキシコ式の英文契約書における特徴

　メキシコ式の英文契約書は、米国英語が用いられることが多く、その様式・形態も英国式よりは米国式に従ったものが多く見られ、メキシコ独特といったものはさほど多くない。以下では、2点ほど特徴的な記載の例を取り上げる。

(1) 準拠法の記載

　上記2(2)で述べたとおり、メキシコは連邦制を採用している。同様に連邦制を採用する米国では、準拠法につきニューヨーク州法やデラウェア州法等州法ごとに記載することがほとんどであるのに対し、メキシコでは州法ごとの記載もありうるが、連邦法を準拠法とすることが多い。具体的な記載としては、以下のようなものが挙げられる。

> **例1　メキシコ連邦法を準拠法とする例**
> This Agreement shall be governed by and construed in accordance with the federal laws of Mexico.
>
> (和訳)
> 本契約はメキシコ連邦法に準拠し、同法に基づき解釈される。
>
> **例2　州法を準拠法とする例**
> For any issue in connection with the construction, validity, execution, and fulfillment hereof, the parties agree to be subject to the laws of the state of [x], Mexico (the State's Civil Code). The parties hereby expressly agree that any references under this Agreement to any laws, rules, principles, ordinances, policies, regulations and orders, shall be interpreted for all purposes hereunder as being exclusive references to the laws of the state of [x], Mexico (the State's Civil Code) and, in a broader sense, to the laws of the United Mexican States.
>
> (和訳)
> 本契約当事者は、本契約の解釈、有効性、執行および履行に関するいかなる問題に関しても、メキシコ国［x］州の法律（州民法）が適用されることに合意する。本契約当事者は、本契約上の法律、ルール、原則、条例、ポリシー、規則および命令に関するいかなる記載についてもメキシコ国［x］州の法律（州民法）が適用されること、また、より広範な意味においてはメキシコ連邦法が適用されることについて、ここに明示的に合意する。

(2)　仲裁条項

　メキシコを本拠とする法人等と契約するにあたって、紛争解決条項については仲裁条項とすることが望ましい。具体的な理由・背景については、5(2)を参照して欲しいが、その具体的な記載としては、以下のようなものが挙げられる。

> Any claim, dispute or controversy arising out of, or in connection with the existence, validity, intent, interpretation, performance or enforcement of, this Agreement, shall be finally settled by arbitration under the Rules of Arbitration of the International Chamber of

Commerce, in effect on the date of this Agreement (the "ICC Rules").
- The number of arbitrators shall be 3 (three), each of whom shall be appointed by the International Chamber of Commerce in accordance with the ICC Rules.
- The place of arbitration shall be Mexico City, Mexico.
- The award shall be rendered in English. The arbitration proceedings shall be conducted in the English language and all briefs and other nonevidentiary writings submitted to the arbitration panel shall be submitted in the English language. Any documentary evidence submitted to the arbitration panel shall be submitted in its original language. All fees and expenses incurred in connection with translating documents necessary to distribute to the parties in connection with the arbitration shall be shared equally between the parties participating in the arbitration.
- The arbitration procedure set forth in this Section shall be the sole and exclusive means of settling or resolving any dispute referred to in this Section. The award of the arbitrators shall be final, nonappealable and binding on the parties and may be presented by any of the parties for enforcement in any court of competent jurisdiction and the parties hereby consent to the jurisdiction of such court solely for purposes of enforcement of this arbitration agreement and any award rendered hereunder. In any such enforcement action, irrespective of where it is brought, none of the parties will seek to invalidate or modify the decision of the arbitrators or otherwise to invalidate or circumvent the procedures set forth in this Section. The fees of the arbitrators and the other costs of such arbitration shall be borne by the parties in such proportions as shall be specified in the arbitration award.

(和訳)
本契約からまたはそれに関連して生じるいかなる主張、紛争および論争（本契約の存在、有効性、意図、解釈、履行および執行に関するものを含む）は、本契約締結時点で施行されている国際商業会議所仲裁規則（以下「ICCルール」という）に基づく仲裁により最終的に解決されるものとする。
- 仲裁人は3人とし、各仲裁人はICCルールに基づき国際商業会議所により指名される。
- 仲裁地はメキシコ合衆国メキシコシティとする。
- 仲裁判断は英語でなされるものとする。仲裁手続は英語でなされ、仲裁廷に提出されるすべての主張およびその他の非証拠書面は英語で提出されな

けばならない。仲裁廷に提出される証拠書面は、原語で提出されなければならない。仲裁に関連し、仲裁廷に対し提出される必要な翻訳に要する費用および経費のすべては、仲裁に参加する全当事者が平等に負担するものとする。

● 本条に規定される仲裁手続は、本条項に規定されるいかなる紛争の解決に関する唯一かつ排他的な方法とする。仲裁人による仲裁判断は、最終であって、上訴不可であって当事者を拘束するものとし、管轄裁判所において本契約の当事者により強制執行することができ、また、両当事者は、本仲裁合意および本合意による仲裁判断の執行についてかかる裁判所が管轄を有することに同意する。当該強制執行手続において、いかなる場所にて行われるかを問わず、当事者は、仲裁人の決定の無効または修正、その他本条項記載の手続の無効または妨げを試みてはならない。仲裁人の費用その他仲裁に要する費用は、仲裁判断に明記された負担割合に従って、各当事者により負担されるものとする。

5　国際的な契約に関する条約の適用の有無

　準拠法の選択を考えるうえで、国際的な契約に関する条約が適用になるか否かも1つの判断材料となる。そこで、代表的なものとして、ウィーン条約（国際物品売買）およびニューヨーク条約（仲裁）について述べる。

(1)　ウィーン条約（国際物品売買）

　ウィーン条約（United Nations Convention on Contracts for the International Sale of Goods）とは、物品の国際的な売買に関する基本的な条件を定める条約である。たとえば、国際的な物品売買契約の成立条件、当事者の基本的な義務、当該義務に違反した場合の損害賠償責任等が定められており、物品の国際的な売買に適用されるルールの統一を試みるものである。

　メキシコは、ウィーン条約の締結国である。したがって、メキシコ法を準拠とする国際売買関連の契約書では、ウィーン条約を排除するか否かを検討し、排除する場合には契約書上明示的にその旨を規定する必要がある。

　なお、過去の裁判例において、メキシコ裁判所がウィーン条約の適用判断を誤り、適用されるべきではなかったメキシコ連邦民法が適用された事例がある。最近ではメキシコ裁判所における各種条約の研究も進んでいるかもしれないが、このような裁判例の影響もあってか、補償等に関するメキシコ連邦民法の規定

の適用の有無について契約書上明示する事例もある。たとえば、以下のような記載が挙げられる。

> Notwithstanding anything to the contrary in this Agreement, the Parties hereby recognize and acknowledge that in the event of any breach of any of the Parties' obligations herein, the non-defaulting party shall be allowed to proceed in terms of Article 1949 of the Federal Civil Code of Mexico (Código Civil Federal).
>
> (和訳)
> 本契約に異なる定めがあっても、本契約当事者は、いずれかの当事者の本契約上の義務違反に際し、他方当事者がメキシコ連邦民法第1949条の定めに従い手続を進めることができることを認識し、確認する。

(2) ニューヨーク条約（仲裁）

ニューヨーク条約（Convention on the Recognition and Enforcement of Foreign Arbitral Awards）では、仲裁条項の有効性および国外において下された仲裁判断の執行に関するルールを定めている。同条約は、国際紛争を解決する手段としての仲裁の重要性に鑑み、仲裁に関する国際的なルールの統一を試みるものである。

メキシコは、ニューヨーク条約の締結国である。したがって、日本企業とメキシコ企業との間における紛争解決手段として仲裁を選択する場合、メキシコ国外の仲裁機関による仲裁判断もメキシコ国内で執行することが可能である。仲裁では、裁判と異なり控訴等がないこと、提出資料のスペイン語への翻訳の必要性がないこと、さらには、強制執行段階においても（裁判手続を踏まえた強制執行の場合、アムパロ等により強制執行段階でも反論する機会が付与されることもあるため）仲裁によるほうが迅速に行うことが可能であること等の理由から、特に国際案件では仲裁のほうがメリットが大きいと言われる。

なお、メキシコにおいてよく使われる国際的な仲裁機関としては、国際商業会議所（International Chamber of Commerce：ICC）、メキシコ仲裁センター（Arbitration Centre of Mexico（Centro de Arbitraje de México：CAM））やメキシコシティ商工会議所（Mexico City National Chamber of Commerce（Cámara de Comercio de la Ciudad de México：CANACO））が挙げられる。

6 メキシコの弁護士業界および法律事務所

　メキシコ法上、弁護士になるためには、ロースクール（5年制または4年半制）を卒業すれば足り、司法試験等の国家試験受験・合格の要件は課せられていない。

　ロースクール卒業の要件ではないものの、法律事務所でロースクールの学生（研修生）が、数ヵ月から数年の期間、勤務していることはよくあることである。大手の法律事務所の場合、このような研修生から若手の弁護士を採用することがよくあるキャリアパターンの1つであるということもあり、若いうちから弁護士業務について多くの経験を積むことができることは、ブラジルと同様であり、日本と大きく異なる点である。

　メキシコの法律事務所として、日系企業が利用することが想定される事務所としては、いわゆるフルサービスの大手法律事務所と一定の専門分野を得意とするブティック系法律事務所の2種類に大別されるが、それぞれの弁護士費用の感覚についていえば、日本の大手法律事務所や日本のブティック系法律事務所を起用する際とおおむね同水準である。また、メキシコにおいて、弁護士人数が最大規模の法律事務所は米系法律事務所の支店であり、英米の法律事務所の進出が相当程度進んでいる。

　メキシコの法律事務所業界に関し、特に日系企業に留意していただきたいことの1つが、「良い訴訟弁護士を予め見つけておくこと」の重要性である。メキシコの訴訟制度上、訴訟手続の迅速化の観点から、各種の期限が非常に短期間に設定されているが、特に訴状の提出により訴訟が提起された場合、被告は、訴状を受領した後15営業日以内に、実質的な答弁を関連する証拠と共に提出しなければならない。日本の訴訟制度上は、訴状が被告に送達された日から30日程度を目途として第一回口頭弁論期日が設定され、被告は同期日までに答弁書を用意することが求められるが、多くの場合には、30日以内では必要に応じて弁護士を選任したうえで事実関係等答弁に必要な調査を完了することは難しいため、答弁書には「追って認否する」といった非常に簡易な形式的な記載のみをし、実質的な答弁は相当程度の時間・手間をかけて後日行われることが通常である。このような日本の訴訟実務の感覚からすれば、時差もあるメキシコにおける国際的な訴訟で、日本語・スペイン語、場合によっては英語からスペイン語への翻訳をも要する案件において、15営業日以内に実質的な答

弁を関連する証拠と共に提出しなければならないということがいかに困難な作業であるかということはご理解いただけるかと思う。メキシコで事業を展開するならば、訴状の送達を受けて一からメキシコの法律事務所を探すのではなく、可能ならば予め、遅くとも取引先や従業員等との紛争の可能性が生じた場合には可及的すみやかに、訴訟に関する信頼できるブティック系法律事務所を見つけておくことが望ましいだろう。

上記のとおり、メキシコの訴訟制度は複雑かつ各種の法定の期限が非常に短いため、訴訟を専門とするブティック系法律事務所が発達している分野であり、いわゆるフルサービスの大手法律事務所であっても、訴訟事件に関してはブティック系法律事務所と提携することも多いようである。

7　おわりに

メキシコの契約法は、大陸法系でありながら、米国法の影響を強く受けており、日本企業にとっては英文契約の中では比較的馴染みのある米国契約法に近いと思われる。

しかし、メキシコ契約法にも一部独特のルールがあり、例外的にスペイン語での作成が必要とされることや、メキシコ連邦民法を準拠法とする場合には国際的売買契約におけるウィーン条約とメキシコ連邦民法との関係を整理したほうが望ましいこと等には留意が必要だろう。

また、契約法という観点からは若干話が逸れるものの、非常に迅速な対応を必要とされる裁判制度との兼ね合いもあり、日ごろから現地法律事務所（特に訴訟を専門とするブティック系法律事務所）との関係を密にしておく必要があることも、メキシコならではの留意事項の1つである。

以上、メキシコ契約法に関連する主だった点を記載したが、実際にメキシコ法に基づく契約を締結するにあたっては、現地の法律事務所から具体的な案件に即した形で助言・協力を得る必要があるとともに、予め日本側担当者がメキシコの法制度に関する基礎的な理解を養っておくことで、より的確かつ円滑に契約交渉・準備が進めることができると思われる。本節は、あくまでもメキシコ契約法に関する基礎的知識をご提供するものにすぎないが、読者の初期的な理解・検討の一助となることを願っている[4]。　　　　（福家靖成、岩崎　大）

---

4) 本章の執筆にあたっては、メキシコの法律事務所である Basham, Ringe y Correa 法律事務所より有益なご示唆をいただいた。ここに記して謝意を表する。

第 3 章

ヨーロッパの国々

Ⅰ　フランス

ロマンと大陸法の代表国

🌐 1　はじめに

(1)　日本法との関係

　2017年（平成29年）5月26日、第193回国会の参議院本会議での可決により、民法の一部を改正する法律（平成29年法律第44号）が成立した（同年6月2日公布、一部の規定を除き、2020年4月1日施行）。債権法部分については、現行民法が明治29年（1896年）に制定されて以来、約120年ぶりの大改正であるとされている。ところで、現行民法の制定に先立つ1893年（明治23年）、江戸時代末期に締結された欧米列強との不平等条約の改正を目指す日本において、フランス民法典（ナポレオン法典）を模範とした「民法財産編・財産取得編・債権担保編・証拠編」（明治23年4月21日法律第28号）および「民法財産取得編・人事編」（明治23年10月7日法律第98号）が公布されていた（いわゆる旧民法）。旧民法はいわゆる民法典論争を経て、結局施行されることなくその役割を終えたが、旧民法のうち家族法・相続法を除く部分は、「お雇い外国人」であったフランス人法学者ボアソナードを中心に起草されたと伝えられている。現行民法はドイツ民法に多くを依拠しているというのが伝統的通説であるが、フランス民法典もまた大きな影響を与えているとされる。このように、フランス共和国（「フランス」）と日本は法律面においても浅からぬ関係がある。

(2)　フランスの法体系

　フランスは、英米法（コモン・ロー）と並ぶ世界の二大法体系の1つ、大陸法（シビル・ロー）の代表国であり、制定法を法体系の中心に置いている。英米法体系においては、判例法こそが中核をなす法源であり、そのため、先例拘束性の原理（上級裁判所の先例がある場合には、それと同様の事件においては同様の解決を与えなければならないとするもの）が支配することとなる。そこでは、制定法は判例法を補充する二次的役割を有するにすぎない。これに対し、フラ

ンスでは、フランス革命期以降、制定法が第1の法源であり、判例の法源としての役割は否定されてきた。もっとも、その後の資本主義の高度な発達に伴う社会構造の複雑化により、修正に時間を要する立法を待つことなく裁判所により具体的な事件に対して妥当な解決を図る必要にせまられ、判例にも実質的な法源性が認められるようになった。現在のフランスにおいては、判例が実質的な法源であることが否定されることはないが、上級裁判所の判断に下級裁判所が法的に拘束されないという意味で、英米法体系と比べて先例拘束性の原理は厳格ではない。また、破毀院（民事事件および刑事事件の最上級審）において下級審判決を破毀し、下級審に差し戻した場合であっても、下級審がこれに従わない場合もあるとされる。

フランス法はローマ法やフランス各地の慣習法を起源とするが、現代フランス法の形成は、フランス革命、ナポレオン法典の制定にまで遡る。フランスの法体系は、憲法（1958年制定の第五共和国憲法）と1789年人権宣言を頂点とし、その下に法典（code）・法律（loi）、オルドナンス（ordonnance）、命令（règlement）等が位置付けられている。

法律は日本と同様に「立法」形式（特定の機関（法律の場合は国会）による決議）により制定されるものであるが、法典は法律等を分野ごとにわかり易く編集したものであり（たとえば、商法典には破産法や独占禁止法なども含まれる）、「立法」形式によって制定されるものではない。オルドナンスは、法律による授権を受けて政府が閣議決定により制定するものである。また、命令の代表的なものとして、大統領や首相が制定するデクレ（décret）および大臣や知事が制定するアレテ（arrête）が存在する。

なお、2016年に、1804年の制定以来改正のなかったフランス民法典が改正され、2016年10月1日から施行されている。同改正は契約法の改正を含み、契約締結前の重要な情報の開示義務、契約交渉当事者の秘密保持義務、悪意の二重契約の排除、片務契約における特定履行の容認、不可抗力の場合の契約の修正または解消等、さまざまなルールが導入された。本節の内容は、同改正民法典（契約については、その施行日である2016年10月1日以降に締結されるものに適用される）を前提とする。

また、EU加盟国であるフランスにはEU法（EUの基本条約や、これに基づき制定される法令等）が適用される。企業にとって、EU法が直接適用されるものとして特に重要なのはEU競争法（独禁法）とEU一般データ保護規則（「GDPR」）である。これらのEU法に違反すると多額の制裁金が課せられるリ

スクがあるため、フランスを含むEU各国に進出している日本企業にとっては悩みの種となっている。

(3) フランスの司法体系

フランスの裁判所は、憲法裁判所である憲法院のほかに、大きく分けて民事事件・刑事事件を扱う司法裁判所と行政事件を扱う行政裁判所の二系統を有している（二元的裁判制度）。

民事事件の第一審の裁判所は、民事事件一般（他の第一審裁判所の管轄事件を除く）を管轄する大審裁判所、少額事件を管轄する小審裁判所、商事事件および倒産事件を管轄する商事裁判所（裁判官は職業裁判官ではなく商人から選出）、個別的労働事件を管轄する労働審判所（裁判官は職業裁判官ではなく労使双方から選出）等があり、いずれも事実審である。企業間紛争は一般に商事事件に分類され、商事裁判所の管轄となる。控訴はいずれも第二審の事実審である控訴院に対してなされる。最上級審として破毀院が存在するが、法の解釈を統一するための法律審であり事実については判断しないため、控訴院の判決に対して上訴があった場合には、上訴を棄却するか、上訴を破毀し控訴院に差し戻すことになる。

● 2 フランス契約法

(1) 契約の成立要件

フランス法における契約の成立要件は、①契約当事者が合意していること、②契約当事者が契約締結能力を有していること、③契約の主題が明確かつ正当なものであることである。ただし、実務上は、これらの要件が問題になることはそれほど多くないだろう。

(2) 契約の要式

フランス法においては、契約を有効に成立させるために、一般に特別な要式は必要ではない。ただし、1,500ユーロを超える金額に関連する契約の存在を立証する場合には、契約書が必要とされる。

例外として、金銭消費貸借契約や預金契約のように、目的物の引渡しが必要となる契約が存在する。

また、土地譲渡契約、債権譲渡契約、一時雇用契約、著作権譲渡契約のように、一定の種類の契約は書面により締結されなければ効力を有しない。

　なお、書面による契約が必要とされる場合であっても、必ずしも紙の契約書に手書きで署名しなければならないわけではなく、電子的方法により署名すること（電子署名）も可能である。電子署名は、ある者が署名したことが確実性をもって特定され、かつ、信頼できる方法により行われた場合に有効となる。ただし、家族法・相続法に関する契約や、個人による保証または担保に関する契約については、手書きの署名が必要である。

(3) 契約書の公証

　フランス法においては、契約書を作成する場合でも、一般に証人は不要であり、当事者（または代理人）の署名のみで契約が成立する。契約書の各ページに両署名者のイニシャルを記載することが慣例である。

　ただし、土地譲渡契約、婚姻契約、一定の種類の寄付行為（特に不動産に関するもの）については公証人証書（acte notarié）等が必要である。公証人証書は、一定の形式に従って公証人が作成し、署名する文書であるが、これにより、契約が公正であり、フランス法において法的拘束力を有する契約の締結および締結日が公証されることになる。契約当事者またはその代理人は公証人の前において手書きで署名しなければならない。minute と呼ばれる原本は公証人が保管し、契約当事者にはその公正な写しが交付される。

　なお、公証人証書とは異なり、特定の契約書の作成にあたり不可欠なものではないが、実務上、弁護士証書と呼ばれる書面が作成されることもある。弁護士証書は、契約の執行可能性を確保するために使用されることが一般的であり、労働法、商事法、不動産法（公証人証書が必要なものは除く）、保険法等、さまざまな法分野において使用されることがある。各契約当事者の代理人弁護士または両契約当事者を代理する弁護士により署名される。代理人弁護士は依頼者に対し、契約を締結しようとしている文書およびそこに含まれる義務について説明し、通知しなければならない。

(4) 契約の使用言語

　フランス法を準拠法とする契約であっても、原則としてフランス語での記載が強制されるわけではないが、以下の契約等については、フランス語で記載される必要がある。

- 公証人証書
- 消費者向けの契約における品質保証の範囲や条件の記載
- 国、地方公共団体との契約
- 産業活動、商業活動を管理する公共法により運営される法人（たとえば、フランス国鉄（SNCF）、パリ交通公団（RATP）、パリ国立オペラ、フランス国立視聴覚研究所（INA）等）、フランス銀行（Banque de France）および預金供託金庫（Caisse des dépôts et consignation）との契約（フランス国内で締結される場合）
- 裁判所に提出される書面（裁判官はフランス語の翻訳のない書面を証拠としないことができる（後述の国際裁判部に提出される場合を除く））

(5) 小括

以上のように、フランス法の下で取引を行う場合には、当事者間の合意だけでは足りず、それらが有効になるために種々の要件が定められている場合がある。

3 準拠法および紛争解決条項

(1) 準拠法

フランスでは、契約債務の準拠法に関するEU規則（Regulation (EC) No 593/2008 on the law applicable to contractual obligations (Rome I)）（ローマI規則）に基づき準拠法の選択の自由が認められており、契約当事者は、原則として両者の合意により準拠法を選択することができる。ただし、準拠法の選択は、契約条項や事案の状況によって、明確に証明されるものでなければならない。

しかしながら、たとえば、以下の場合には準拠法の選択について制約を受ける可能性がある。

- 準拠法の選択時において、（選択された準拠法以外の）あらゆる事項が、特定の一国にのみ関係している場合、裁判所は、当該国の法を適用することができる。
- 契約上の義務の履行地の法において、同義務の履行が違法である場合には、裁判所は、当該履行地の強行法規を適用することができる。

- 選択された準拠法が裁判地の公序に明白に反する場合、裁判所は、当該準拠法選択を認めないことができる。
- フランスの裁判所は、準拠法とは無関係に、フランスまたは国際的公序良俗を適用する。想定される損害に比して過大な損害賠償や近親婚は国際的公序良俗に反するとされ得る。

なお、準拠法選択の自由は、実体法部分に限り認められるものであり、手続法（証拠法を含む）については、管轄権を有する裁判所の法が適用される。

フランス企業は自国法であるフランス法を準拠法とすることを求めることが多いが、これはフランスに限った話ではない。

(2) 紛争解決条項

国際的な契約において、フランス企業が裁判と仲裁のどちらを好むかという点につき特段の傾向はなく、各当事者において裁判と仲裁のメリット・デメリットを比較検討して交渉にあたることが一般的である。

裁判管轄の合意に関する注意点として、以下のものが挙げられる。

- 被告がEU加盟国に住所を有する場合、民事及び商事事件における裁判管轄並びに裁判の承認及び執行に関するEU規則（Regulation (EU) 1215 / 2012 on jurisdiction and the recognition and enforcement of judgments in civil and commercial matters (Recast Brussels Regulation)）（ブリュッセル改正規則）が適用され、合意管轄裁判所として、いずれの（紛争と無関係でも構わない）EU加盟国の裁判所を指定することも可能となる。ただし、保険契約、消費者契約、雇用契約、不動産譲渡・賃貸契約に関する合意については、それぞれ特則が存在する。
- フランス国外の裁判所を合意管轄裁判所として指定した場合であっても、当該裁判管轄合意が、フランス消費者法に基づき不公平で不均衡であるとみなされた場合に、当該管轄合意を無効としたパリ控訴院の判決が存在する（フランスの消費者との契約において、アメリカ、カリフォルニア州の裁判所を合意管轄としていた例）。
- フランスにおいて、外国判決の承認・執行が認められる要件として、①外国裁判所が適法な管轄権を有していること、②外国の判決がフランスの実体的、手続的公益に適っていること、③外国裁判所における欺罔的なフォーラム・ショッピング（原告が不当に自己に有利な判決が得られる見込みのある国の裁判所に訴訟を提起する訴訟戦術）が存在しないことが必要で

ある。判決の承認・執行のプロセスとしては、大審裁判所への提訴後、双方審尋を経て上記3要件が認められた場合に執行段階へと移る。大審裁判所での審理においてフランス法弁護士の起用が必要となる。なお、近時、日本の裁判所による金銭給付判決がフランスの裁判所において承認された実例が存在する。

・2018年、パリ商事裁判所およびパリ控訴院は、国際裁判部を創設した。国際裁判部においては、訴訟提起、口頭弁論、証人尋問および判決のプロセスにおいて英語による訴訟追行が可能である。国際裁判部は、国際取引の利益に影響を与える事項（たとえば、商事契約、運送契約、当局による違反認定を受けて私人により提起される民事訴訟、仲裁判断の取消訴訟）について事物管轄を有し、相手方の同意なく同裁判部を利用することができる。また、国際裁判部の事物管轄を満たさない場合でも、当事者間の合意により同裁判部に提訴することができる。なお、パリ商事裁判所の国際裁判部を専属管轄とする場合の条項の例としては、以下のような規定が挙げられる。

All controversies, claims and disputes arising under or in connection with this Agreement shall be submitted to the exclusive jurisdiction of the International Chamber of the Paris Commercial Court.

（和訳）
本契約から、またはこれに関して生じたあらゆる論争、主張および紛争は、パリ商事裁判所の国際裁判部の専属管轄に服する。

　仲裁（国際仲裁）を選択する場合には、契約書における明確な合意が必要である。紛争が生じてから事後的に仲裁の合意を行うこともできるが、これが容易でない場合も多い。

　なお、国際的に著名な仲裁機関である国際商業会議所国際仲裁裁判所（ICC International Court of Arbitration）の本拠はパリにある。フランス企業との間の契約で、ICCの仲裁規則に準拠し、ロンドンを仲裁地、英語を使用言語として、仲裁人1名で仲裁を行う場合の仲裁条項の例としては、以下のような規定が挙げられる。

All disputes arising out of or in connection with this Agreement shall be submitted to the International Court of Arbitration of the International Chamber of Commerce and shall be finally settled under the Rules of Arbitration of the International Chamber of Commerce by one arbitrator appointed in accordance with the said Rules.

The seat of the arbitration shall be London.

The language of the arbitration proceedings shall be English.

(和訳)
本契約よりまたはこれに関して生じたあらゆる紛争は、国際商業会議所国際仲裁裁判所に申し立てられなければならず、国際商業会議所の仲裁規則に従い選任された1名の仲裁人により、同規則によって終局的に解決されるものとする。

仲裁地はロンドンとする。

仲裁手続に用いられる言語は英語とする。

4 国際的な契約に関する条約の適用の有無

　準拠法の選択を考えるうえで、国際的な契約に関する条約が適用になるか否かも1つの判断材料となる。そこで、代表的なものとして、ウィーン条約（国際物品売買）およびニューヨーク条約（仲裁）について述べる。

(1) ウィーン条約（国際物品売買）

　ウィーン条約（United Nations Convention on Contracts for the International Sale of Goods）とは、物品の国際的な売買に関する基本的な条件を定める条約である。たとえば、国際的な物品売買契約の成立条件、当事者の基本的な義務、当該義務に違反した場合の損害賠償責任等が定められており、物品の国際的な売買（当事者の営業所が異なる国にある場合）に適用されるルールの統一を試みるものである。

　フランスはウィーン条約の締約国である。したがって、①日本等、同条約の締約国企業とフランス企業間での売買契約や、②日本法やフランス法等、締約国の法を準拠法とする国際売買契約では、ウィーン条約を排除するか否かを検討し、排除する場合には契約書上明示的にその旨を規定する必要がある。

(2) ニューヨーク条約（仲裁）

ニューヨーク条約（Convention on the Recognition and Enforcement of Foreign Arbitral Awards）では、仲裁条項の有効性および国外において下された仲裁判断の執行に関するルールを定めている。同条約は、国際紛争を解決する手段としての仲裁の重要性に鑑み、仲裁に関する国際的なルールの統一を試みるものである。

フランスはニューヨーク条約の締約国である。したがって、フランス企業との間における紛争解決手段として仲裁を選択する場合、ニューヨーク条約の適用を前提として考えることができ、フランス国外の仲裁機関による仲裁判断もフランス国内で原則として執行することが可能である。

5　フランスの弁護士業界および法律事務所

フランスでは、弁護士の養成は弁護士養成所（CRFPA：centre régional de formation professionnelle d'avocats）が担っており（なお、フランス法曹界は司法官（magistrat：裁判官（juge）と検察官（ministére public）を指す）と弁護士（avocat）を区別する二元制を採用しているため、司法官の養成制度は弁護士のそれとは異なる）、弁護士を目指す者は、まずCRFPA入所試験（3回の受験制限あり）に合格し、CRFPAによる研修（18ヵ月間にわたり、6ヵ月の法律事務所研修を含む）を経たのち、弁護士職適格証明（CAPA：certificat d'aptitude á la profession d'avocat）付与試験に合格する必要がある（それぞれ、日本の司法試験、司法研修所、司法修習生考試（いわゆる二回試験）に相当する）。米国や日本のような、法曹養成に特化した教育機関（いわゆるロースクール）はなく、CRFPA入所試験の受験資格は、法学修士の学位保有者に与えられる。外国法弁護士がフランス法の弁護士資格を取得する方法については、本節末尾のコラムを参照されたい。

2017年1月1日現在、フランスの弁護士[1]数は65,592人であり、弁護士1人あたりの国民数は1,024人である[2]。弁護士1人あたりの国民数は、アメリカ（約260人）、ドイツ（約500人）等の欧米諸国と比較すれば多いものの、日本（約3,160人[3]）と比較すれば少ないと言える。

日本企業がフランスの法律事務所を起用する場合、フランス国内に本拠を有する法律事務所（ローカルファーム）、世界各国に拠点を有する英米のグローバルファームのパリ（フランス）オフィスのいずれかということが多い。フラン

スのローカルファームのうち最大規模の法律事務所は、弁護士約 1,200 名を擁している。また、他の EU 加盟国に支店を有する法律事務所もある。フランスの法律事務所（特に大規模なローカルファームやグローバルファーム）の特徴としては、チュニジア、モロッコ、アルジェリア、セネガル、コートジボワールといった旧フランス植民地への投資についても実績を有することが挙げられる。

　弁護士報酬は、特に企業法務の場合においては、各弁護士の 1 時間あたりの単価の合計額とする、いわゆるタイムチャージ制で算出されることがほとんどである。タイムチャージのアワリーレートは、おおむね日本よりも高く、フランスのローカルファームと英米のグローバルファームのパリ（フランス）オフィスとを比べれば前者のほうが低額であることが多い。

　法律事務所を選定するにあたっては、弁護士報酬の水準を比較することは当然として、法律事務所の専門性、グローバルネットワークの有無（相談事項はフランス国内の問題にとどまるものか、他の EU 加盟国その他世界各国にも関係するものであるか等）、弁護士のレスポンスの速さ等を考慮する必要がある。

● 6　おわりに

　以上、フランスの法制度・司法制度の概要、日本企業とフランス企業との契約における留意点について述べてきた。「フランス人は英語を話さない」とはよく言われるが、パリのマルシェ（朝市）であればともかく、こと外国企業がかかわる企業間の契約の世界において、英語でのコミュニケーションは一般的であり、英文契約も一般的なものとして受け入れられている印象である。本節がフランス企業との契約書作成や締結の一助となれば幸いである。

Special thanks to Mr. Thomas Granier, Ms. Nisrin Abelin and Ms. Sarah Hajam at

---

1) 　従前の「法律顧問」（助言・相談業務を専門としていたが、1991 年に弁護士に統合された）・「控訴院代訴士」（控訴院において独占的に訴訟代理（訴訟書類の作成・提出）を行うことが認められていたが、2012 年 1 月に弁護士に統合された）を含む弁護士およびコンセイユデタ・破毀院弁護士（コンセイユデタ（行政裁判所の最上級審）・破毀院（司法裁判所の最上級審）において、活動することができる弁護士）

2) 　本項における各国の弁護士数や弁護士 1 人あたりの国民数の出典は、いずれも日本弁護士連合会著『弁護士白書 2018 年版』による。

3) 　ただし、各国において弁護士の概念が異なっており、日本において、隣接士業（弁理士、税理士、司法書士、行政書士）も含めれば、弁護士等 1 人あたりの国民数は約 640 人となる。

Paris Office of McDermott Will & Emery for their valuable comments.

（元芳哲郎、佐橋雄介）

Column
パリ第二大学への留学

　弁護士になって以来、主にM&Aやコーポレート業務に従事してきたが、弁護士4年目に、パリ所在の米国系法律事務所で研修する機会を得た。フランス語はボンジュールとメルシー程度しか知らなかったが、所属弁護士やスタッフはみな英語が流暢で、ドキュメンテーションもすべて英語で問題はなかった。もっとも、内部会議やメールはフランス語の場合もあり、フランスの法律や判例に関するリサーチが必要な時は、同僚（法律事務所研修中の研修生）による英訳が必須であった。そうした中、時間を見つけては、電子辞書片手に民法（契約法）を眺めることを繰り返すうち、いわゆる「民法典論争」で「ボアソナード民法」は敗れたという理解とは裏腹に、日本民法との間に多くの類似点があることに気づき、フランスの法律に大変興味を覚えた。本コラムは、こうしたパリでの法律事務所研修を機に、欧米のロースクールではなく、フランスの修士課程に留学した経験に基づき、フランス留学事情について紹介するものである。

　さて、フランス留学を検討する際にまず気になるのは、そもそもフランス国籍を有しない者（「外国人」）が、フランスの弁護士になれるのかどうかという点であろう。これについては、EUもしくはEEA加盟国、または相互主義を満たす国（たとえば日本）の国籍を保有し、かつ、法学修士号を取得していれば、フランス版「司法試験」の受験資格を満たす（「司法試験」合格後、弁護士資格取得までのルートについて、詳細は本章15参照）。さらに、フランス国外の弁護士会に所属している外国人の場合には、「外国弁護士専用試験」に合格すれば、一般のルートを経ることなく弁護士資格を取得することも可能である。これは、一般ルートで得られる資格と同一の資格であり、フランス法に関する法律事務を行うことができる点で、日本の外国法事務弁護士とは異なる。

　もっとも、本国において法学修士号や弁護士資格を取得済であっても、外国人がいきなり「司法試験」や「外国弁護士専用試験」（いずれも筆記試験および口述試験からなる）に挑戦するのは、フランス法の知識や言葉の面で難易度が高いため、まずは大学が設置する外国人専用法学修士コース（1年間）に留学する者も多い。私が留学先に決めたのは、パリ第二大学（主要キャンパスがパンテオン広場（place du Panthéon）とアサス通り（rue d'Assas）に位置することから「パンテオン・アサス（Panthéon-Assas）」とも呼ばれる）であったが、同大学がフランス最古の法科大学（中世に起源を持つ旧パリ大学が、1970年に13の大学に分離独立した際に、その法学部を継承）として、民事

法を中心とする伝統的分野に定評があり、研修先の同僚弁護士のいずれもが、パンテオン・アサスを推薦したことが、その理由として挙げられる。

　同大学が設置する外国人専用法学修士コースの学生は、選択した専門分野（行政法、民法、EU法、ビジネス・企業法、国際私法、または国際公法）に応じた各科目（「講義（cours magistraux）」と呼ばれる教授による一方的口述と、「演習（travaux dirigés）」と呼ばれる少人数による判例および事例研究からなる）を、一般学生と共に受講するほか、同コースの学生だけを対象とした、フランス公法および私法概論（「講義」形式）、判例評釈および事例研究の方法論（「演習」形式）を受講する（さらにはフランス語の授業もある）。その具体的な中身であるが、「講義」とは、全学生が各自のノートパソコンに向かい、一方的に話し続ける教授の言葉を漏らすことなくひたすら書き取るという授業であり、その様子を初めて目にした際は、日本のロースクールとのあまりの違いに思わず絶句した（フランスの学生は、教授の発言をすべてWordに書き取り、それを学期末に一気にプリントアウト・製本し、期末試験対策用に利用するのが一般的という）。一方「演習」とは、毎週課される事例研究（その週の「講義」内容に対応）をベースとした双方向型授業であり、担当教員（主に実務家）からは、容赦なく質問が飛んでくる（担当教員はいずれも熱心で、素朴な疑問や細かい質問に、メールで、あるいは演習後の教室で、いつも粘り強く対応してくれた。週末にカフェで待ち合わせをして、疑問点を解決してもらったこともある）。

　当然のことながら、当該コースの学生（の大半）は、録音した「講義」や「演習」を図書館や自宅、行き帰りのメトロの中で何度も聞き返し、時にはネイティブの力も借りながら復習し、そのうえで、図書館やイントラネット上の書籍・雑誌・論文を参考に課題に取り組み、予習をするという日々を送る。こうした自習に費やす時間に加え、授業自体、朝8時に開始する日や、逆に終了が21時半という日もあり、特に冬場（日の出は8時半、日の入りは17時前）の行き帰りは、いつも真っ暗だったことをよく覚えている。週末も勉強しなければならないことが多かったが（そもそも土曜日にも授業があった）、合間を見ては、同じ境遇の者同士、カフェやバーで飲み、リュクサンブール公園やセーヌ川沿いでピクニックをし、各出身国（イタリア、ウクライナ、ジョージア、シリア、ロシア、ベトナム、中国、日本、メキシコ、ホンデュラス、コロンビア、ブラジル…）のレストラン巡りをしては、プライベートやキャリアの話をしたことは、良い息抜きになった。

　期末試験は、科目ごとに筆記試験（3時間）あるいは口述試験（15分程度）で構成され、合格すれば大学高等免状（DSU：diplôme supérieur d'Université）が授与される。特に口述試験は緊張したが、最終的には、幸運にもmention assez bien（with honorsに相当する）を受けて免状を取得することができた（残念ながら、毎年約3割の学生が落第している）。同コース

> 修了後は、「司法試験」あるいは「外国弁護士専用試験」に臨む者、より高い学位取得のため進学する者、パリ所在の法律事務所や国際機関に就職する者、本国に戻り職場復帰する者や転職する者、さらには第三国において就職する者等、その道はさまざまであるが、今でも続くメーリングリストに、時折流れる世界各国からの近況報告を受けるたび、大いに刺激を受けている。パリという小さな街で、こうしたネットワークを築けたことこそ、パリ第二大学留学で得られた一番の収穫かもしれない。
>
> (豊田愛美)

II ドイツ

EUの経済大国・ドイツの契約実務

🌐 1 はじめに

　ドイツは欧州のほぼ中央に位置し、人口8000万人超、GDPが3兆ユーロを超える、EUを代表する先進国である。

　日独両国間の貿易はかねてより盛んであり、ドイツに進出する日系企業は多数に上る。たとえば、ノルトライン・ヴェストファーレン州デュッセルドルフは日系企業の一大拠点として半世紀以上の歴史を有し、約600社の日系企業の拠点が設けられるとともに、約7000人の日本人が暮らしており、さながらリトル東京として定着している。近年の傾向としては、好調なドイツ経済に支えられた産業機械の受注取引も多く、日系の機械部品メーカーのドイツ南部（ミュンヘン等）への進出が増加している。さらには、2018年7月に署名された日EU経済連携協定（EPA）が発効すれば、日本・ドイツ間の貿易はさらに促進されると期待されている。また、イギリスのEU離脱（Brexit）を受け、従前はEUの統括本部としてロンドンに支店を置いていた企業[1]が、その機能をドイツ・フランクフルトに移転させるケースが見られる。

　このように、殊に経済面においてドイツと日本のかかわりは深く、日本企業が何らかの形でドイツ企業と契約を結び取引を行う機会は多いと思われる。

🌐 2 ドイツ法の全体像

(1) ドイツの法体系

　ドイツに適用される法としては、EU法、ドイツ連邦法およびドイツ各州法が挙げられる。

---

[1] 特に金融機関においてはEU全域で金融業務を行うための共通の免許（単一パスポート制度）を維持する必要があり、EU加盟国内に支店を維持することは不可欠である。

EU 加盟国であるドイツには EU 法が適用される。企業にとって、EU 法が直接適用[2]されるものとして特に重要なのは EU 競争法（独禁法）と EU 一般データ保護規則（「GDPR」）である。これらの EU 法に違反すると多額の制裁金が課せられるリスクがある[3]ため、ドイツを含む EU 各国に進出している日本企業にとっては悩みの種となっている。

また、ドイツは 16 の州からなる連邦制を採用しており、各連邦州はそれぞれの州憲法、州議会、州政府および州裁判所を有する「国家」としての性質を有している。そのため、ドイツにおいては、全連邦州に適用される連邦法と各連邦州のみにおいて適用される各州法が並存している[4]。この点、企業との関係で主に問題となるのは契約関係について規定する民法、会社の設立・組織等について規定する商法・会社法および雇用関係について規定する労働法であるところ、これらについては連邦法が適用される（これに対し、たとえば教育制度・文化政策については各州法において規定・適用されている）。

このように、ドイツにおける適用法令の全体像としては、① EU 法、②ドイツ連邦法、③ドイツ各州法という三層構造になっている。以下では、企業の取引契約に主として関連するドイツの民法・商法および会社法（いずれも連邦法）を対象に解説する（以下「ドイツ法」と称する場合には、別途断りがない場合、ドイツの民法および商法・会社法を指すものとする）。

(2) ドイツ契約法の概要

ドイツ法上、独立した契約法（Contract law）という法令は存在せず、契約関係については主としてドイツ民法典（Bürgerliches Gesetzbuch）および商人間に適用されるドイツ商法典（Handelsgesetzbuch）において規定されている。

ドイツ法の特徴としては、いわゆる大陸法系[5]に属し、明文化された制定法の文言を解釈して規範を導くという、演繹的な制定法主義をその基礎とする。また、民法典を筆頭にドイツの法令は通常パンデクテン方式を採用しており、これはまず全体に適用される一般的・抽象的規定を総則として纏め、これに続

---

[2] EU 加盟国において、EU 法はそのまま直接適用される場面と、間接適用される場面がある。後者の場合は、EU 加盟国は国内法を EU 指令に適合するよう解釈することが義務付けられており、たとえばドイツにおける男女平等に関する規定や消費者保護に関する規定はこれに基づくものである。

[3] たとえば、2018 年 7 月に、Google は EU 競争法違反により 43 億 4000 万ユーロの支払いを命じられた。

[4] 両者が抵触する場合、連邦法が優越する。

けて各論である個別規定を規定する。

　ドイツ法上の解釈が問題となった場合には、まずは問題となる事実や契約文言に関連する法文とそこから導き出される要件を特定し、その要件に対する解釈に関する判例および文献を参照することになる[6]。ドイツ法の規定は抽象的かつ難解であり、他法源（特に英米のコモン・ロー）の法学者・実務家にとっては理解しにくいものとされているが、同じく大陸法系・パンデクテン方式の民法典を有する日本法との親和性は比較的高い[7]と言える。

　ドイツにおける契約関係を貫く大原則は他法源と同様、契約自由の原則である。契約の当事者間において意思の合致があれば契約は成立し、その内容も強行法規や公序良俗に違反するものを除き、当事者間の私的自治によって好きなように定めることができ[8]、民法典や商法典は当事者間で定めがない事項を補足する、いわゆるデフォルト・ルールとして機能するものであり、その点も日本法と共通である。

　なお、基本的に、両当事者が契約の合意（双方の署名）に至って初めて双方に法的な権利義務が発生するものの、ドイツでは日本同様、契約締結上の過失に基づく信頼利益の請求が認められているため、契約締結に至らずとも、その商談がかなり具体化した段階で一方的に交渉を破棄した場合にはその損害を補償する必要がある。

---

5)　大陸法体系における民事法は、その精密で特徴的な規定をする民法典に着目して市民法（civil law）と称されることのほうが多い。かかる civil law の概念は、個別具体的な事例に関する過去の判断（判例）から帰納的に規範（ルール）を導き出す、判例法主導の英米法系のコモン・ローの概念との対概念である。具体的な差異としては、たとえば、コモン・ロー法における約因（Consideration）の概念は存在せず、捺印証書（Deed）に関する規定も存在しない。また、英米法でよく問題となる損害賠償額の予定（Liquidated Damages）と違約罰（Penalty）の区別についても、ドイツでは問題とならず、いずれも法的拘束力を有する。

6)　なお、EU 指令に基づきドイツ国内法が制定された法令については、その指令に関する解釈指針や欧州司法裁判所の判例が解釈の参考になることが多く、それらも合わせて検討することになる。

7)　日本民法および商法はその立法・解釈の過程でドイツ法を承継し、その発展においてドイツ法に大きな影響を受けており、ドイツ法の解釈と日本法の解釈が重なることも多い。

8)　ただし、強行法規や公序良俗に反するものおよび相手方の窮迫状態、無経験、判断能力の欠如または著しい意思薄弱に付け込んで甚だしく不均衡な利益を得るものは無効となる。

3 ドイツにおける典型的な取引契約と契約法

以下、企業間において締結される典型的な取引契約を取り上げ、主として日本法との対比の観点から解説する。

(1) 売買契約

ドイツ法上、売買契約については、日本法と同じく原則として対象物に制限はなく（財物、債権、株式等のいずれも対象となる）、また契約の方式にも制約はない（ただし、ドイツ特有の制度として、不動産所有権の取得・移転に関する取引においては公証人による公正証書[9]が必要である）。

契約自由の原則は、消費者保護の観点から一定の制限を受ける。すなわち、販売事業者である企業と最終消費者間の消費用動産売買取引においては、強行法規としての消費者保護条項に反して消費者を不利にする合意は無効である[10]。なお、販売事業者は最終消費者に対しては消費者保護条項に基づく厳格な責任を負担するが、他方で販売事業者から供給者に対する償還請求権は法令上保護されており、供給者は契約によりかかる請求権を排除することは認められない。

また、約款を用いた取引[11]についても契約自由の原則は一部修正され、契約相手方に不当に不利益を与える約款上の条項は無効となる[12]。

(2) 製品・部品の供給に関する契約

ア 供給基本契約

ドイツの供給基本契約においては、①発注者が供給者のみから供給を受ける排他的購入義務および②供給者が発注者に対してのみ供給する排他的供給義務を設定することが認められる点に特徴が存する。ただし、EU競争法上、①排

---

[9] ドイツでは登記が不動産の所有権移転における効力発生要件であり、登記により所有権が移転する（日本と異なり、売買契約は売主に所有権を移転させる義務を発生させるものにすぎない）。
[10] たとえば、瑕疵物に対する買主の追完請求権を制限・拒絶し、減額請求権のみを認めることはできない。
[11] 約款か否かは形式を問わず、その実質により判断される。
[12] ただし、この場合も契約全体が無効になるのではなく、残りの契約の部分は依然として有効である。

他的購入義務については、その期間は5年間までに制限される[13]。また、②排他的供給義務については、発注者および供給者の市場シェアがいずれも30％を超えない場合に限り認められる。

契約期間が定められている供給基本契約においては、原則として期間満了とともに終了するのに対し、期間の定めのない供給基本契約については、判例[14]上、適時の解除告知（ケースバイケースであるが、6ヵ月前が1つの目安とされている）をもって一方当事者からこれを終了させることができる[15]。

ただし、供給基本契約が単なる製品の供給のみを定めるにとどまらず、販売促進、宣伝広告および報告といったサポート等の内容を含む場合には、実質的にはエージェンシー契約に該当することから、下記(3)のとおり、同種契約に係る契約解消時の通知期間や補償の規定が適用される可能性がある点に留意を要する。

イ 品質保証契約

製品・部品の供給に関する契約においては、上記の供給基本契約に付随して供給物の品質を担保し、不良品・不足品に対応するために品質保証契約を締結することが多い。品質保証契約において、しばしば問題となるのは、買主の検査・異議通知義務である。

企業間の売買契約においては、買主に対し、対象物の瑕疵の有無につき受取時遅滞なき検査・異議通知が義務付けられており、これを怠れば瑕疵を承認したとみなされ、補償請求権を失う。この点、売買契約の当事会社は、かかる法定の義務内容の変更または軽減・免除を合意で定めることが認められるが、例外として、対象物の隠れた瑕疵については、買主側に対し法的の義務を加重する（たとえば、異議申出の機会を引渡時に限定する）ことは認められない。また、判例[16]上、合意によっても買主の検査・異議通知義務の完全な免除は認めら

---

13) ただし、かかる期間制限は関連市場へのアクセスを確保し、関連市場に関する共謀を防止するためのものであって、価格（業界慣行によっては購入量）ベースで供給者に対する発注が、発注者が前暦年に関連市場で購入した対象品およびその代替品の合計の80％以下にとどまる場合、期間制限が必要なほど強度な競業避止義務を設定したとはいえず、期間制限はかからない。
14) Federal Court of Justice (BGH) III ZR 145/05, NJW-RR 2006, p. 1427 等。
15) 日本における継続契約の解除においてやむを得ない事由や信義則による制約は要求されず、解除できることを前提として投下資本の回収等は上記告知期間によって調整される。

れないとされているところ、どの程度の軽減または売主側の発送時の検査義務へ転換することができるのかについては、判例上明確ではない。そのため、実務上の取扱いとしては、少なくとも外見上明らかな瑕疵について、買主の検査・異議通知義務を免除することは避けるべきとされている。

ウ　秘密保持契約

　ドイツ法上、秘密保持契約において、法令等に基づき求められる開示と抵触するような秘密保持義務を定めること（たとえば、裁判所からの開示命令を拒否することの義務付け）は、違法・無効とされ得る。また、秘密情報の漏えいに対する損害賠償を予定する条項においては、賠償予定額が公正かつ適正な額であり、かつ当該漏えいが相手方の責に帰する場合に限り賠償を認める内容としなければならず、これに反する条項は違法・無効と判断される可能性がある。

(3)　ドイツ国内における製品販売等のパートナーシップに関する契約

　外国企業がドイツ国内で製品販売等を行うにあたり、現地パートナー企業との間で締結される契約としては、①いわゆるコマーシャル・エージェンシー契約（代理商契約）、②ディストリビューター（販売代理店契約）および③フランチャイズ契約が代表的である。この点、①代理商と②代理店の差異は、前者は売買契約の当事者とならず供給者（委託元）と需要者との間の取引成立・契約締結を、手数料を受けて補助するにとどまるのに対し、後者は自ら供給者からの仕入契約および需要者への販売契約の当事者となる（自らの名義・リスクで商流に組み込まれる）点に存する。

　これらの契約においては、ドイツ法上、①エージェンシー契約の規定が他の契約類型にも類推適用されるところ、エージェンシー契約の解釈上の特徴・留意点は以下のとおりである。

(i)　エージェンシー契約が実際に締結されるまでの契約締結準備段階においては、両当事者間では通常すでに信頼関係が構築されているものと解され、契約締結上の過失に基づき請求権が発生し得る。

(ii)　エージェンシー契約が約款の性質を有する場合[17]、契約相手方に不当

---

16)　Federal Court of Justice（BGH）VIII YR 149 / 90 , NJW 1991 , p. 2633 , 2634 .
17)　たとえば、複数のエージェントに対し、販売地域を分割して依頼する場合には、同種の契約雛形を使用するのが一般的であり、約款に該当する。

に不利益を与える条項は無効となるため、デフォルト・ルールから大きく外れる条項を定めても無効と判断されるリスクがある。
- (iii) エージェントごとに販売地域を分割する契約は、垂直的反競争的な協定として、EU競争法違反の問題が生じ得る[18]。
- (iv) また、エージェントより共有されるドイツ顧客[19]の個人情報の取扱い[20]については、GDPRの適用対象となり得る。
- (v) 期間の定めのないエージェンシー契約は、法定の期限内[21]の解除告知をもって終了となる。ただし、ドイツ法上、エージェンシー契約の終了に際して、新顧客の勧誘または実質的に既存のビジネス関係を拡張することに貢献したエージェントは、これによる利益が実質的に依頼者に帰属する場合、これに対する公正な報酬を補償として請求する法定の権利（かかる権利の合意による排除は原則不可）を有する。実務上、エージェンシー契約の終了に際しては、かかる補償の要否・金額がしばしば問題となる。
- (vi) 契約終了後の競業避止義務の期間は2年までとされ、それ以上の期間を定めても無効となる。
- (vii) エージェントがその実態として委託者からの独立性を有しない場合、実質的には委託者の被用者にすぎないとして、労働法や社会保障法の適用対象となると解される可能性がある。

● 4　ドイツにおける契約締結過程の特徴

(1)　契約交渉のスタイル

日本企業との国際取引の相手方となるような中規模以上のドイツ企業であれ

---

[18]　ただし、関連市場における契約当事者の市場占有率がそれぞれ15％を超えないときはEU競争法の適用は除外される。

[19]　ドイツはEEA（EU＋アイスランド、リヒテンシュタイン、ノルウェー）加盟国であり、GDPRの適用範囲内である。

[20]　EEA域内から域外へ個人情報を移転させることに関するすべての操作（収集・保管・変更・開示・閲覧・削除等）に適用される。ドイツから日本へ顧客リストの送信というような典型的な場合に限られず、単に日本から顧客リストにアクセスする場合や、EEA間での顧客リストの共有であっても第三国のサーバーを介した場合にも広く適用される。

[21]　1年目は1ヵ月前、2年目は2ヵ月前、3～5年目は3ヵ月前、以降は6ヵ月前の告知が法定されており、この通知期間は合意により延長することはできるものの、これを短縮する合意はたとえエージェントの利益のためであっても無効となる。

ば、担当者は英語が堪能であることが通常であり、取引契約書も英語で正本を作成することが一般的である。

ドイツにおける契約交渉過程は、おおむね日本と同様であり、交渉力が強い当事者側がドラフトした契約書の雛形をベースに、それぞれの主張を反映した加筆訂正を行い、交渉が妥結したところで両者署名して契約締結に至る、という流れが一般的である。

なお、ドイツ企業・ドイツの企業弁護士の一般的な交渉のスタンスとしては、双方にとって受け入れ得る落としどころを見据えた条件提示をする（ただし、最初から落としどころの案を提示するわけではなく、まずは自社の利益・立場に沿った提示から始まる）ことが多く、駆け引きとしてまずは極端に不合理な条件提示から入ることは少ないように思われる。ただし、これは契約を締結したいという方向性が定まったからといってその契約を取るために安易に妥協に流れるということを意味せず、契約の重要性次第では当然タフな交渉が待っている。なお、継続的な取引先との取引契約か、M&Aのような一度限りかつ非日常的な取引かで交渉に臨む姿勢が異なり得る点は、日本と同様であろう。

また、ドイツ企業による契約交渉のステップとしては、①まずはチェックリスト方式で交渉すべきイシューを洗い出し、②それらのイシューについて1つひとつ交渉・妥結していく、という考え方が強いように思われる。したがって、何らの留保もつけずにある論点から次の論点に移った場合、すでに従前の論点については合意済みであるとみなされることが多いため、疑問点や主張したい点については、その都度適時にかつ明確に争点化して議論する必要があろう。すなわち、議論済みの論点につき、後から実は内容に納得していなかったというような後出しの主張をすることは、ドイツでは受け入れられ難いと思われるため、留意を要する。

以上に加えて、ドイツでは、会社の規模や契約の重要性ごとに程度の差はあれ、法務部門が一定の存在感・権限を有している場合が多く、契約交渉過程における重要な意思決定や条件提示がなされるまでの段階で、すでに社内外の弁護士による法的なレビューやアドバイスが付されていると想定すべきである。よって、ドイツ企業との契約交渉においては、たとえば営業担当が交渉・やり取りを最初から最後まで主導し、ほぼ妥結済みの段階になって初めて法務担当や外部弁護士が形式的、事後承諾的にチェックする方式をとることにはリスクが存する（その段階で法務の観点からの懸念を示しても、もはや交渉の時機を失している等）。

(2) 契約締結権限の確認

ドイツ企業との契約締結にあたっては、署名者の代表権限の証明を求められることが通常である。実務上は、①署名者が現職の代表取締役である場合、代表取締役であることを示す登記事項証明書の英訳版を用意したうえで、相手方に対し、日本法上代表取締役は単独で契約に関する一切の締結権限を有することを説明する対応がしばしばとられる。他方で、②署名者が代表取締役でない場合には、上記に加えて、代表取締役から署名権者に向けた委任状もあわせて提示する対応が必要となる。

(3) 公証・認証翻訳

日本企業にとり馴染みが薄いドイツ特有の取引・契約実務としては、公証制度および認証翻訳制度が挙げられる。

すなわち、ドイツにおいては、不動産の所有権取得・移転および不動産登記を行うための証書の作成、会社の設立、定款変更、登記申請等の会社組織に関する行為、ならびに家族法・相続法関連の行為(夫婦財産契約、公正証書遺言等の作成)といった一定の法律行為・文書の作成について、公証人(Notar)による公正証書(notarielle Beurkundung)の作成が法令上強制される。

また、ドイツの行政機関・司法機関との関係では、一般的にドイツ語による文書の提出が求められるところ、外国語を原文とする文書のドイツ語翻訳の提出にあたっては、宣誓翻訳士(beeidigte Übersetzer)の公的資格を有する者による、認証翻訳(beglaubigte Übersetzung)を用いることが実務上求められる。

かかる公証および認証翻訳はドイツ企業を対象とするM&A取引との関係でも重要である。すなわち、ドイツにおいては、一部の上場企業等を除いては、ドイツ法上の「有限会社」(Gesellschaft mit beschränkter Haftung、略称「GmbH」)の形態をとる企業が圧倒的多数であるところ、M&AにおけるGmbHの持分の譲渡および買収後の事務処理(定款変更や役員変更等の変更登記を要する事項)にあたっては公証手続が必要となる。また、これらの手続の際に親会社となる日本企業の登記事項証明書、定款、議事録等の資料提出が求められる場合には、認証翻訳を添付することになる。

このように、ドイツにおける公的手続には一定の形式が求められ、必ずしも効率的とは言えず、事務処理に予想外の時間と手間を取られることがしばしばである。そのため、M&A取引等の実施にあたっては、こういった公的手続関

係の所要時間も考慮してスケジュールを組むことが望ましい。

(4) ドイツ企業との連絡・やり取り

なお、ドイツ企業との連絡・やり取りについては、定期的にドイツの平日かつ業務時間中に連絡を取ることが望ましい。ドイツ企業の担当者は、朝は早く出勤するものの、夕方は早めに帰宅し、休日出勤もあまりしないためである。また、特に夏季は2～3週間単位の長期休暇を取ることが通常であり、担当者と連絡が取れなくなることがある点に留意を要する[22]。また、全体的にメールに対する返信がマメとは言い難く、定時以外ではあまりメールをチェックしないことと合わさって、相手がメールを読んでいないのか、確認済みで現在対応中なのか、はたまた特段コメントすることがないからと（その旨の返事をせずに）放置しているのか、進捗が目に見えず不安になることもしばしばである。そのため、会議等のスケジュールや重要な合意事項については、こちら主導で発信し、細やかに確認のやり取りをするのが無難である。

5 準拠法および紛争解決

ドイツ企業は、相対的にドイツ法準拠、訴訟（裁判所）による紛争解決[23]を指向する傾向が強いように思われるが、もちろん取引の性質や規模、取引先との関係性次第では、それ以外の準拠法や仲裁による紛争解決が選択される場合もある。

(1) ウィーン条約（国際物品売買）

日本とドイツはいずれもウィーン条約（CISG）の締約国であり、両国間の国際取引において契約上準拠法を定めない場合、ウィーン条約が準拠法となる。

日本企業がドイツ企業と取引する場合においては、マスター契約において準拠法を定めることが多く、ウィーン条約が準拠法とされることは通常ないが、

---

22) 休暇の際には代わりの連絡先が立てられはするものの、ドイツ企業においては各担当者がそれぞれ独立した業務担当を持つ場合が多いこともあり、代わりの者は詳しい実情を把握しておらず、結局担当者が戻るまでやり取りがとどまってしまうことは珍しくない。
23) ドイツでの裁判は一般に第一審の審理期間が5ヵ月から9ヵ月程度と言われている（複雑な案件はこの限りではない）。

発注書・請求書のやり取りのみで取引を行う場合など準拠法が契約上規定されていない場合等には、ウィーン条約が適用されることがあり得る。

(2) ニューヨーク条約（仲裁）

ドイツと日本はいずれもニューヨーク条約の締結国であり、外国仲裁判断についてもこれを承認し、執行が求められるため、紛争解決手段として仲裁を選択することは可能である。傾向としては、通常の商業取引ではコスト等を考慮して訴訟による紛争解決を定めることが多いものの、クロス・ボーダーのM&A等の複雑な案件や、保護主義等により公平な判決が期待し難い場合には仲裁が選ばれることも多い。

6　ドイツの弁護士業界および法律事務所について

日本における法曹養成制度のモデルとなったドイツでは、大学法学部にて原則4年間の法学教育を受け（この間に法律事務所等でインターンシップを経る者が多い）、（第1回）司法試験（Ersten Juristischen Prüfung）に合格[24]したのち、2年間の実務修習（Reterendariat）を経過し、いわゆる2回試験（Zweite Staatsexamen）に合格することによって法曹[25]資格（Volljurist）を得る[26]。ただし、特にドイツの一流事務所に所属する者については、法学部・実務修習を終えるまでの過程で英米等のロースクールでの法学修士（LL.M）を取得する者や、法律事務所でインターンをしながらドイツの法学博士号[27]を習得している者も多い。そのため、新人弁護士であっても英語等の語学に堪能であり、また実務経験・海外経験も一定程度積んでいることが多い。ドイツにおける司法試験および2回試験の合格率はいずれも70～80%と高いものの、原則としていずれも生涯で2度しか受験できず、その成績が進路に直結する[28]ため受験者にとっては大きなプレッシャーとなっている。

---

[24]　これはドイツの法学部の卒業要件でもある。

[25]　ドイツにおける法曹の定義は、法曹三者のみならず、法律職行政官、公証人、大学教員および国会・大学・教会の行政担当官等を含む広範囲なものであり、これらの職に就くものはいずれも法曹資格を有することが要件となっている。

[26]　連邦制であるドイツでは各州で試験の要件・内容が多少異なるものの、実務においていずれの州出身かによる資格上、業務上の実質的な差異・制限はない。

[27]　厳格な「学位社会」であるドイツではアカデミア最高峰である博士号や大学教員に対する尊敬が強く、資格者に対してはDr.やProf.の敬称を付けて呼びかけるのが望ましい。

ドイツの法律事務所ランキングとしては、自国のランキングであるJUVE[29]がよく使われるが、グローバルに参照されるChambers & Partnersも同様に権威のあるものとされている。企業法務を取り扱うドイツの法律事務所の類型としては、①ドイツローカルの独立系大手法律事務所、②英米系の大手法律事務所のドイツ支店、③その他の中小規模の独立系法律事務所に大別される。日系企業が多く進出している大都市（デュッセルドルフ、ミュンヘン、フランクフルト等）には、一定程度日本語で対応可能なジャパンデスクを設置している事務所も見受けられる。

　ドイツに進出している日系企業との関係では、一般的な傾向としては、社内の法的事務にかかわる定型的・日常的な案件（いわゆるジェネラル・コーポレート案件）については上記③に委託し、大規模・複雑な契約や（特にクロス・ボーダーの）M&A等の複雑な案件については上記①または②に委託する、という使い分けがなされているように思われる。上記①と②の差異としては、①ドイツローカルの独立系事務所のほうが、地方を含むドイツ国内各地に拠点を有し、ドイツ法・ドイツ語ベースの国内案件に強く、またドイツ資本の名門企業とのつながりが強いように思われる。これに対し、②英米系の大手法律事務所については、ドイツ国外の各国に拠点を有し、複数の国が関係する大規模なクロス・ボーダーの案件に強みを有すると言える。

　企業法務を取り扱うドイツの法律事務所の多くは、弁護士報酬を各弁護士の1時間あたりの単価の合計額とする、いわゆるタイムチャージ制を採用している。タイムチャージのアワリーレートの設定は事務所ごとに区々であり一概には述べにくいが、たとえば独立系の一流事務所のアワリーレートは、日本のいわゆる4大事務所よりも高いが、英米系の一流事務所よりは低い、という見方がおおむね可能である。

● 7　小括

　日本企業がドイツに進出してビジネスを営む場面においては、ドイツ企業との間の契約の準拠法がドイツ法とされることも多いものと思われる。

---

[28]　伝統的には、成績優秀者は生活が安定し社会的地位も高い公証人や裁判官を希望する者が多かったが、近年は高収入かつ国際的で高度な業務に従事できる大手法律事務所への就職も人気となっている。

[29]　https：//www.juve.de/handbuch

上記のとおり、ドイツの契約法および契約実務については日本との共通点が多く、日本の企業および法曹にとって比較的予測可能性は高いように思われる。また、ドイツにおいては概して立法・司法制度ともに安定していると言え、相対的にカントリーリスクは少ないと言えるが、EU 法の影響を通じた政治的リスクを無視できない[30]点は他の EU 加盟各国と同様である。

　ただし、契約締結過程においては、上記 4 のとおり、早い段階で弁護士を関与させたうえで、細部まで詰めて協議・交渉を行い、契約締結段階で曖昧な点を極力解消するというプラクティスがあるため、日本企業サイドもその権利確保および将来の紛争防止の観点からは、これに対応した体制で契約交渉に臨むことが求められるであろう。

（新城友哉、范　宇晟、森　佳苗）

Column
ドイツ人弁護士との付き合い方

　筆者は 2014 から 2015 年にかけての 1 年間、ドイツの大手法律事務所で出向弁護士として勤務し、ドイツ西部のデュッセルドルフで生活した。

　デュッセルドルフは日本企業の欧州における一大拠点として多数の日本人・日系人が暮らす町であるが、筆者はドイツの地場の法律事務所（米国、英国系事務所の支店ではない）に所属していたため、同僚に日本人は 1 人もおらず、ほぼドイツ人弁護士に囲まれて勤務・生活するという貴重な機会を得ることとなった。

　また、筆者は、日本に帰国し弁護士業務に復帰した後も、日本企業・ドイツ企業間の企業買収（M&A）その他の取引をサポートする中で、ドイツ人弁護士との協働・やり取りを頻繁に行っている。

　ドイツの企業弁護士の働き方や業務内容は国際標準と言えるもので、皆流暢に英語を操る「国際弁護士」であるが、彼ら・彼女らは、業務外では「ドイツ人」として日々を過ごすことはもちろん、業務の中でも、しばしば「ドイツ人らしい」一面を覗かせる。

---

[30]　特に注目されるのが、外資規制である。ドイツでは対外経済法（Außenwirtschaftsgesetz）およびその施行令（Außenwirtschaftsverordnung）に基づき、外国企業によるドイツ企業の買収を安全保障の観点から審査する制度があり、2018 年 8 月、ドイツ政府は国家安全保障上の理由により、中国企業によるドイツの工作機械メーカーの買収を実質的に拒否した。現在は EU 各国の国内法による規制にとどまるものの、欧州委員会は EU レベルにおいても、対域内直接投資に対する安全保障上の観点から行う企業買収審査規則の導入に向けて前進している。

そのため、ドイツ人弁護士と仕事をするにあたっては、彼ら・彼女らの特徴・傾向について頭の片隅に入れておくと、やり取りがスムーズになるとともに、無用な誤解が生じるおそれを多少なりとも軽減できるのではないかと思う。

もちろん一言で「ドイツ人」と言ってもさまざまな地域やルーツの方がおり性格もさまざまであるが、ここでは多くのドイツ人弁護士との仕事や交流を通じて筆者が感じ取った、「典型的なドイツ人の弁護士」の傾向と対策をいくつか取り上げたい。

1 まじめでちょっと人見知り

ドイツ人でしかも弁護士になるような人は、概してまじめな性格で、やや人見知りな傾向が見られる。日本人のような「外国人」がそんなドイツ人弁護士と打ち解けるには、何を置いてもやはりビールであろう。普段は黙々とまじめな表情で働くドイツ人も、ひとたびビールを片手に語り合えば、陽気に冗談の1つも聞けるというものである。ただし、ドイツ人の笑いのツボは難解であり、そもそも冗談を言っているのかどうかわからない可能性もあるので要注意。なお、ドイツ人はルール・社会規範の遵守をとても大事にするので、彼らの前で信号無視やゴミの不分別はNGである。

2 ドイツの誇りと正義感

ドイツ人は概して素朴でまじめな人が多く、正義感も強い。ただ、心の底では「ドイツが正しい（ドイツは社会正義を体現する欧州のリーダーである）」という誇りを持っているので、そのあたりを尊重するのが大事である。

3 家族はとても大切

ドイツ人は老若男女を問わず、家族をとても大事にする人達である。終業後や休暇は家族と過ごす時間を大切にする人が多く、それは弁護士とて同様である。もちろん、国際的な案件に従事する弁護士であれば、休日でも電子メール等で連絡を取ることは可能ではあるが、なるべく連絡は営業時間中に行い、休日中の不要不急の連絡は避けることが望ましい。また、夏休みは弁護士でも2～3週間まとめて取ることが通常であり、夏季の連絡体制については事前に確認しておくべきであろう。

4 肩書きも実は大切

ドイツには、相手の肩書きで敬意を表する文化があり、たとえば博士号所持者には「Dr.」の敬称を欠かしてはいけない等の特徴がある。ドイツの弁護士、特に大手法律事務所に勤務する弁護士は、その多くが博士号を所持しており、名刺やホームページにも、堂々と「Dr.」の文字が躍っている。そのため、初対面または初回のコンタクトの際には、「Dr.」を付けることを忘れてはならない。

5 まじめな職人はマメとは限らない

ドイツ人弁護士は基本的にまじめかつ合理的に業務に取り組むため、決められた作業を決められた期限までに仕上げてくることはもちろん、業務・成果物のクオリティーについても適切な弁護士を起用する限りは心配ないであろう。

ただ、彼らにはいくぶん職人的な気質があり、たとえば契約書にドイツ法特有の観点から「正しい」修正を加えた場合において、なぜその修正が「正しい」のか、理由をあまり説明してくれないことがしばしばある。また、細かい気配りがあまり得意ではないので、予定の確認や打ち合わせで合意した事項の確認等、マメに文書・メール等に落とさないことも多い。そのため、ドイツ人弁護士との間では、こちらから積極的に遠慮なく説明や確認を求めていくとともに、予定の管理や合意事項の確認については、主導的に確認のやり取りを行うことが望ましい。

6 はっきり伝えないと、伝わらない

上記のとおり、ドイツ人弁護士の全体的な傾向として、まじめな職人（それも親方）的なキャラクターが見て取れる。対ドイツ人弁護士との関係において、あえて言わなくても空気を読んでくれる、察してくれる、という期待を抱くことはリスキーであり、こちらの意向や希望あるいは疑問点については、はっきり言葉にして伝えなければならない。ドイツ人にとって、言いたいことははっきり言う、言わなければ伝わらないというのは当然の文化であるから、遠慮なく言葉にすることのマイナス面の心配は基本的に無用であろう。かかる傾向は、ドイツにおける契約交渉のスタイルにも表れていると言える。すなわち、ドイツにおいては、まず相互に主張や要求、疑問点をすべて出し合ったうえで、解決すべき対立点をリスト化して洗い出し、それらの点について1つひとつ交渉・解決していく、というやり方が好まれ、駆け引き上の理由で後出しの主張を行うことは嫌われるので、注意を要する。

以上、多分に主観を含むものではあるが、ドイツ人弁護士の傾向と対策について、経験に基づき書き綴ってみたものである。今回筆を執ってみて改めて感じているのは、素朴で愛すべきドイツの国民性と多くは語らないが確実に高品質の仕事を行うドイツ弁護士に対する親しみと信頼である。日本とドイツの間には多くの違いも存するものの、経済的・文化的な親和性は高く、今後も引き続き活発なビジネス上の交流が行われていくことは想像に難くない。私も両国を知る1人の弁護士として、ドイツへの投資やビジネス進出を行う日本企業を引き続きサポートし、両国間の関係の発展に少しでも寄与できるよう、微力を尽くしていきたいと思う。

（新城友哉）

Ⅲ ロシア

お隣りユーラシア大国の契約実務

● 1 はじめに

　本節では、日本企業とロシア企業が、売買などの商事取引（クロス・ボーダー取引）について、ロシア法を準拠法とする英文契約を締結することを念頭に、ロシア・ビジネスの契約実務を解説する。

　ロシアは、1991年末のソ連邦崩壊を機に計画経済から転換し、市場経済国として成長している隣国である。現在、日本の国土の約45倍の土地に1億4000万人が暮らす。長期的には成長市場と目されており、また、周辺国とユーラシア経済同盟を形成し、関税撤廃などにより経済圏を拡大しているが、世界経済、政治・外交情勢の影響を受けて経済の浮き沈みが激しい。日本とロシアの経済関係は、日本からロシアへの投資のほかは、日本からロシアに自動車、機械などを輸出し、ロシアから資源を輸入するという貿易が主流である。

● 2 ロシアの法制度

（1）ロシア民法

　ロシア法は大陸法系に属し、ロシア民法はドイツ法の強い影響を受けている。独立した商法はなく、民商統一法典である。市場経済に基づく現行の民法は、ソ連邦崩壊後に急ぎ整備され、1994年から2008年にかけて、第1部から第4部が順次採択されていった。ロシアの社会・経済の変化・成長は速く、法整備は後追いする状況が続いていたと言える。そのため、ロシア法はビジネスを有効に支えることができないとみなされ、ロシア人も、海外法人を関与させるスキームなどを駆使し、ビジネスにおいて可能な限りロシア法の適用を排除し、また、ロシアの裁判所で審理されないようにしていた。

　かかる状況に対しロシア政府は、ロシア法制を改善すべく2008年に民法を全体的に見直す国家プロジェクトを打ち立て、主に2012年から2016年にかけ

て民法が大きく改正されていった。改正コンセプトとしては、裁判実務の反映、EU法制との調和、欧州諸国のベスト・プラクティスの取込みなどが掲げられた。実際の改正作業では、ドイツ法、オランダ法、オーストリア法などの大陸法系のみならず、ロシア・ビジネスの取引法に選択されることが多いイギリス法も参考にされた。新しい法制について、裁判実務が確立して安定的に適用されるまでには時間がかかるが、近時、商取引におけるロシア法の適用も増えてきていると言われている。

(2) 裁判所の判断

ロシアでは、裁判所の個別判決に先例としての拘束力はない。最上級裁判所が、実際の裁判において頻繁に解釈が問題となる事項を検討し、総会決議という形で解釈指針を示す。裁判官は、個別事件での判断において総会決議の解釈指針に拘束されると考えられている（2014年2月5日付憲法的法律第3-ФКЗ号「ロシア連邦最高裁判所について」第2条第7項第1号、第5条第3項）。総会決議の解釈指針に基づき判決が出された後、別の総会決議が先の解釈を覆す指針を出し、先の解釈に基づく判決の見直しを認める旨を定める場合、新しい事情があるものとして、事件の再審が認められる（2002年11月14日付連邦法第138-Ф3号「民事訴訟法典」第392条第4項、2002年7月24日付連邦法第95-Ф3号「商事訴訟法典」第311条第3項）。

(3) 条約

ロシアは各種条約に署名しており、取引に関しては、ウィーン条約（United Nations Convention on Contracts for the International Sale of Goods）や、ニューヨーク条約（Convention on the Recognition and Enforcement of Foreign Arbitral Awards）の締結国である。したがって、日本企業とロシア企業との取引にも、これらの条約が適用されうる。

● 3　ロシア企業との契約にあたっての注意すべき事項

(1) 使用言語

一般的なクロス・ボーダー取引契約でロシア語契約のみを有効と認める規制はなく、日本企業とロシア企業の間の契約は、英露併記で作成され英文を正文

とすることが多い。ロシア法を準拠法とする英文契約では、英語の用語がイギリス法や日本法で理解されている概念と異なることがあるので、注意が必要である（後述4(3)を参照）。

(2) 準拠法

　企業同士の一般的なクロス・ボーダー取引契約であれば、準拠法は自由に選択できる。ロシア企業に対し日本企業が物品を販売する、役務を提供するといったクロス・ボーダー取引契約において、ロシア法を準拠法とする例は少ない。イギリス法が準拠法として合意され易く、当事者間のパワーバランス次第では日本法が選択されることもある。

(3) 強行法規

　中東にみられるような、販売店・代理店を直接保護する強行法規は、現時点ではロシアには存在しない。

(4) 紛争解決

　一般的なクロス・ボーダー取引の紛争解決方法を、ロシア裁判所での裁判やロシア仲裁機関による仲裁に限定する規制はない（投資に関係する場合は制約がある）。ロシアがニューヨーク条約に加盟しているため、また、外国判決のロシアでの承認・執行が限定的、不確実であるために、ロシア・ビジネスに関するクロス・ボーダー取引では、国際仲裁、特に、ロンドン国際仲裁裁判所やストックホルム商工会議所仲裁協会での仲裁が、ロシア企業にも好まれている。近時、極東に所在するロシア企業や、首都モスクワの企業も、アジア企業との契約においてシンガポールでの仲裁に合意する場合がある。ロシアに対し制裁を課しているEU内での仲裁を避けシンガポールでの仲裁を受け入れるようである。多くはないが、日本での仲裁が合意される例もある。

　日本企業とロシア企業のクロス・ボーダー取引の契約で、日本の裁判所に専属管轄権を与えるものが散見されるが、日本の判決のロシアでの執行の可否に留意しなければならない。現行ロシア法上、取引に関する外国判決がロシアにおいて承認・執行されるには、判決を出した裁判所の所在国とロシアとの間でお互いの国の判決を承認・執行することを合意している条約が締結されていなければならないが（民事訴訟法第409条第1項、商事訴訟法第241条第1項）、現在、日本とロシアとの間にはかかる条約は締結されていない。実務では、相互

保証を理由に条約を締結していない国の判決の執行が認められる例が存在する一方、逆に、条約がないことを理由に認めない例もある。裁判官の個別判断に基づいており、裁判所の統一的なアプローチは確立されていない。したがって、日本の判決がロシアで執行されうるかは不確実であり、日本での裁判は避けることが望ましい。

英文契約では紛争解決条項の記述に留意すべき点がある。たとえば、紛争解決条項に「Moscow Arbitrazh Court」、「Arbitration of Moscow」、「Arbitrage Court in Moscow」、「Arbitrazh (Commercial) Court of the city of Moscow」という表記が使われ、日本企業がモスクワでの仲裁に合意したと理解していることがあるが、上記例はどれも、ロシア語文では国家裁判所であるモスクワ市商事裁判所での解決を定めていた。歴史的な事情から、企業紛争を審理する国家裁判所の名称に「Arbitration」というロシア語が含まれており、誤解を招いている。ちなみに、ロシアには、上記例に挙げられている名称の仲裁機関は存在しない。常設仲裁機関としては、たとえば、ロシア連邦商工会議所下に「International Commercial Arbitration Court」が機能している。

(5) 契約の形式

ロシア法上、ロシア企業と非ロシア企業の取引は、書面により締結されないと無効であったが（1994年11月30日付連邦法第51-Ф3号「民法典第一部」の旧第162条第3項）、2013年9月施行改正により書面要件は撤廃されている。しかし、銀行での海外送金手続では、送金の根拠となる取引を示す書面（契約書）が要請されるので、書面での契約締結が必要となる（2018年3月に厳格な送金手続は廃止されたが、依然として一定額の送金には送金根拠となる契約書を登録する手続が残っている）。また、通関手続においても契約書が要請される。書面での合意がないにもかかわらず、日本企業が販売した物品がロシアに輸入されたり、日本側が支払いを受けたりする場合、偽造契約書を利用したグレー通関や脱税スキームでの支払いが疑われる。この点に売主である日本企業に責任はなく、ロシアに拠点がない場合、ロシア当局の追及を受けることは考えにくいが、ブランド名が公になりレピュテーションリスクを負う可能性がある。

ロシア企業との取引完了時、契約書とは別に、改めて契約内容を確認するような書面に両当事者が署名することがある。多くの場合、かかる書面は「Act」という名称である。Actは、取引が契約書記載内容どおりに遂行されたことを確認する書類で、ロシア企業が取引の会計処理を行うための書面である。税務

調査の際には、ロシア企業は、取引の証憑書面として契約書、請求書、Act のセットを提出しなければならず、署名された Act がない場合、取引の税務処理が否定されるおそれがある。Act は、日本企業には必要ない書面であるが、ロシア・パートナーが無用な争いに巻き込まれないよう、日本企業も協力する必要がある。

(6) 契約当事者の確認

ロシア企業を相手方として契約を行う場合には、第 1 に契約の当事者を早い段階で確認・確定しなければならない。ロシア・パートナーとの取引やロシア・ビジネスでは、ロシア側が、非ロシア企業（かつペーパーカンパニー）を契約当事者として提示してくることが往々にしてある。かかる場合、契約当事者を実取引相手に変更してもらったり、債権保全手段を講じたり対応しなければならない。第 2 に、ロシア・パートナーや契約当事者となる企業の背景を調査することが強く推奨される。残念ながら、ロシア・パートナーや契約当事者企業が、信用できる企業、日本企業と同等のコンプライアンスの意識を持つ企業とは限らず、債権回収の確保という点だけではなく、日本企業までも違法行為に関与したと疑われないためにも背景調査が重要となる。

第 3 に、取引関連書面の名義にも注意しなければならない。契約書の当事者表記では、登記番号・納税者番号を記載することが推奨される。かかる番号の記載は契約の有効要件ではないが、ロシア会社に同名会社が非常に多いうえ、英語社名がロシア語社名とかけ離れている企業もあり、特に英文のみの契約を締結した場合、紛争発生時に相手方を特定できないおそれがある。また、請求書の発行先、Act の名義、取引代金の支払人が契約当事者であるかの確認も重要である。取引代金が、馴染みのない国の銀行から第三者名義で振り込まれる場合、脱税やマネーロンダリングが疑われ、受取銀行で着金を拒否されることがある。かかる事態を避けるため、支払方法の詳細や振込銀行の口座情報も契約書で特定し合意することもある。

● 4　ロシア法を準拠法とする契約の締結

(1)　契約の自由

市場経済に基づく現行民法では、契約の自由が謳われている（1994 年 11 月

30日付連邦法第51-Φ3号「民法典第一部」(「民法」) 第421条、以下、引用条文は民法の条文とする)。ソ連邦の計画経済下では、事業体は、政府が策定した計画に合致した契約しか締結できず、契約の自由は、市場経済への転換の重要な要素であった。契約の自由を原則とすれば、法律が多くを定める必要はないように考えられるが、現行民法には契約総則40条ほど、契約各論650条ほどの規定が置かれている。売買では小売契約、納入契約、不動産売買契約、国家調達契約など複数種の売買契約が定められている。従前、裁判所は、条文に「契約でその他の定めがある場合を除き」とのただし書がない場合には強行規定とみなす傾向があり、条文数と相まって、ロシア契約法は強行法規性が強いと評されることがあった。この点、2014年、最高商事裁判所が「契約の自由」につき解釈指針を示し、条文が当該条文と異なる合意を明確に禁止しておらず、弱者保護、公共性など強行法規の特性が認められない場合、条文は任意規定と考えるべきであることを明らかにした (2014年3月14日付最高商事裁判所総会決議第16号第4項)。もっとも、ロシア法にない取決めやストラクチャーについては、ロシア法上の執行性が確実ではないとして、外国法を準拠法として構成するような保守的な考えも残っていると言える。

(2) 債務不履行の責任

ロシア法上、債務不履行の責任について当事者が予め合意することができるが、金銭的責任の合意内容が裁判の段で調整される可能性がある点には留意しなくてはならない。

ア 無過失責任

債務不履行の責任は一般に過失責任であるが、債務者が、事業活動を行うにつき債務不履行を起こした場合、原則として、不可抗力に起因することを証明しない限り、責任を負う (第401条第3項)。企業同士であれば、過失責任とする合意も、責任を限定する合意も認められるが、故意行為による責任を予め免除または制限する合意は無効である (第401条第4項)。

イ 金銭債務の不履行

金銭債務の不履行については遅延利息が発生し、約定利率を定めていない場合、ロシア中央銀行が定める主要金利 (2019年1月1日現在7.75%) により算定される (第395条第1項)。

債権者の損害が、遅延利息額を超過する場合、超過部分につき損害賠償を請求できる（第395条第2項）。一方、2015年6月施行改正により、約定利率による遅延利息額が債務不履行の結果と比較して不相応な場合、裁判所は、債務者の申立てに基づき、主要金利による額を下回らない範囲で、遅延利息額を減額することができるようになった（第395条第6項）。

ウ　違約金

ロシア民法上、債務不履行について違約金の設定が認められている。違約金の請求に、債権者は、損害の発生を証明する必要はない（第330条第1項）。

違約金と損害賠償（第15条、第393条）の関係については、違約金が合意されている場合、違約金で補填されない損害部分につき、損害賠償を請求できる（第394条第1項第一パラグラフ）。ただし、当事者の合意により、①違約金のほかに損害賠償を認めないことも（違約金を損害賠償額の予定とする）、②違約金とは別に、実損害の賠償を認めることも（違約金を違約罰とする）、③債権者が違約金か損害賠償かを選択できるようにすることも認められる（第394条第1項第二パラグラフ、2016年3月24日付最高裁判所総会決議第7号（「2016年総会決議」）第60項）。一方、金銭債務の不履行につき違約金が定められている場合、2015年6月施行改正により、特段の合意がなければ、遅延利息は請求できなくなった（第395条第4項、2016年総会決議第42項、第50項）。違約金は、英文契約では単に「Penalties」と表記されることが多いが、損害賠償・遅延利息との関係を明確に合意しておくことが推奨される。

合意した違約金額が債務不履行の結果と比較して不相応な場合、裁判所が職権で減額できるが、2015年6月施行改正後、債務者が企業などの事業者である場合、債務者が減額を申し立て、不相応であることを証明した場合に限り、裁判所は減額することが認められる（第333条第2項）。裁判所による減額を排除または制限する合意は無効である（2016年総会決議第69項）。違約金の最低額や下限額が合意されていたとしても、裁判所による減額は妨げられない（2016年総会決議第70項）。

(3)　英米法概念の導入

2015年6月施行の民法改正により、ロシア法が、英米法上のRepresentation、WarrantyやIndemnityの制度を導入したと説明されることがあるが、英米法における概念とは相違点も多い。これらの制度は、商事取引よりもM&Aなど

の取引でよく活用されるメカニズムであるが、ここで紹介したい。

ア　Representation, Warranty

ロシア法上は、Representation と Warranty を合わせたような1つの概念「状況の保証」が導入されている（第431.2条）。

保証は、契約の締結時、締結前のみならず、締結後にも提供され、契約の締結、履行または終了に意義を有する状況につき、不確かな情報を提供した場合の責任である。条文上、保証対象の例として、契約の対象、契約締結権限、契約の法令遵守、許認可の存在、自身または第三者の財務状況が挙げられている。責任追及の主観的要件としては、保証を受けた者が当該保証に依拠していたことではなく、保証した者が、相手方が当該保証に依拠すると考えていたか、そのように考えるような合理的な事由があったことが必要とされる（第431.2条第1項第三パラグラフ）。

保証違反の効果としては、損害賠償か、合意していれば違約金の請求が認められる。保証が重要な意義を有する場合、上記に加えて、保証を受けた者に契約を解除する権限が与えられる（第431.2条第2項）。詐欺または重大な錯誤により契約を締結した場合、契約解除ではなく、契約の無効認定（取消し）を請求することができる（第431.2条第3項、第178条、第179条）。契約の無効認定（取消し）は、ロシアでは、一般的に裁判手続を経なければならない点に注意を要する。

イ　Indemnity

ロシア法を準拠法とした英文契約で一般的に「Indemnity」と訳される補償は、ロシア法では適用範囲が限られる。ロシア法上の補償は、基本的に事業活動に従事する契約当事者が、義務違反には関係しない事由が到来したことにより相手方当事者に発生した損失を補填するものである（第406.1条、2016年総会決議第15項）。したがって、債務不履行に基づく損失は対象とならない。補償の合意内容が不明確で、債務不履行の責任にも解釈できるような場合、補償の規定は適用されない（2016年総会決議第17項）。また、基本的に事業者同士の合意により認められ、たとえば従業員との契約では適用されないと考えられる。

補償は、取引契約の条項として合意されている場合であっても、取引契約の効力に左右されない。取引契約が無効であっても、当然に補償合意も無効とさ

れるわけではない（第406.1条第3項）。

　裁判所は、故意に損失額を増額させたと証明された場合を除き、補償額を減額することはできない（第406.1条第2項）。この点、裁判所による違約金の減額を避けるために、債務不履行の損失補填を違約金ではなく補償として構成したとしても、補償とはみなされず違約金として裁判所による減額がありうる点には留意が必要である。

◉5　ロシアの弁護士業界および法律事務所について

　ロシアでの法律サービスの費用は、一般的に、ロンドンの弁護士費用並みに高いと言われるが、一方で非常に低い費用でも対応する者がいる。もちろん、そこには理由がある。一番の理由は、ロシアで、誰でも、訴訟代理を含めた民事法律サービスを提供し対価を得ることが認められていることと考えられる。しかし、有資格弁護士制度がないというわけではなく、弁護士資格を取得して法律サービスを提供する者もいる。つまり、現状、民事法律サービスの分野においては、弁護士資格を有する者と弁護士資格を有しない者が、同様の法律サービスを提供しているのである。その質がピンからキリまでになることも想像に難くない。そのことからすれば、ロシアの法律サービスの費用がピンからキリまでになることにも納得できるであろう。

　では、サービスの質を確保するために、弁護士資格を有する者に依頼すべきであろうか。この点、必ずしもそうとは言い切れない。民事法律サービスの提供に資格が要件とされていないために、資格取得のモチベーションは上がらず、また、現行弁護士制度が「ビジネス・ローヤー」に不向きな点があり、あえて資格を保有しないことを選択する者が多い。たとえば、資格なく法律サービスを提供しようとするならば、事業形態に何ら規制はないため、複数人による場合、会社形態が多い。弁護士資格を有する者は個人で業務を受任することになるが、会社形態であれば、会社が業務を受任し責任を負い、従業員であるローヤーが個人で責任を負うことはない。依頼者からすると、個人よりも賠償能力がありマンパワーもある会社が責任を持って受任するので、会社形態の事務所に大型案件を依頼し易い。かかる事務所（会社）で働くことを希望する場合、弁護士は被雇用者となることが認められていないため、弁護士資格を持っていてはいけないのである。モスクワには、英系、米系、独系、仏系などの外資法律事務所もロシア法の法律サービスを提供しているが、一般的には、弁護士資

格がない者が働く会社である。現地法律事務所では、有資格者による法律事務所もあるが、資格のない者による事務所（会社）もある。

　資格の有無で費用の高低が決まるかというと、こちらも必ずしもそうとは言い切れない。平均的にみると外資法律事務所が高額になると思われるが、それなりの規模（70名から100名）で、評価を受けている現地法律事務所と外資法律事務所を比較すると、大きな差はないと感じる。

　上記のロシアでの法律サービスの事情を踏まえると、「安かろう悪かろう」とは限らないが、資格の有無にかかわらず、ある程度の費用を請求する事務所（ロシアの法律サービスマーケットにおいて一定程度の費用を請求できている事務所）に依頼することが安全、ということもできる。

（小林英治、松嶋希会）

Ⅳ　トルコ

大陸法国トルコ
──欧州と中東の狭間の国の契約実務

1　はじめに

(1)　トルコ法とは

　本節は、2000年代以降に著しい経済発展を遂げているBRICs（ブラジル、ロシア、インド、中国）と並んで有力な新興国であるMIST（メキシコ、インドネシア、韓国、トルコ）の1つであるトルコを取り上げる。

　トルコはその国民の99％がイスラム教徒と言われていることもあり、トルコ法と聞くと、イスラム法を連想される方も多いのではないか。しかし、トルコは1923年の建国当初から政教分離の原則を掲げ、法制度の面でもイスラム法を取り入れていない。具体的には、トルコの法制度は、シビル・ロー・システムすなわちヨーロッパ大陸法に基づいており、その民事法の基本法典は主にスイスおよびドイツの法制度を、行政法の法典はフランスの法制度を継受している。

(2)　トルコ法の特徴

　上記のとおりトルコ法は大陸法系の法制度を取り入れているため、基本的に、トルコの裁判所は法典に基づいて判断しなければならず、法典の条文を解釈し適用するプロセスにおいて、法の一般原則、判例および法原理を用いることができる。コモン・ロー・システムの国々に比べて、裁判所が慣習法や判例に基づいて判断することは少ない。

　ただし、トルコは1999年12月のヘルシンキ欧州理事会以来、欧州連合の加盟候補国とされており、これまで国内の法制度を欧州連合の法制度と調和させるため、4つの主要な新法（2012年7月1日に施行されたトルコ商法、ならびに2012年12月31日に施行されたトルコ債務法、トルコ民事訴訟法およびトルコ資本市場法）をはじめとして、近時、度重なる法改正を実施している。これに伴い

新たに導入されたルールや概念の多くは、いまだ裁判上争われたことがなく、さまざまな解釈の余地があることに留意する必要がある。

(3) トルコ企業文化と契約交渉

　トルコの会社は、歴史的に、創業家一族によって設立され運営されていることが多いと言われる。上場している公開会社であっても、創業家が多数派を占め、マイノリティーたる一部の株式が証券取引所に上場されているにすぎないことが多い。トルコの事業を買収し、または現地パートナーと提携する外国投資家においては、この点に留意することが重要である。

　たとえば、トルコにおける契約交渉・締結は比較的時間がかかることがあり、誠意のある、互いに相手を尊重する関係を維持することが重視される傾向にある。また、トルコで事業を行う場合、個人的な関係が重要であり、トルコのパートナーは、提携者または買収者たる外国投資家の重役個人の関与を要求することがある。トルコ人の交渉は非常にハードであり、買収価格その他の重要事項について、数日間、担当者レベルでの交渉において、お互いの意見が平行線をたどることも少なくない。そのようなとき、トルコ企業と日本企業の重役同士が膝を突き合わせて話し合う機会を設けることで、信頼関係が築かれ、すっと折り合いがついた場面を筆者らは何度も経験してきた。

　なお、トルコの会社、とりわけ従来型の同族企業は、信頼に基づき行動し、基本合意書（Letter of intent）の交渉に長時間かける傾向にある。基本合意書は、基本合意に従った誠実協議義務を生じさせることがあるという意味において、トルコ法上一定の拘束力を有する。したがって、外国投資家は、提携または買収に係る交渉を進める前に、基本合意書の内容が、想定する最終合意の内容にできるだけ近いことを確認することが望ましい。

2　トルコ企業との契約にあたって注意すべき事項

(1) 準拠法の選択における留意事項

　トルコ法上、契約当事者は契約関係に適用される準拠法を自由に決めることができる。トルコの裁判所は、契約内容が不動産、会社法、労働法、知的財産および倒産等のトルコ法が強行的に適用される事項である場合を除き、契約の準拠法を外国法とする当事者の選択を認め、有効とする。一般に、トルコの裁

判所は、商事契約における準拠法の選択を尊重するが、トルコ法の強行法規が適用されると判断することもある。

　実務的には、行政機関は、トルコ法を準拠法とし、トルコの裁判所を管轄裁判所とするよう求める。行政機関以外のトルコの会社が契約の相手方の場合には、トルコ法を準拠法とすることを望むのはもちろんであるが、トルコ法以外を準拠法とすることも受け入れる傾向にある。トルコの会社が、トルコ法以外で準拠法として好む法律としては、トルコ法の基本概念の一部がスイス法に由来することから、スイス法が挙げられる。

(2)　トルコ語原本の必要性

　トルコ法上、トルコの会社間同士（外資系のトルコ子会社を含む）の契約の原本はトルコ語でなければならない。この要件は、契約の準拠法をトルコ法以外とした場合でも適用される。当事者間で契約の英語版を作成し署名したとしても、トルコ語の原本との間に齟齬がある部分については、トルコ語の原本の内容が優先される。もっとも、この要件は、外国会社が契約の当事者である契約には適用されない。

(3)　取引契約における留意事項

ア　準拠法選択とトルコ法の強行法規性

　外国会社が契約ベースでトルコにおいて事業を行う場合、トルコの市場に参入するために現地企業と締結する契約の主な形態としては、販売代理店契約、フランチャイズ契約およびライセンス契約が挙げられる。

　上記のとおり、トルコ法上、契約当事者は契約関係に適用される準拠法を自由に選択することができる。しかしながら、トルコの裁判所は、契約準拠法がトルコ法でない場合であっても、準拠法の選択がトルコ国際私法と抵触する場合、審理の対象がトルコの強行法規に反する場合、または契約条項がトルコの公序良俗に反する場合には、トルコの法律および法原則を適用することができる。したがって、契約当事者は、販売代理店契約、フランチャイズ契約およびライセンス契約の準拠法を外国法とすることができるものの、これらの契約のドラフトおよび交渉の際には、トルコの法律も考慮に入れる必要がある。たとえば、以下に述べるのれん補償はトルコの強行法規により規定されているため、のれん補償に係る請求権の放棄は無効とされる可能性がある。同様に、トルコにおける知的財産権については、ライセンス契約の準拠法が外国法であっても、

常にトルコ法が適用される。

イ のれん補償

代理契約、販売代理店契約またはフランチャイズ契約を締結する際に外国会社が留意すべき問題の1つとして、代理人、販売代理店またはフランチャイジーによる本人、委託元またはフランチャイザーののれんへの貢献に対する特別な形態の補償（のれん補償）がある。のれん補償は、トルコにおいて以前から判例法上存在してきたが、トルコ商法第122条によって明確にルールとして規定された。のれん補償を請求するための要件は、基礎となる代理契約その他の排他的関係に基づく契約（独占的販売代理店契約、独占的フランチャイズ契約等）の存在である。代理人または独占的販売代理店もしくは独占的フランチャイジーは、代理契約、独占的販売代理店契約または独占的フランチャイズ契約が、本人、委託元またはフランチャイザーによって正当な理由なく解除された場合や、代理人、独占的販売代理店または独占的フランチャイジーによって正当な理由に基づき解除された場合において、代理人、独占的販売代理店または独占的フランチャイジーによる本人、委託元またはフランチャイザーののれんへの貢献分に相当する将来の損失の補償を請求することができる。たとえ代理契約、独占的販売代理店契約または独占的フランチャイズ契約が契約期間の満了により終了し、当事者の一方によって更新されなかった場合であっても、トルコ商法第122条の要件を満たす場合、代理人、独占的販売代理店または独占的フランチャイジーはのれん補償を請求することができる。トルコ商法上、のれん補償の額は、代理人、独占的販売代理店または独占的フランチャイジーが過去5年間に受領した年間コミッションその他の費用の平均を超えることはできない。

トルコ商法において明示的にのれん補償が条文化されたことにより、代理契約、独占的販売代理店契約または独占的フランチャイズ契約の本人、委託元およびフランチャイザーは、契約終了時に請求される可能性のあるのれん補償の額を予測できるようになった。とはいえ、トルコ商法の適用に関する判例法は控訴裁判所において確立されていない点に留意する必要がある。現在、代理契約、独占的販売代理店契約または独占的フランチャイズ契約の本人、委託元およびフランチャイザーであるトルコの会社や外国会社に対して、数多くののれん補償に関する裁判がトルコの裁判所に係属している。

ウ 消費者保護法

2013年11月28日付けで官報公告された新消費者保護法（第6502号）が2014年5月28日付けで施行され、トルコにおける消費者取引を約10年にわたって規制してきた旧消費者保護法は廃止された。新法の下では、消費者（商業目的または専門的サービスの提供の目的を有しない買主をいう）は、瑕疵ある物の引渡時から2年間、事前に当該瑕疵について売主に通知することなく、当該瑕疵に関して以下の権利を行使することができる。

(ア) 瑕疵ある物を返却して契約を終了させる権利
(イ) 販売価格について瑕疵に相当する分の減額を請求する権利
(ウ) 無料で瑕疵ある物を修繕するよう請求する権利（修繕に過分の費用がかかる場合を除く）
(エ) 瑕疵ある物を瑕疵のない物と交換するよう請求する権利（可能な場合に限る）

上記の(ウ)または(エ)の請求権は、製造業者および輸入業者に対しても行使することができる。その場合、製造業者または輸入業者において瑕疵が物の市場での販売後に生じたことを証明しない限り、製造業者、輸入業者および販売業者は連帯して責任を負う。

また、トルコ法上、消費者に対して物を販売する際には、保証書を付けて販売しなければならないことに留意する必要がある。保証書は、関連する法律に従って一定の内容を含んでいなければならない。

さらに、新消費者保護法上、物または瑕疵の性質に照らして不合理でない限り、引渡時から6ヵ月以内に発見された瑕疵は、引渡時に存在したとみなされる。つまり、旧法下では引渡時に瑕疵が存在したことの立証責任は買主にあったが、新法下では、その立証責任が引渡時から6ヵ月以内に発見された瑕疵について売主に転換されたことを意味する。

(4) ジョイントベンチャー・M&A契約における留意事項

ア ジョイントベンチャー契約

トルコに投資する外国会社にとって、現地パートナーとのジョイントベンチャーは一般的な投資形態である。現地パートナーとのジョイントベンチャーにより、外国会社は、当該現地パートナーのトルコにおける事業遂行に関する経験、市場に対する知識、現地企業との関係または販売ネットワークを利用することができる。また、ジョイントベンチャーの当事者同士で資産を提供し合

い、ノウハウ、技術、財務体力、最良のコーポレートガバナンス体制等、お互いの強みを活かすこともできる。ジョイントベンチャーの形態は、当事者同士が平等に経営権を有する50-50のジョイントベンチャー、同族企業により立ち上げられた事業においてトルコの会社が経営権を維持することを望み、財務体質の強いまたは戦略的なパートナーが少数株主となるジョイントベンチャー、外国投資家が経営権を取得し、創業者株主が少数株主として残り短期的または中期的に事業をサポートするジョイントベンチャー等、さまざまな形態があり得る。ジョイントベンチャーにおいては、日本とトルコの企業文化の違いも考慮に入れる必要がある。

　ジョイントベンチャーの当事者は、ほとんどの場合、ジョイントベンチャーの存続期間中の株主としての両当事者の関係を規律するため、ジョイントベンチャー契約または株主間契約を締結する。ジョイントベンチャー契約または株主間契約に盛り込まれる典型的な条項は、日本その他の国において通常盛り込まれるものと変わらない。具体的には、コーポレートガバナンス（取締役会の構成、会社代表権、株主総会および取締役会の決議要件、拒否権、事前同意事項、予算および事業計画の承認）、資金調達方法および資金拠出に関する取決め、報告（情報提供請求権）、株式の譲渡制限（制限期間、先買権）、イグジット方法（タグ・アロング（tag-along）権、ドラッグ・アロング（drag-along）権、プット・オプション、コール・オプション、公募における権利）、デッドロックの解決方法、契約違反または一定の事項（支配権の変動や倒産等）が生じた場合における救済、ならびに競業禁止（ただしトルコの独占禁止法を遵守する必要がある）が挙げられる。

　ジョイントベンチャー会社は、通常、ジョイントベンチャー契約または株主間契約の当事者とはならない。その大きな理由として、当事者になるとそれらの契約を商業登記所に登記し公告しなければならないことが挙げられる。しかしながら、ジョイントベンチャーの当事者が、ジョイントベンチャー会社をジョイントベンチャー契約または株主間契約の当事者とし、ジョイントベンチャー会社を契約当事者として拘束する場合もある。ジョイントベンチャー契約または株主間契約の条項を法律上可能な限りジョイントベンチャー会社の定款に反映させるべきであることは、一般に認識されている。取締役会の構成や取締役会および株主総会の決議要件等のコーポレートガバナンスに関する契約条項については、ほとんどの場合ジョイントベンチャー会社の定款において完全に反映することができる。しかしながら、新トルコ商法は、ジョイントベン

チャー会社における定款において株式譲渡を制限することのできる場合を大幅に制限した（もっとも、この新ルールの運用状況は今のところ商業登記所によって異なっている状況である）。これにより、きめ細やかな株式譲渡の制限をジョイントベンチャー契約において合意したとしても、そのまま定款に反映することができない可能性が生じている。一般に、株主間の契約は株式会社を拘束するものではなく、株主間の契約関係を定めた独立した契約にすぎず、契約違反があった場合に当事者の一方が他方に対して契約上の救済ないし損害賠償を求めることを可能とするものと考えられている。このため、トルコにおいては、ジョイントベンチャー契約または株主間契約に基づいて履行強制をすることは難しい場合があり、契約違反について損害賠償のみによって解決されることもある。

イ　株式譲渡契約

　株式譲渡契約の準拠法がトルコ法である場合、同契約はトルコ債務法上、売買契約として扱われる。しかしながら、売買契約に関するトルコ債務法の規定は、株式譲渡そのものを想定した規定となっていないため、株式の所有権の移転（厳密にはこれが株式譲渡契約における譲渡の対象となる）と対象会社の事業の移転を区別した規定となっていない。したがって、対象会社の事業が債務超過となったり、開示されなかった債務により事業の価値が大幅に毀損した場合については、理論的には契約法に基づく損害賠償請求が可能な場合もあり得る。この点に関する疑義を避けるためには、株式譲渡契約においては、対象会社の事業運営に関する表明保証条項を明確かつ明示的に設け、表明保証違反の場合の補償について規定を設ける必要がある。

　トルコの会社と外国投資家（トルコの現地子会社が契約当事者となる場合も含む）との間の株式譲渡契約においては、前提条件、表明保証、補償条項、ネガティブ・コベナンツ等、一般的なクロス・ボーダーM&A取引において通常盛り込まれる条項が盛り込まれることが多い。また、表明保証については、通常、契約締結時のみならずクロージング時にも表明保証が定められ、契約締結からクロージングまでの間に一定の重要な事象が生じた場合に当事者の一方または双方のクロージング義務を免除するMAC条項（Material adverse change clause）が前提条件として設けられることが多い。

(5) 印紙税

トルコで事業を行う際のコストの1つとして印紙税が挙げられる。署名（または署名もしくは電子署名に代わるサイン）のある法的に有効かつ執行可能なもので、法的事項（目的、合意事項、了解事項等）を記したすべての書面が印紙税の対象となる。したがって、印紙税は当事者間の契約を含む広範囲の書面に課される。原則として、印紙税はトルコにおいて署名された書面に適用される。しかしながら、海外において署名された書面についても、当該書面がトルコの役所に提出されたり、トルコの個人または法人に契約上の地位が譲渡されたり、その他何らかの形でトルコから利益を享受した時点で、印紙税が課税される。

印紙税は、書面の性質によって、一定の税率によって計算されるか、固定額とされる。取引価額の記載のある契約書については、一定の税率により印紙税の額が計算される。契約書、誓約書および譲渡証書の印紙税率は0.948%である。リース契約における印紙税率は、0.189%である。基本的に、印紙税は書面に記載された最大の取引金額（なお、書面外の事実も考慮して計算される）をベースに計算される。2019年は、印紙税額の上限は、264万2810.00トルコリラとされている。印紙税率は、課税対象となる書面の写しには課されない。

原則として、契約当事者は連帯して印紙税の納付義務を負う。もっとも、当事者間において、当事者の一方が印紙税を負担するか、当事者双方において折半するかを合意することも可能であり、この点が契約交渉のポイントの1つとなることも多い。なお、株式譲渡契約については、取引金額が大きいことも多く、これまで高額な印紙税が大きな取引コストとして認識されていたが、最近の法改正により印紙税は免除されることとなった。

印紙税が免除される主な書面は以下のとおりである。
- 株式会社および有限責任会社における株式譲渡を目的として発行された書面
- 株式その他の証券の配当・利息クーポン
- 会社の増資に関する書面
- 国内外の銀行、トルコに恒久的施設のある国外の銀行、ならびに外国の信用機関および金融機関のローン契約
- 法人税法上の適格合併、適格会社分割および適格資産譲渡に関する書面
- リース契約に係る対象資産の譲渡を目的として発行された書面

3 国際的な契約に関する条約の適用の有無

準拠法の選択を考えるうえで、国際的な契約に関する条約が適用になるか否かも1つの判断材料となる。そこで、代表的なものとして、ウィーン条約（国際物品売買）およびニューヨーク条約（仲裁）について述べる。

(1) ウィーン条約（国際物品売買）

ウィーン条約（United Nations Convention on Contracts for the International Sale of Goods）とは、物品の国際的な売買に関する基本的な条件を定める条約である。たとえば、国際的な物品売買契約の成立条件、当事者の基本的な義務、当該義務に違反した場合の損害賠償責任等が定められており、物品の国際的な売買に適用されるルールの統一を試みるものである。

トルコは、ウィーン条約の締約国ではない。ウィーン条約は、売主と買主の所在国がいずれもウィーン条約の締約国である場合に初めて適用されるため、日本企業とトルコ企業間の物品の売買契約においては、ウィーン条約は考慮しなくてよい。

(2) ニューヨーク条約（仲裁）

ニューヨーク条約（Convention on the Recognition and Enforcement of Foreign Arbitral Awards）とは、仲裁条項の有効性および国外において下された仲裁判断の執行に関するルールを定めている。同条約は、国際紛争を解決する手段としての仲裁の重要性に鑑み、仲裁に関する国際的なルールの統一を試みるものである。

トルコは、ニューヨーク条約の締約国となっている。したがって、日本企業とトルコ企業との間における紛争解決手段として仲裁を選択する場合、ニューヨーク条約の適用を前提として考えることができる。ニューヨーク条約は、国内の裁判所が同条約の適用される仲裁判断の内容について判断することを認めていない。トルコにおいては、控訴裁判所が公序良俗に反することを理由として外国仲裁判断の執行を拒否することは、過去には一部見られたものの現在では見られず、例外的な場合を除き、外国仲裁判断は基本的に執行されている。

4　トルコの弁護士業界および法律事務所

　トルコでは、トルコの大学の法学部を卒業すれば、法律事務所での1年の研修を経て、弁護士会に登録することにより弁護士の資格を取得することができる。日本における司法試験のような試験はない。したがって弁護士の質はさまざまであると言われることもある（なお、検察官または裁判官も、トルコの大学の法学部の卒業後、法務局での1年または2年の研修を経て、それぞれ資格を取得することができる。このため、裁判官の質もさまざまであり、トルコでは、比較的若い裁判官の単独審である一審裁判所の判決に対して、敗訴側が控訴することが多いと言われる）。

　渉外系の大手法律事務所の弁護士の数は、年々増えてきているが、一法律事務所あたりおよそ50人〜100人の規模である。海外留学等により英語教育をきちんと受けている弁護士が多く、基本的に英語でコミュニケーションを取ることができる。渉外系の大手法律事務所は欧米企業のトルコ進出案件を手掛けることも多いため、欧米系の国際的な取引の経験は豊富である。

　弁護士費用は、渉外系の大手法律事務所であれば、タイムチャージでの請求が一般的である。弁護士のアワリーレートは各法律事務所によるが、おおむね日本の渉外系の大手法律事務所と同程度かそれよりも高いという印象を受ける。

5　おわりに

　トルコは、欧州への輸出基地や北アフリカや中央アジアへの進出拠点としての地理的優位性、豊富な若年労働者、人口約8000万人が支える魅力的な国内市場などが注目され、そして建国100周年を迎える2023年に向けてさらなる経済発展を目指しており、日本企業においても引き続き魅力的な海外進出先として注目される。本節が今後の日本企業のトルコ進出・事業展開の一助となれば幸いである。

（山神　理、江本康能）

Column
現地に駐在した日本人弁護士が見た「トルコ」という国

　国民のおよそ99％がイスラム教徒であると言われるトルコ。街のいたるところにモスクが立ち並び、1日に5回、決まった時間に大音響のアザーン（礼拝の呼びかけ）が街中に流れる。アザーンに導かれ、早朝から大勢のトルコ人が列をなしてモスクに向かう……トルコの日常の光景の一幕である。

　筆者は2014年の春から秋にかけて、トルコ・イスタンブールの現地法律事務所に出向者として勤務した。初めてのイスラム教の国での生活。「イスラム教の国」であるというだけで、根拠のない漠然とした不安を抱えて赴任した。赴任した当初は、早朝から聞こえてくるアザーンに慣れず、明け方の4時台に起こされることもしばしばだった。今では懐かしい思い出である。

　中東諸国のイスラム教は厳格であるというイメージを持っている方も多いと思うが、トルコにおけるイスラム教の戒律は比較的ゆるやかであるように思う。トルコは「自由な国」「オープンな国」というのが筆者の印象である。イスラム教では禁じられているとされるお酒を嗜むトルコ人は多い。皆毎日欠かさずお祈りをするわけでもないようである（若い世代にあってはそもそもモスクに行きたがらない人も多いと聞く）。日の出から日没まで飲食を断つこととされるラマダン（断食月）の期間中、日中に皆普通に飲食している（もちろん断食する人もいるが、少ない。赴任先の現地法律事務所には50人以上の弁護士・スタッフがいたが、断食していたのは数人であった）。ヨーロッパ大陸とアジア大陸の結節点に位置し、古くからヨーロッパ文化とアジア文化が入り交じり、融合してきたのがトルコという国であり、長い歴史の中で、イスラム教の国でありながらヨーロッパ的な自由でオープンな文化を育んできたのだろう。

　トルコの人々は陽気で温かい。彼らはチャイが大好きで、一日に何度も飲む。トルコのチャイは、濃く煮出した紅茶をお湯で割って仕上げた飲み物である。トルコ人と接すると、「何を飲みますか？」と訊かれることがしばしばある。そういうときは迷わず「チャイ」と答える。おごってくれることも多いが、遠慮する必要はない。チャイを飲みながら話をする、これがトルコ人とのコミュニケーションの基本である。筆者はそう思っている。

　トルココーヒー。これもチャイと並んで人気である。トルココーヒーはフィルターを使わず、コーヒーの粉と砂糖を一緒に煮出すのが特徴であり、注文時に砂糖の量を、少な目＝「アズ」、多め＝「チョク」、なし＝「サーデ」、と言って伝える。コーヒー豆を細かく砕いた粉を煮出しているため、粉が沈んでから上澄みだけを飲む（なお、かき回して飲むと粉を吸い込んでしまうため注意が必要である）。飲んだ後は、沈殿した粉が底に残るが、トルコ人はこの沈殿した粉を使って、恋愛や仕事、健康等について占いをして遊ぶ。ソーサーで飲み終わったカップに蓋をして、手前にひっくり返す。しばらくしてカップを元に戻

すと、カップの中でコーヒーの粉が模様をなしている。この模様で将来を占う。たとえば、天使の形＝近い将来の幸福、犬の形＝信頼できる身近な人、魚の形＝経済的な良いニュースといったような意味を持つそうだ。筆者もトルコ人の同僚に占ってもらったが、その後「じゃあ、次はあなたの番ね。私を占って」と言われたときは正直困った。粉は粉にしか見えない。必死に動物や花の名前を絞り出した。これもトルコでの日常生活の一幕である。

　数々の歴史的建造物、青々としたボスポラス海峡、立ち並ぶトルコ料理屋、そして温かくて信義に厚いトルコ人。筆者は今ではすっかりトルコという国に魅せられている。ヨーロッパ、北アフリカ、中東そして中央アジアへの進出拠点としての地理的優位性を持ち、また、現在の人口は約8,000万人、毎年約100万人ずつ増加しており、国内市場も成長を続けているトルコ。日本とトルコの架け橋となるべく、トルコに進出する日系企業をサポートする弁護士の1人であり続けたいと思う。

（江本康能）

第4章

アジアの国々

I 中国

アジアの大国の契約法
——「合同法」を読み解く

🌐 1 はじめに

　中国は、世界第1位の人口（2017年末時点で約13.9億人）と世界第3位の国土面積（約960万km²）を誇るアジアの大国である。1990年代の改革開放政策により、計画経済体制下の経済事情が一変し、その後著しい経済発展を遂げたことは周知のとおりである。2010年にはついに日本のGDPを上回り、世界第2位の経済大国となった。

　法令面では、2001年の世界貿易機構（WTO）への加盟に相前後して、近代的法治国家への変貌を遂げるべく、社会主義体制を前提としながらも、市場経済や市場原理、人権等に配慮した一連の立法がなされた。この過程を経て、中国では、先進諸国に見られる法令はほぼすべて整備されたといってよい。

🌐 2 中国の法制度

　中国は日本と同じ大陸法系に属し、成文法主義が採られている。中国の法源は、全国人民代表大会（全人代、日本の国会に相当）が制定した憲法を頂点として、全人代およびその常務委員会が制定する「法律」、国務院（日本の内閣に相当）が制定する「行政法規」、国務院の下位組織である部・委員会が制定する「部門規則」、さらに地方の人民代表大会が制定する「地方性法規」、地方の人民政府が制定する「地方性規則」等から構成されている。基本的には、次頁の表のとおり、憲法、法律、行政法規、地方性法規、地方性規則の順に優先する。なお、部門規則と地方性法規の優劣関係は明らかではなく、しばしば問題となることがある[1]。

---

1) 部門規則と地方性法規に矛盾が生じた場合には、国務院法制弁公室（日本の内閣法制局に相当）による審査を経て、個々の事案に即した解決が図られている。

I　中国

法令の種類	制定機関
憲法	全国人民代表大会
法律	全国人民代表大会・常務委員会
行政法規	国務院
部門規則	国務院の各部・委員会
地方性法規	省・自治区・直轄市その他国務院が承認する市における人民代表大会・常務委員会
地方規則	省・自治区・直轄市その他国務院が承認する市における人民政府

※このほか、香港およびマカオにおいて適用される特別行政区法令、自治区域において適用される自治条例・単行条例等がある。

　このほか、成文法を補充するものとして、最高人民法院（日本の最高裁に相当）および最高人民検察院（日本の最高検に相当）が法令の具体的な適用について職権により解釈を示した「司法解釈」が存在する。判例に拘束性がないとされる中国においては、このような司法解釈が法令同様に重要な役割を果たしている。

3　中国契約法の成立経緯

　中国の民法は、民法通則、民法総則のほか、担保法、物権法、権利侵害責任法等の複数の基本法から構成されており、契約法もその1つである。それ以前は、国内の取引には経済契約法、国際的な取引には渉外経済契約法、技術に関する取引には技術契約法が、それぞれ個別に適用されていた。契約法は、これらの取引にひとしく適用されるものとして、1999年3月に制定されたものである（施行は1999年10月1日）。契約法の起草においては、各国の民法や国際条約を参照したとされており、日本の民法（債権法）に近い点も多い。契約法の施行は、特に社会主義計画経済体制から社会主義市場経済体制への移行期にあった当時において、契約自由の原則が明示的に導入されたという点で、重要な意義を持つものであった。

4　中国契約法の基本構成

　中国では、契約のことを「合同（hetong）」という。契約法の原文の正式名称は「中華人民共和国合同法」であるが、本節では便宜上、以下「契約法」という。

　契約法は全23章、428条からなり、第1章〜第8章の総則では債権総論的な規定、第9章〜第23章の各論では典型契約ごとの規定がそれぞれ盛り込まれている。各論の典型契約には、売買、電気ガス等供給、贈与、金銭消費貸借、賃貸借、ファイナンスリース、請負、建設工事、運送、技術、寄託、倉庫、委任、斡旋、仲介の15種類の契約が規定されている。

　契約法の基本原則として、上記3で述べた契約自由の原則のほか、公平・平等原則、誠実信用原則、合法原則、取引奨励原則といった原則が掲げられている。

　契約自由の原則について、契約法は「当事者は法により自由に契約を締結する権利を有し、いかなる単位または個人も不法に干渉してはならない」（第4条）と明示的に規定している。これには、契約締結の自由のみならず、契約の内容・形式、変更、解除、違約責任等について選択する自由も含まれる。もちろん、当事者の合意があれば、（特別法により中国語による作成が求められない限り）英語や日本語で契約書を作成することも可能である。

　公平・平等原則、誠実信用原則および合法原則についても、それぞれ明文規定が置かれている（第3条、第5条、第6条および第7条）。このほか中国契約法に特徴的なのが、取引奨励原則である。これは、できるだけ契約の成立と効力発生を促し、取引の完成を目指すという原則であり、変更を加えた承諾によっても契約の成立を認める「みなし」成立（第31条）や、無効・解除事由の厳格な限定（第52条、第94条ほか）等に体現されている。

　中国法が適用される契約については、契約法のほかにも民法通則、民法総則、最高人民法院の司法解釈である「契約法適用の若干問題に関する司法解釈（一）」、「契約法適用の若干問題に関する司法解釈（二）」、「売買契約司法解釈」等を参照する必要がある。このほか、担保法、競売法、保険法、労働契約法等、契約に関する特別法が多数存在すること、また法律以外の行政法規、部門規則、地方性法規等にも契約に関する規定がありうることにも十分留意が必要である。

5 中国法を準拠法とする契約の締結

　中国企業との間で締結する契約では、中外合弁契約等の一部の例外を除き、外国法を準拠法とすることが可能である。もっとも、近年においては、中国企業とのパワーバランスから、中国法を準拠法とするケースも増えてきている。上記3で述べたように、中国契約法の内容は先進諸国と比べても遜色のない常識的なものであり、中国法を準拠法とすることにも特段の問題はないと考えられる。一方で、日本の民法との比較において、以下の点には注意を要する。

(1) 契約の成立

　中国では、法令上書面で締結することが求められる契約以外は、口頭による契約も認められる（第10条）。書面形式とすべき契約類型には、個人間以外の金銭貸借契約（第197条）、期間を6ヵ月以上とする賃貸借契約（第215条）、ファイナンスリース契約（第238条）、建設工事契約（第270条）、技術開発契約（第330条）、技術譲渡契約（第342条）等がある。なお、「書面形式」には、紙ベースのみならず、電子メール等の電子データによるものも含まれる（第11条）。

(2) 契約締結上の過失

　中国では、契約締結前であっても、その過程において、①契約締結の名目を利用して協議を行った場合、②重要事実を隠匿したり、虚偽の情報を提供した場合、③その他誠実信用原則に背く行為があった場合には、相手方に損失を与えた当事者は損害賠償の責任を負う（第42条）。日本でも、「契約締結上の過失」は判例で認められているが、中国では契約法の一内容として明文化されており、その適用範囲も広い。

(3) 不安の抗弁権

　中国契約法上、相互の義務の履行時期が異なる場合に、先に義務を履行すべき当事者は、契約成立後に相手方の経営状況の悪化や信用の喪失等の事由が生じたことを理由に、自身の義務履行を中止することができる（第68条、いわゆる「不安の抗弁権」）。さらに、相手方が合理的な期間内に履行能力を回復せず、適当な担保も提供しなかったときは、契約を解除することが可能となる（第69

条)。不安の抗弁権は日本においても裁判例があるが、明文規定は設けられていない。

(4) 約款の使用

中国契約法では、約款の使用についても明文規定がある。たとえば、当事者の一方が予め作成した約款（様式条項）を使用する場合、約款を提供した当事者には、自己の責任免除・軽減条項について相手方の注意を喚起し、相手方の要求に応じこれを説明する義務が課される（第39条）。また、約款の解釈に疑義がある場合には、約款の提供者に不利な解釈がとられることになる（第41条）。

(5) 違約金

違約金は、契約自由の原則により当事者が自由に約定することができるが、いわゆる実損賠償主義がとられている点に留意が必要である。すなわち、当初当事者間で約定した違約金が、実際の損害額から乖離する場合には、当事者は人民法院または仲裁機関に対し、その違約金の増額または減額を請求することができる（第114条）。

(6) 強行法規との関係

法律や行政法規上の強行法規に違反する契約は、無効となる（第52条）。たとえば、中国の国有資産に係る売買（国有企業の保有する出資持分の買取等）には、行政法規の定める国有資産譲渡手続を経る必要があるが、当該手続を経ていない、またはかかる義務に違反する売買契約は、いずれも無効とされる。また、下記6で述べる技術輸出入管理条例も、外国企業との技術ライセンス契約に適用される強行法規である。準拠法に日本法を選択していても、契約内容が中国の強行法規に違反する可能性がないかは確認しておく必要がある。

また、中国では特に法令の改正頻度が高いため、当初有効であった条項が、その後の法令改正により事後的に無効になるといったケースがありうる。たとえば、（逆のケースであるが）従来違法とされてきた企業間の貸付行為が、最近の司法解釈で有効とされ、その後の裁判実務に大きな影響を及ぼしたという例もある。法令改正は予測できないが、その対策として、中国企業との契約では最低限、事後的に無効となった条項以外は引き続き有効であることを確認する、いわゆる分離条項（severability clause）を設けておくことが望ましい。

> **分離条項の例**
> In the event that any provision of this Agreement is held to be invalid, illegal or unenforceable in any respect, such invalidity, illegality or unenforceability shall not affect any other provisions of this Agreement: and this Agreement shall be construed to the fullest extent lawful and enforceable.
>
> (和訳)
> 本契約の条項が無効、違法または執行不能とされた場合であっても、本契約の他の条項が無効、違法または執行不能となるものではなく、かかる場合には、本契約は、可能な限り有効かつ執行可能となるように解釈される。

6 技術ライセンス契約

　中国では、自国産業の保護と発展のため、「技術輸出入管理条例」(国務院により2001年に公布)により、独特の技術導入規制が設けられている。かかる制度においては、中国に国外から導入される技術が「輸入禁止技術」、「輸入制限技術」および「輸入自由技術」の3つに区分され、それぞれ異なる管理が行われている。よって、外国企業が中国企業に対し技術ライセンスを供与する場合には、対象となる技術がいずれに分類されるかをまず確認する必要がある。

対象技術	管理方法
輸入禁止技術	技術輸入が一切禁止される。
輸入制限技術	技術輸入は可能だが、商務部による事前の許可が必要。
輸入自由技術 (上記以外の技術)	技術輸入は可能であり、事前の許可も不要だが、商務部における事後的な登録が必要。

　このうち「輸入制限技術」については、商務部からの許可の取得が技術ライセンス契約の効力発生要件となる。また、「輸入自由技術」については、商務部における事後登録は効力発生要件ではないものの、中国国内の銀行から国外にライセンス料(ロイヤリティ)を送金する際に、登録証の提示を求められることがあるため、登録が推奨される(なお、登録においては契約の中国語訳が必要となる)。

このほか、技術輸出入管理条例では、外国企業が中国企業に対して技術ライセンスを行う際に、ライセンサーである外国企業に対し、①ライセンス権原の保証、②技術の完全性の保証という2つの保証責任を課している。これらは強行法規であり、当事者間の契約によっても適用を排除できない。実務においては、ライセンサー側が過度な責任を負うリスクをできる限り回避するために、損害賠償の責任範囲を限定する、技術ライセンスの目標を明確化する、ライセンス期間を限定するといった対応がなされることが多い。

7　国際的な契約に関する条約の適用の有無

準拠法の選択においては、国際的な契約に関する条約が適用されるかどうかも判断材料の1つとなる。以下では、代表的なものとして、中国のウィーン条約（国際物品売買）とニューヨーク条約（仲裁）への加盟状況について述べる。

(1)　ウィーン条約（国際物品売買）

中国は国際物品売買契約に関する国際連合条約（ウィーン条約）の加盟国である。また、契約法の制定時には、契約成立に係る条項、各論の売買契約に関する条項等の起草において、ウィーン条約の規定が参照されたようである。

日本企業と中国企業間の物品の売買に関する契約では、ウィーン条約が自動的に適用される。かかる適用を排除するためには、契約においてその旨を明示的に規定する必要がある。

(2)　ニューヨーク条約（仲裁）

中国は、裁判所の判決の執行に関する国際条約を締結していない。また、中国の最高人民法院は、日本との間には判決の執行に関する「相互互恵」が存在しないとして、日本の判決を中国の人民法院で執行しないことを明らかにしている。また、日本でもこれを受け、中国の判決を日本において執行していない[2]。よって、日中間で、相手国の裁判所の判決を自国において執行するこ

---

[2] 日本においても、中国との間では「相互の互恵」がないとして中国の人民法院の判決の執行を認めておらず、その立場は最高裁判所によっても確認されている（最判平成28・4・20 LEX/DB 事件番号25543141）。

とはできないと解される。他方、日本と中国はともに外国仲裁判断の承認及び執行に関する条約（ニューヨーク条約）の加盟国であることから、執行拒絶事由に該当しない限り、仲裁判断の相互執行は可能である。このため、中国企業との契約においては、紛争解決手段として仲裁が選択されるケースがほとんどである。

8 仲裁機関・紛争解決条項

実務上、日中企業間の紛争解決においては、日本の一般社団法人日本商事仲裁協会（JCAA）のほか、中国国際経済貿易仲裁委員会（CIETAC）、香港国際仲裁センター（HKIAC）、シンガポール国際仲裁センター（SIAC）等の仲裁機関が選択されることが多い。また、地域によっては、従来のCIETAC上海分会および華南分会が分裂して設立された上海国際仲裁センター（SHIAC）および華南国際経済貿易仲裁委員会（SCIA）が選択されることもある[3]。

なお、仲裁判断に基づき相手方の中国国内の財産に強制執行をかけるためには、中国の裁判所に承認・執行の申立てをする必要があるが、ここで「執行難」と呼ばれる問題が浮上することがある。「執行難」とは、特に地方の裁判所において、外国企業からの強制執行の申立てが放置される等、強制執行がスムーズに進まない事象を指す。執行難問題は従前に比べ大幅に解消されてはいるが、今なお留意が必要である。

> **中国の相手方と締結する契約における仲裁条項の例**[4]
> Any dispute arising from or in connection with this Contract shall be submitted to China International Economic and Trade Arbitration Commission (CIETAC) for arbitration which shall be conducted in accordance with the CIETAC's arbitration rules in effect at the time of applying for arbitration. The arbitration proceedings shall be conducted in English in Beijing. The arbitration tribunal shall consist of three (3) arbitrators. The arbitral award is final and binding upon both

---

3) その後、CIETAC も新たに上海分会および華南分会を設立しているため、仲裁条項のドラフティングにおいては、その選択する仲裁機関が、分裂後の SHIAC または SCIA を指すのか、あるいは CIETAC の上海分会または華南分会を指すのかを、明らかにしておく必要がある。
4) CIETAC のモデル条項を参照して作成。なお、中国においては、仲裁機関に「付託する」旨の文言が必要とされる。

> of the Parties.
>
> (和訳)
> 本契約に起因する、または本契約に関連する一切の紛争は、中国国際経済貿易仲裁委員会による仲裁に付託して解決されるものとする。仲裁は、仲裁提起の時点で有効な中国国際経済貿易仲裁委員会の仲裁規則に従って行われる。仲裁の使用言語は英語とし、仲裁地は北京市とする。仲裁人の人数は3名とする。仲裁判断は終局的なもので、両当事者に対して拘束力を有する。

9　中国の弁護士・法律事務所事情

(1)　司法試験制度について

　中国の司法試験も、日本と同様、裁判官・検察官・弁護士の法曹三者共通の試験として運用されている。現行の試験制度は2002年に導入されたものであるが、2018年より司法試験は「国家統一法律職業資格試験」と名を変え、法曹三者や公証人以外にも、法律職の公務員や仲裁人にその対象が拡大されたほか、受験資格が厳格化される[5]等、制度内容も一新されている。試験科目は社会主義法治論、憲法、中国法制史、国際法、司法制度、法曹職業倫理、刑法、刑事訴訟法、行政法、行政訴訟法、民法、民事訴訟法（仲裁制度を含む）、知的財産法、商法、経済法、環境資源法、労働・社会保障法、国際私法、国際経済法と多岐にわたり、中国国内でも最も難易度の高い資格試験の1つとされている。

(2)　弁護士の登録要件と弁護士会

　中国では、弁護士は「律師」といい、2017年末の中国全土の登録弁護士数は36.5万人とされる。弁護士になるには、司法試験に合格した後、さらに法律事務所において1年間の実務研修を経なければならない。

　弁護士は全国的な弁護士会である「中華全国律師協会」のほか、省・自治

---

[5]　司法試験の受験資格として、①中国国籍を有すること、②大卒以上の学歴を保有することのほか、③法律専攻であるか、または3年以上の法律業務経験を有することが求められるようになった。

区・直轄市ごとに設立されている地方の弁護士会への加入が強制されている。各弁護士会はそれぞれ弁護士に対する教育研修や奨励・懲戒等の自治を担っているが、弁護士登録と弁護士法違反時の処分を行うのは管轄の司法局であり、その点では完全な自治とはいえない面もある。

(3) 中国の法律事務所、費用基準

中国にも日本と同様、大手総合法律事務所のほか、中堅規模の法律事務所、一般民事を取り扱う中小規模の事務所等、各種の法律事務所が存在し、法律事務所の登録数は 2017 年末時点で 2.8 万にのぼる。大手総合法律事務所には、欧米や日本に留学経験のある、英語や日本語に堪能な弁護士も少なくない。

法律事務所の弁護士費用については、全国的な基準はないものの、「弁護士報酬管理方法」により、請求額の一定割合とする方法、案件ごとに固定額を定める方法、タイムチャージによる方法、成功報酬による方法等が認められている。また、地方の弁護士会ではタイムチャージの標準レートを定めているところも少なくなく、たとえば北京の弁護士会の標準レートは 1 時間あたり 100 〜 3,000 人民元（約 1,600 〜 48,000 円）、上海の弁護士会の場合は 200 〜 3,000 人民元（約 3,200 〜 48,000 円）となっている。もっとも、実際には多くの法律事務所が標準レートを上回るレートで弁護士費用を徴収しており、弁護士会より個別に指導を受けたケースもある。

(4) 外国法律事務所の代表機構

外国の法律事務所は中国国内に代表機構を設けることができる。2017 年末時点で、23 の国・地域（香港を含む）の法律事務所が中国全土に 308 ヵ所の代表機構を設立している。これらの外国法律事務所の代表機構は、本国の法律に関する業務や中国の法律事務所に対する業務委託、その他中国の法制度に関する情報提供といった業務に従事することができる。ただし、中国の法律に関する業務には直接従事することはできず、中国弁護士の採用もいまだに制限されている。

10 おわりに

以上で見てきたように、中国の契約法は先進諸国の契約法と比べても遜色のない、合理的なものとなっている。日中企業間の契約締結においては、中国企

業側から中国法を準拠法とするよう求められることが多いが、中国法を選択した場合でも、実際にそれが理由で問題となることは通常ない。もっとも、中国契約法の歴史が浅いことから、各条項について十分な解釈がなされているとはいえず、解釈が不透明な部分もまだ残されている。このほか、強行法規との整合性や、紛争解決条項の規定等、中国特有ともいえる問題にも配慮が必要である。

中国では、訴訟提起のハードルが日本に比べ低く、特に最近、小規模な契約紛争であっても訴訟や仲裁に持ち込まれるケースが増えている。中国企業との契約においては、将来争われる可能性も念頭に置き、契約の解釈で無用な疑義が生じないよう、できる限り具体的な規定を盛り込むことが望ましい。

また、中国企業の契約に対する一般的な遵守意識は、近年の急速な近代化の過程でかなり高まってきたとはいえ、契約上の義務（特に納期や秘密保持に関するもの）に対する認識の違いから、中国の契約相手とトラブルになるケースも依然として存在する。中国ビジネスの実務においては、十分な内容の契約を締結できたからといって安心せず、相手方の契約遵守を促すケアを怠らないことも重要である。

（矢上浄子、屠　錦寧）

Column
中国の司法IT化が目指すもの

　中国への出張時に、中国のIT化が想像を超えるレベルで進んでいることに驚かれた方も多いのではないだろうか。中国の都市部では、タクシーはもちろん、食料品や日用品のデリバリー、さらには美容師や洗車サービスに至るまで、すべてスマホ1つで呼ぶことができる。支払いもネット決済が主流で、もうお釣りにニセ札を掴まされる心配もない。今や中国都市部のクオリティ・オブ・ライフは、IT化のお蔭で、筆者が現地に留学・駐在していた2000年初頭とは比べものにならないほど向上している。

　そして、このようなIT化の波は、中国の司法業界にも着実に及んでいる。

　筆者が北京の大学院に留学していた当時は、中国の司法はまだ一般に開かれたものではなかった。過去の判決をリサーチするのも一苦労であったし、人民法院の裁判傍聴に行くにも知り合いの裁判官の伝手を頼らなければならなかった。それが今や、最高人民法院（日本の最高裁判所に相当）による大胆なIT技術の導入により、過去の判決も、リアルタイムの法廷の様子も、オンラインで自由に閲覧・視聴できるようになっている。

まず人民法院の判決については、最高人民法院の「中国裁判文書ネット（中国裁判文書網）」(http://wenshu.court.gov.cn/)に、全国各級の人民法院による6,200万を超える判決がアップロードされている（2019年1月現在。なお、アップロード数は日々数万のペースで増えている）。人民法院の所在地・種別や任意のキーワードから目当ての判決を簡単に検索することができ、データベースとしての利用価値も高い。

　また、同じく最高人民法院の運用する「法廷審理公開ネット（庭審公開網）」(http://tingshen.court.gov.cn/)では、全国各級の人民法院のさまざまな裁判手続の様子が、民事・刑事問わず、リアルタイムで動画配信されている。過去の動画もアーカイブ化され、誰でも自由に視聴できるようになっている。視聴予約機能やコメント機能などもあり、注目度の高い裁判はトップページで概要を紹介するなど、「見せ方」も工夫されている（なお、筆者が見る限り、特に人気があるのは汚職事件の刑事裁判であり、著名事件の中には1,000万アクセスを超えるものもある）。同サイトの2019年1月時点での累計配信動画数は236万件、累計訪問数は140億アクセスに達しており、もはやデータベースとしての利用にとどまらず、人民法院による情報発信ツールとしても活用されていることが窺われる。

　このほか、中国では2017年に、訴訟の申立てから書面・証拠の提出、証人尋問や判決の言渡しに至るまで、すべての裁判手続がオンライン上で完結する「インターネット法院（互聯網法院）」が開設されている。インターネット法院の対象案件はインターネット関連の紛争に限られるが、隔地者間の取引が圧倒的多数を占めるインターネット取引の実情に鑑みれば、裁判所に出頭することなく訴訟手続を進められるメリットは大きいと思われる。

　日本においても、2018年3月に政府による「裁判手続等のIT化に向けた取りまとめ」が公表され、アナログな制度からの脱却に向け、ようやく歯車が回り出したところである。同「取りまとめ」では、日本の裁判手続においても、訴状等の書類の電子化、手数料納付のオンライン化、裁判期日におけるウェブ会議システムの利用といったIT化施策を導入することが提言されている（ちなみに、外国の弁護士に、日本の裁判ではいまだ紙媒体かファックスで書面を提出する必要があり、オンラインでの提出はできないと伝えると、大抵は怪訝な顔をされる）。これらの日本における議論では、司法IT化の主眼はもっぱら利用者目線に立った裁判手続の合理化・効率化に置かれていることが特徴的である（なお、日本ではプライバシーによる制約から、さすがに裁判手続の動画配信までは議論されていない）。

　これに対して、中国における司法IT化の波は、利用者目線での合理化・効率化というより、裁判手続自体の透明化にその主眼があるように思われる。冒頭でも述べたとおり、ほんの十数年前まで、中国の司法はまだ閉ざされたものであった。特に中国の裁判制度に対しては、従前から、裁判官の質のばらつきや

「地方保護主義」（裁判官が地元の有力者と癒着し、地元企業に有利な判決が出される現象）といった問題が指摘され、それが司法制度に対する不信にもつながっていた。前者の裁判官の質の問題は、少なくとも2002年の全国統一司法試験の導入以降は改善されつつあるが、後者の地方保護主義については、人民法院の独立性が構造的に担保されておらず、裁判官の転勤もないという体制的な問題もあり、これまで十分に解決が図られてこなかった。上記で紹介した数々のIT化施策は、このように「閉ざされた空間」であった人民法院の審理プロセスを可視化し、司法制度をより透明でより身近なものとしたという点で、大きな意義があったのではないだろうか。実際に、これらの施策が、裁判官の質と自律意識の向上、ひいては司法制度への信頼回復に大きく貢献したとの見方もある（事実、手続の透明化が進むにつれ、退官して弁護士に転職する裁判官が後を絶たないようである）。中国の投資環境の安定化という観点からも、今後もIT化を通じた司法制度の透明化が進むことを望みたい。

（矢上浄子）

II タイ

アジアの微笑みの国の契約実務

1 はじめに

(1) タイの法体系

　タイの法体系は、憲法を頂点とし、その下に法律、緊急勅令、勅令、省令、条例が位置付けられている。もっとも、現在のタイ政府は、民主選挙で選ばれた国会議員から構成される内閣によるものではなく、2014年5月に起きた軍事クーデター後の暫定的な国会にあたる国民立法議会により選出された首相が率いる政権であり、2019年に行われるとされる総選挙後に首相が選任されるまでの暫定政権とされている。同政権の下で、2016年の国民投票により承認された2017年憲法が現在効力を有しているが、クーデターにより前憲法（2014年憲法）が廃止され立法機関が存在しなかった期間中、同政権により発せられた布告も多数存在している。

(2) タイ法の特徴

　タイは、アジア諸外国の中では珍しく歴史的に欧米諸国による植民地支配を受けたことがないため、タイ法は他のアジア諸国のように特定の旧宗主国家の影響を強く受けていない点に特徴があり、大陸法および英米法の両者の影響を受けていると言える。また、タイは近代法の導入にあたり、日本からも多くの専門家を採用していたこともあり、タイのビジネスの中心的な法典である民商法や、その他刑法、民事訴訟法、刑事訴訟法は日本の法律に類似しており、日本の法律ほど緻密ではないところはあるものの、ほぼ日本の規定と同様のものも散見される。実務上も、タイ企業を当事者とする株式譲渡契約書、合弁契約書、売買契約等の大まかな枠組み（含まれている条項のタイプや内容）は日本で利用されているものとそれほど大きく異なるところはないと言える。

　国際的な側面についてみると、世界貿易機構（WTO）および世界知的所有権機関（WIPO）への加盟、ニューヨーク条約の批准、日米を含む多くの国と

二国間協定も締結しており、国際的なビジネスを行うための基本的な法環境は整備されていると言える。

　上記のようにタイでは法律そのものは制定されていることも多いが、日本や他の先進国と比較すると、法の適用や運用面に関してやや不透明な面も存在する。

(3) タイ企業との契約交渉

　日系企業がタイで事業を行うにあたり、多かれ少なかれ、顧客として、サプライヤーとして、業務提携先として、また合弁のパートナーとしてタイ企業との関係があるであろう。一部の上場企業を除き、たとえ上場企業であっても、多くのタイ企業は、いわゆるオーナー企業、家族経営の企業が多い。それらタイのオーナー企業やそのオーナーたるタイ人との取引を行う際には、日本の常識や文化との違いが存在することを前提に臨む必要がある。オーナー企業や家族経営の企業の場合、一度信頼を得ることができればその後の交渉、取引がスムーズに進む可能性が高い一方、たとえこちらが合理的な主張をしたとしても、オーナーやその家族が納得できない場合には、それまで交渉で積み上げてきた結果が、そのオーナーや家族の一存で変更、撤回されることも珍しくはない。特に、契約交渉の際に契約違反があることを前提とする解除や損害賠償請求に関する規定を主張すると、自分のことを信頼していないのかと拒絶反応を示す場合もある。

●2　タイでの契約にあたって注意すべき事項

　以下、タイにおける取引において、日本企業が直面する日本と異なる法律面でのポイントを解説する。

(1) 書面による契約締結と登記義務

　タイにおいて契約を有効に成立させるために、書面による契約の締結は必要とされるかという問題がある。

　タイ法の下では、契約成立のために口頭による合意では足りず、書面による契約締結が必要とされる場合や、さらに契約の一定の事項を登記しなければならない場合も存在する。

　前者の例としては、非公開会社の記名式株式の譲渡が挙げられる。当該譲渡

契約を有効に成立させるためには、譲渡される株式の株券番号が記載され、また、譲渡人・譲受人および証人1人により署名された株式譲渡証書を締結する必要がある（タイ民商法第1129条第2項）。日系企業によるタイ企業の株式譲渡の事例では、法定記載事項の他種々の条項（支払条件、前提条件、表明保証、損害賠償請求権、準拠法）を定めた、いわゆる株式譲渡契約書を作成し、それとは別に法律で要求される最低限の事項のみを記載した株式譲渡証書が作成される場合もある。

また、後者の例としては、不動産の売買契約が挙げられる。書面による不動産の売買契約が締結され、さらに登記がなされて初めて、不動産売買契約が有効になる（同法第456条）。日本法の下では、不動産売買時になされる所有権移転登記はあくまでも対抗要件とされているため、異なる点に注意を要する。

さらに、当事者間で書面が作成されなくとも契約は有効に成立するものの、書面が作成されていない場合には、相手方に対してその履行を強制できない場合もある。例としては、不動産賃貸借契約につき、相手方が署名した書面がなければ、司法手続により履行を強制することができないとされている（同法第538条）。

以上のように、タイ法の下で取引を行う場合には、私人間の取引や契約であっても、当事者間の合意だけでは足りず、それらが有効になるために種々の要件が定められている場合がある。

(2) 使用言語

タイで取引を行う際に問題となる点の1つに、契約書の言語の問題がある。

法律上、原則として使用する言語の制限はなく、タイ語ではなくその他の外国語で契約書を作成しても、契約の有効性に問題はない。

実務上、親会社を日本企業とするタイの日系企業間で、または、日本企業とタイの日系企業間で契約が締結される場合には、日本語で契約書が作成されることも多く、また、タイの日系企業とタイのローカル企業との間で契約が締結される場合には、両者の共通言語としての英語で作成されることが多いが、それぞれの母国語であるタイ語および日本語で作成されることもある。この点、タイ語を含む複数言語で契約書が作成された場合で、複数言語間の解釈に疑義が生じ、いずれの記載を優先すべきか判然としない場合には、タイ語に依拠して解釈されるとされているため（同法第14条）、複数の言語で契約書が作成される場合には、いずれの言語の契約書が優先するかにつき明記すべきである。

条項例としては以下のようなものが考えられる。

> "This agreement is executed in English and in Thai. In the event that any discrepancy in interpretation arises, the English version shall prevail."
>
> (和訳)
> 本契約は英語とタイ語で締結される。解釈上の相違が生じた場合には英語版が優先されるものとする。

なお、例外的に、タイの当局に対して、登記や許認可の申請等の際に、関連する契約書の写しを提出する必要がある場合には、タイ語での契約書の作成が必要とされることがある。また、タイの裁判を利用する場合、原則として、証拠として提出する書面はすべてタイ語でなければならないとされているが、書証として提出する段階でタイ語に翻訳をすれば足りるため、当初から裁判に備えてタイ語で作成する必要はない。

(3) 準拠法

さらに、タイにおいて契約書を作成する場合において問題となる点は、準拠法である。タイ法においては、タイ企業と取引をする場合であっても、タイ法を選択する法的な義務はなく、当事者の合意により自由に設定することができる（抵触法第13条第1項）。

一般にタイ国内の取引に関しては、仮に外国法を準拠法として選択しても当該外国法がタイの公序良俗に反しない場合に限り当該外国法が適用されるとされていること（同法第5条）、および、外国法を適用するとしてもタイ法が不可避的に適用される場面（労働問題や会社の機関に関連する問題等を扱う場面）が生じ、問題となる場面ごとに適用される法律が異なる可能性があるため、同一の取引内の問題にもかかわらずその法的な判断基準や結果が異なると実際上の煩雑さ、不都合が生じる可能性があることから、たとえどちらか一方の親会社が日本企業であったとしても、タイ法が準拠法として選択されることが多いように見受けられる。

準拠法に関する条項例は以下のとおり。

> "This agreement shall be governed by the laws of Thailand."
>
> (和訳)
> 本契約の準拠法はタイ法とする。

なお、準拠法と紛争解決条項とを一致させるとの実務上の要請から、たとえば、紛争解決条項としてシンガポールでの仲裁が選択された場合、準拠法も併せてシンガポール法が選択されることもあり得る。

(4) 紛争解決条項

タイ企業との契約につき紛争が生じた場合の解決方法としては、裁判による解決と仲裁による解決とがあり、また、それぞれタイ国内またはタイ国外においての実施を選択することが可能である。したがって、選択肢としては、タイの裁判、タイ国外での裁判、タイの仲裁、または、タイ国外での仲裁の4つが存在する。

タイ国内の取引であっても、親会社が日本の会社であるような日系企業同士の取引である場合には、日本の裁判を紛争解決手段として選択することも考えられる。この場合、たとえ日本で勝訴判決を取得したとしても、そのままタイで執行はできないため、執行の対象となる資産がタイ国内にしか存在しない場合には、日本の裁判を紛争解決手段として選択することが実務上適切ではない場合も多い。他方で、日系企業が関与する案件においてタイの裁判が選択される場合とは、取扱金額が高額ではなく、これに対して裁判手続に係る費用が高額になることが想定される、仲裁を選択することに経済合理性がない場合や、差押えの対象となる資産もタイ国内に存在し、勝訴判決取得後の執行の場面も含めて、すべて手続がタイ国内で完結するような内容の場合等が挙げられる。

仲裁についてみると、取引金額が高額のクロス・ボーダーの案件や当事者がタイ語での訴訟進行の必要性等からタイの裁判を嫌った場合に、特にタイ国外での仲裁が選択される傾向にある。確かに上記のとおり仲裁に要する費用は高額になる傾向があるものの、タイもニューヨーク条約の加盟国であるため、裁判の場合と異なり、タイ国外の仲裁判断をそのままタイで執行できる。手続を英語で行うことができる点も、タイの裁判が原則としてタイ語使用に限定されることからすれば日系企業にとってはメリットと言える。

タイ国外の仲裁機関を利用する場合、日系企業が当事者の場合には親会社の

存在する日本のほか、アジアであれば香港、欧米の企業を親会社とするタイ企業を相手とする場合にはロンドンやニューヨークといった場所の仲裁が利用されることもあるが、タイの日系企業同士またはタイのローカル企業を当事者とする場合には、地理的な理由およびこれまでの実績から信頼性の高いシンガポール国際仲裁センター（SIAC）での仲裁が選択されることが比較的多い。

なお、タイにおいても、近年は国内の仲裁利用を熱心に呼びかけており、国内の仲裁機関としては、Thai Arbitration Institution（TAI）が著名であるが、近年新設されたThailand Arbitration Center（THAC）も注目されており、今後の事例の蓄積に期待がかかっている。

Thai Arbitration Institutionを紛争解決機関と指定する場合のモデル条項は以下のとおり。

> "Any dispute, controversy or claim arising out of or relating to this contract or the breach, termination or invalidity thereof, shall be settled by arbitration in accordance with the Arbitration Rules of the Thai Arbitration Institute, Office of the Judiciary applicable at the time of submission of the dispute to arbitration and the conduct of the arbitration thereof shall be under the auspices of the Thai Arbitration Institute."
>
> （和訳）
> 本契約から、もしくは本契約に関連して発生した紛争、論争、請求、または契約違反、解除もしくは無効については、申立時に有効なタイ仲裁協会の仲裁規則に従い仲裁により解決されなければならず、当該仲裁の実施につきタイ仲裁協会の賛助を受けなければならない。

(5) 署名権者

法人が当事者として契約を締結する場合、誰が適法な署名権者なのかというのも重要な問題である。

タイの民商法上、日本のようなその者の行為が基本的に会社の行為としてみなされる代表取締役制度は採用されておらず、類似する制度として、その者が署名した書面の効力が会社に帰属することとなる署名取締役（authorized director）という者を取締役の中から選任することになるが、署名取締役は、商務省に登録された日本の会社登記簿に相当する書面（Affidavit）に記載され

ており、同書面は一般に公開されているものであるので、タイ企業と取引をする際には事前にAffidavit上の署名取締役を確認することが推奨される。同書面には、署名権者が誰かといった情報以外にも、複数取締役がいる場合に、単独署名でよいのか、複数名の連署が必要なのか、署名以外に法人の印鑑の押印が要求されるのか、また、一定の項目や一定の金額以下の契約に限って会社を代表して署名ができるといった代表権に対する制限が記載されている例もある。さらに、上記署名取締役でなくとも、個別の委任状や内部規則により会社の内部的に適法に授権された者が契約書を署名することもできるが、その場合、相手方はその署名者が適法な署名権限を有していることを委任状等により確認すべきであろう。

3 国際的な契約に関する条約の適用の有無

(1) ウィーン条約（国際物品売買）

ウィーン条約（United Nations Convention on Contracts for the International Sale of Goods）とは、物品の国際的な売買に関する基本的な条件を定める条約である。たとえば、国際的な物品売買契約の成立条件、当事者の基本的な義務、当該義務に違反した場合の損害賠償責任等が定められており、物品の国際的な売買に適用されるルールの統一を試みるものである。

タイは、ウィーン条約の締約国ではない。ウィーン条約は、売主と買主の所在国がいずれもウィーン条約の締約国である場合に初めて適用されるため、日本企業とタイ企業間の物品の売買契約においては、ウィーン条約は考慮しなくてよい。

(2) ニューヨーク条約（仲裁）

ニューヨーク条約（Convention on the Recognition and Enforcement of Foreign Arbitral Awards）では、仲裁条項の有効性および国外において下された仲裁判断の執行に関するルールを定めている。同条約は、国際紛争を解決する手段としての仲裁の重要性に鑑み、仲裁に関する国際的なルールの統一を試みるものである。

上記のとおり、タイはニューヨーク条約の締結国であることから、日本企業とタイ企業との間における紛争解決手段として仲裁を選択する場合、ニュー

ヨーク条約の適用を前提として考えることができ、タイ国外の仲裁機関による仲裁判断もタイ国内で原則として執行することが可能である（ただし、当該仲裁判断が、タイが加盟している国際間の条約、協定、合意に合致するものであり、タイが従うこととされている限度でタイ国内でも適用される）。もっとも、タイ国外の仲裁機関による仲裁判断をタイ国内で執行するためには、知的財産及び国際取引中央裁判所における手続が必要となり、この手続には数年かかるケースもある。

4　タイの弁護士業界および法律事務所について

　タイにおける弁護士業界の特徴としては、法律業務を提供するすべての者につき、弁護士の資格が要求されているわけではないということである。すなわち、タイ人がタイにおいて、依頼者を裁判所で代理することなく、裁判外の法律業務を提供する限りにおいては、日本の司法試験のような資格試験に合格することや、弁護士登録が必要とされず、他方で、法廷において依頼者を代理するためには、弁護士ライセンス（Lawyer License）を取得しなければならない。以下詳述する。

　① 　裁判外の法律業務だけを行う弁護士

　訴訟に関与せず、法廷で依頼者を代理することがない法律業務を提供するだけであれば、何らかの試験に合格する必要はなく、法学士を有するか、タイ弁護士会の承認を受けた機関が発行した学士号を有していれば足りる。したがって、法廷で依頼者を代理することがなく、たとえば、企業内弁護士として、企業内部の相談に対応し、契約書を作成したり、アドバイスを提供したりしているだけであれば特別な資格は不要であり、法学部卒の者が行うことができる。また、大手の法律事務所の弁護士であっても、本人が法廷で依頼者を代理せず、M&Aのような企業間の取引のみを担当するコーポレートローヤーであれば、下記②に述べる弁護士ライセンスを取得していない場合も多い。

　② 　訴訟に関連する法律業務を行う弁護士

　①で記載した業務を超えて、裁判所において依頼者を代理し、裁判所に対して提出する書面を作成する弁護士は、タイの弁護士法により、タイの弁護士会（Lawyer's Council of Thailand）の試験を受け、弁護士ライセンスを保有していなければならない。弁護士ライセンスを取得するための弁護士会の試験を受けるためには、(i)法律事務所で 1 年間研修し、続いて試験を受ける方法、または(ii)

事前に試験を受け、6ヵ月間の法律研修を受けて、それから追試験を受ける方法のいずれかの要件を満たす必要がある。

上記のとおり、タイにおいて弁護士として呼ばれている者すべてが Lawyer License を保有しているわけではないので、Lawyer License の保有の有無は、弁護士の質を見極めるにあたり1つの材料となるであろう。また、前述のように、日本と異なり、原則として、すべての弁護士に対して司法試験の合格を課し、基本法律科目の理解が担保されているものではないため、各弁護士の力量が、その個人の経験に依拠していることも多いため、依頼しようとしている弁護士がどのような分野の案件を過去に経験しているかということを知ることも重要である。

さらに、弁護士による法律業務の提供の仕方もさまざまであり、日本のように個人で個人事業主と活動してもよいし、パートナーシップまたは株式会社形態で法律業務を行ってもよい。現地の大手の法律事務所の多くは株式会社形態で業務を行っているが、これは一般的に株式会社形態のほうが、業務運営に対して適切なガバナンスが効いていると考えられ、信用力が高いことに基づいている。

タイの現地人手の法律事務所の多くは、タイムチャージ制と呼ばれる、弁護士が作業に要した時間に応じて、弁護士報酬が決定される仕組みを採用している。タイムチャージの金額は事務所によって異なるが、タイのトップ・ファームに所属する弁護士の1時間あたりの費用は日系の法律事務所の弁護士よりも高額なこともあり、案件終了時のタイの法律事務所の費用が想定よりも高額となることもある。

他方で、中小規模事務所やバンコク以外の地方の法律事務所の弁護士であれば、トップ・ファームに所属する弁護士よりは弁護士費用が安いことが多いが、タイ語以外での対応をせず、また日本企業とのやり取りに慣れていないことも多いため、依頼者が通訳を自ら雇ったり、依頼事項の説明に相当の時間を要する等、苦労がある点にも注意を要する。

この点、日本企業の依頼の趣旨がタイ人の弁護士に正確に伝わらないことは、地方や中小規模の法律事務所に限った話ではないが、その多くは日本とタイの法制度、実務や文化等の違いによるものであるため、双方の法律および文化を理解しているタイの日系法律事務所を介してタイ人弁護士に依頼する方法も有益であろう。

5　まとめ

　以上、タイの契約に関する法律、実務につき、日本とは異なる特徴的な点をいくつか取り上げてきた。冒頭でも述べたとおり、タイの契約に関する法律、または一般的な実務は、日本のそれと大きく異なるということはなく、基本的な点については、共通しており、日本企業にとっては馴染みのあるものと言えよう。しかしながら、上記のように日本法と異なる点や契約交渉時の注意点、またタイの当局の対応等タイ独特の事情もあるため、タイで契約を締結し、取引を行うためには、やはり常識や法整備のレベルが異なる海外での契約であることを意識してあたることが望ましい。

（安西明毅、松本久美）

Column
タイにおける裁判（民事訴訟）制度

1　紛争解決手段としてのタイ国内裁判の選択

　契約に関する紛争が生じた場合の解決手段として、タイの裁判や国内外の仲裁が存在することは本文中で触れたとおりであるが、その中でも、タイにおける裁判（民事訴訟）は、契約の当事者のいずれかが日本企業であっても、その紛争解決手段の現実的な選択肢の1つになり得るであろう。

　具体的な案件においても、契約の相手方がタイ企業である場合には、まずは、紛争解決手段として、タイ国内の裁判を選択すべきと主張してくることが多いし、日本企業のタイ子会社同士の契約であっても、タイ国内で完結する契約内容の場合には、タイにおける裁判を紛争解決手段とすることも少なくないケースで見受けられる。

　このようにタイでの裁判が、紛争解決手段の選択肢の1つとなり得ている背景には、タイの裁判官による汚職が他の東南アジアの国々と比較しても少なく、主張と証拠が揃っていれば裁判官による合理的な結論が下されるであろうという信頼があることが挙げられる。タイの裁判官の汚職が少ない背景には、タイの裁判官はすべて王の名の下にその代理として行動をするものであり、汚職行為は王の名を汚す行為となるという考えがタイの裁判官が汚職に手を染めることの抑制機能として働いているという事情があると言われている。

2　裁判所の構成と審級制度

　タイの民事裁判は、司法裁判所によって取り扱われる。通常の民事裁判については、三審制が採用されており、第一審裁判所の判決に不服がある場合には

控訴審に控訴でき、また、控訴審の判決に不服がある場合には最高裁判所に対し上告ができる。

　他方で、専門性が要求される案件については、以下の専門裁判所が存在する。ここでは、専門知識を有する裁判官が事件を担当する。また、かつては二審制が採用されていたが、その後の法改正により専門控訴裁判所が設置され、三審制に移行している。

　［特別裁判所］
　①　知的財産・国際取引裁判所
　②　労働裁判所
　③　税務裁判所
　④　破産裁判所

3　民事裁判手続

　タイの民事裁判の手続は日本のそれとさほど大きく異なる点はない。たとえば、タイの民事裁判も原則としてすべて公開の法廷で行われる。また、日本においては、しばしば裁判官が原被告に対し和解に向けた話し合いの可能性を問うたり、和解勧告を出したりすることがあるが、タイにおいても、裁判官は、和解による紛争解決の道を模索する訴訟指揮をすることが多い。

　ただし、日本の民事裁判における手続との相違点として留意すべき点もある。たとえば、タイでは日本と異なり、管轄の合意が認められていない。したがって、契約書の準拠法がタイ法である場合には、紛争解決条項として「甲および乙は、本契約に関して紛争が生じた場合、タイ国内のＸ裁判所を第一審の専属的合意管轄裁判所とすることに合意する」と定めたとしても、タイの民事訴訟法上Ｘ裁判所以外の裁判所に管轄が認められる場合においては、原告はＸ裁判所以外の適法な管轄裁判所に訴えを提起しなければならないし、被告は、相手方がＸ裁判所以外の適法な管轄裁判所に訴えが提起した場合には、被告として管轄の合意を根拠として訴えの却下を求めることはできず、応訴する義務が生じる。

　さらに、訴訟手続上の相違も存するため、タイでの訴訟戦略については、当事者としてタイの手続を十分に理解したうえで、タイの訴訟弁護士と協議をし、進めていく必要がある。しかし、タイの訴訟弁護士は、必ずしも日本の民事裁判手続の仕組みを理解しているわけではないので、日本の当事者が懸念する比較法的な観点から自発的なアドバイスを受けられると期待することは困難である場合も多い。日本国内での裁判と比して業務への影響やその準備の負担が大きい外国での裁判という場面での意思疎通に関する不安はできる限り除去すべきであるので、日本企業がタイで当事者として裁判に対応する場合には、タイの訴訟弁護士に加えて、現地に精通し、日本法とタイ法上の違いを踏まえたうえでアドバイスやコーディネートが可能な専門家を起用するケースも少なくない。

> 　日本企業としては、タイにおいて紛争に巻き込まれないよう事前に契約書の作成をより慎重に行う必要があり、やむを得ずタイにおいて裁判に関与しなくてはならない場合には、上記のとおり日本での裁判よりもより慎重に対処すべきであろう。
>
> 　　　　　　　　　　　　　　　　　　　　　　　（安西明毅、松本久美）

III ベトナム

社会主義国家の大陸法（シビル・ロー）

🌐 1 はじめに

(1) ベトナム民法の成立の経緯

　ベトナムにおいて、契約関係を規律する現行の基本法は、2015年に制定された民法（「2015年民法」）である（ただし、商行為については、民法の特別法である商法が適用される）。この2015年民法が制定されるに至る経緯・背景について、ベトナムという国の歴史も交え、簡単にご紹介したい。

　そもそも、ベトナムは、長きにわたり、列強諸国の脅威にさらされ続けてきた。

　近年では、19世紀後半から20世紀前半まで、ベトナムはフランスの保護国として同国の支配下にあった。これに対する抵抗運動を経て、1945年9月2日に、ベトナム共産党のホーチミン主席が、「ベトナム民主共和国」の名の下に、独立宣言を行った。

　その後、1976年の南北統一および「ベトナム社会主義共和国」への改称を経て、1986年にドイモイ（刷新）政策が提唱される。同政策の下、自由市場主義経済が導入された結果、新たな形の民事取引が多く行われるようになった。従前の旧法令では、こうした新たな民事取引に対応できなかったことから、ベトナム政府は、1992年の憲法制定に続き、1995年に民法（「1995年民法」）を制定するに至る。

　1995年民法の制定後、社会経済がさらに発展・高度化したことを受け、ベトナム政府は、2005年に新たな民法（「2005年民法」）を制定した。

　さらに、2015年には、現代社会の諸事象に対応して2005年民法をアップデートすべく、現行の2015年民法が制定された。2015年民法における重要な改正点としては、たとえば以下のようなものが挙げられる。

　① 個人の秘密を保護する権利の拡充
　② 表見代理の規定や、無効な取引における善意の第三者の保護規定の新設

③ 標準書式契約（一方当事者が作成するひな型のようなもの）に関する規定の新設
④ 事情変更の場合の契約変更に関する規定の新設
⑤ 契約に関する訴訟提起の制限期間（提訴時効）の延長（2年から3年へ。ただし、商法上は2年）

　上記のように、数次の改正を経て現在施行されている2015年民法は、他国の民法の原則とも共通点が多く、おおむね合理的で現代的な内容のものと評価できる。

(2) ベトナムの法制度の概要

　ベトナムは、かつてフランスの支配下に置かれていたという歴史もあり、基本的には、大陸法（シビル・ロー）に基づく成文法主義の国である。

　ただし、ベトナムは、政治体制としては社会主義国家であることから、法令についても、社会主義制度に親和性を有するもの（具体的には、旧ソ連等の法令）を継受している部分が多い。現在もなお、特に公法分野ではその傾向が残っている（たとえば、土地法令上、私人による土地の所有は認められていない）。

　さらに、1986年のドイモイ（刷新）政策の導入や2007年のWTO加盟を経て、市場経済の導入や外資開放が進むベトナムにおいては、近時の法制度改正（特に民事法分野）の場面でも、（各先進国による法整備支援の影響もあり）欧州大陸法に加えて、英米法・日本法の影響も強くなっている。

　たとえば、2014年企業法では、株式会社の機関設計のあり方として、欧州大陸法型モデル（株主総会、取締役会および社長に加え、モニタリング機関として監査役会を設置するモデル）または英米法型モデル（監査役会を設置しない代わりに、一定比率以上の独立取締役や内部監査委員会を、取締役会の内部に組み込むモデル）のいずれか1つを、任意に選択可能なシステムとなっている。

　また、2015年民法においては、JICAによる法整備支援プロジェクトを通じて、日本民法の概念も多く取り入れられている。

(3) ベトナムの法体系（法源）

　ベトナムにおける法令のうち主なものとしては、次頁の表のとおりである（司法機関や地方レベルの機関が定めるものは、省略している）。

制定機関	法令の種類
国会	・憲法（Constitution） ・法律（Law） ・決議（Resolution）
国会常任委員会	・布告（Ordinance） ・決議（Resolution）
国家主席	・命令（Order） ・決定（Decision）
政府	・政令（Decree）
首相	・決定（Decision）
各省庁の大臣および省レベル機関の長	・通達（Circular）

(4) ベトナムの法制度の問題点

ベトナムにおいては、上記の2015年民法や2014年企業法以外にも、2014年投資法、2013年土地法等、重要な法律の制定・改正が近時相次いでいる。しかしながら、新たな法律が制定された後、その施行細則を定める政令・通達等の下位規定がすみやかに公表されないケースも多い。

また、ベトナムでは、ベトナム戦争による混乱や社会主義体制下の運用の下、法治主義の確立が立ち遅れたという事情もあり、日本のような「過去からの裁判例が蓄積・公表され、それに基づいて法令の解釈が明確化されていく」というシステムが、（少なくともこれまでは）機能していなかった[1)2)]。

さらに、政府機関・省庁の間での情報共有や連携が必ずしも十分に行われていないことから、複数の法令の間で矛盾や不整合が見られることも少なくない。

上記のような諸事情により、ベトナムでは、法令自体の内容や、その具体的な解釈・適用において、不明確・不安定な部分が大きい（したがって当局の恣意的な運用の余地も大きい）という点に、留意が必要である。

---

1) ただし、裁判例の公表については、裁判例の公開制度が、最近導入された。現在、数多くの裁判例が、オンラインで公開され、閲覧できるようになっている。
2) 裁判例の先例拘束性については、ベトナムの法制度上、原則として認められてこなかった。ただし、2015年民事訴訟法において、事件解決の判断基準の1つとして「判例」が明記され、かつ、最高人民裁判所の議決において、「判例」の意味が具体化された。これにより、最高人民裁判所が選定・公布した裁判例については、一定の先例拘束性を有することになったものと言える。

● 2　ベトナム企業との契約締結にあたって注意すべき事項

(1)　契約書の重要性

ベトナムにおいては、書面の存在やその記載内容が重視される傾向がある。

具体的には、まず、法令上、そもそも書面で作成しなければ効力を有しない契約（たとえば労働契約）がある。また、それ以外でも、実務上、書面の存在が証拠として重視されるため、契約書を作成しておくことが事実上必要となるケースも多い。

さらに、ベトナムでは、法令の内容や解釈運用において、不明確・不安定な部分が大きい。

したがって、取引を始めるにあたっては、①（口約束ではなく）書面としての契約書を確実に作成するとともに、②自社が達成したい事項があるのであれば、（法令の規定に過度に依拠することなく）当該事項を契約書の中に明確に規定しておくことが望ましい。

(2)　契約の言語

契約の言語に関しては、（消費者契約等の一部の例外を除き）ベトナム法令上、特に制限は課されていない。したがって、外国語のみによる契約や外国語優先条項付の契約を締結することも可能である。

ただし、(A)当局への登録や提出が要求される場合（たとえば知的財産権のライセンス契約やM&A取引での株式譲渡契約等）にはベトナム語での作成が必要となり、または、(B)契約相手方がベトナム語版を要求してきた場合においては、ベトナム語での書類の作成が、事実上必要になる。

なお、税務調査の際にはベトナム語の契約書の提示を求められる可能性が高いため、契約締結時にベトナム語版も併せて準備しておくケースが多い。

(3)　署名者の契約締結権限の確認

ベトナム企業においては、契約締結において署名者とされた者が、同社の法定代表者ではなく、かつ適切な授権も行われていないというケースが、ままあり得る。

この点、2015年民法においては、表見代理の規定が新設された（具体的には、

「①契約相手方が代理権の不存在を知らず、また知ることができなかったことについて、②本人に過失がある場合は、取引の効果が本人に帰属する」と定められている）。しかし、仮に紛争発生後に同規定の適用を受けられるとしても、そもそも紛争が生じる前に契約締結権限を確認しておいたほうが、予防法務の観点からはベターと言える。

したがって、ベトナム企業との間で重要な契約を締結する際には、署名者の契約締結権限を確認するため、企業登録証（日本でいう履歴事項証明書）で署名者が代表者であることを確認し、仮に異なる場合は相手方当事者から委任状や取締役会決議書（または、当該署名者が代表者であることを証明する書類）の提出を受ける等の対応を取ることが望ましい。

(4) タフな契約交渉

これは法令というより実務上の話になるが、契約交渉において、ベトナム企業は強気の姿勢で自社の要望を押し通してくることが多い。

したがって、日本企業としても、譲歩できる点とできない点の仕分け等をしたうえで、粘り強く臨む覚悟が必要になる。

他方で、ベトナム人は、個人的な信頼関係を重視する傾向があるため、相手方当事者（たとえばベトナム企業の経営者や実務担当者）との間で良好な関係を構築することも、契約交渉上は有益と言える。

(5) 債権管理

ベトナムにおいては、契約の相手方当事者の信用状態を正確に把握することが、実務上容易ではない（日本のように、調査会社を利用して信頼性の高い情報を収集することは難しく、また、相手方当事者から信用に足る財務書類を入手できないケースも少なくない）。

さらに、相手方当事者の債務の履行が滞った場合における強制的な債権回収手段（具体的には、訴訟または仲裁を経たうえでの強制執行）についても、①時間およびコストがかかる点、②実効的な執行が達成されるか否かが不透明である点等から、必ずしも使い勝手がよい選択肢ではない。

したがって、実務上は、現実に債務不履行が発生する前の段階において、債権管理に気を配ることが重要になる。具体的には、前払い等を組み合わせることにより売掛残高が過大にならないように調整したり、相手方に可能な限り早期の履行・弁済を求める等の手段を講じるべきである。

(6) 紛争解決条項

契約上の紛争解決手段としては、理論上、(A)ベトナムでの裁判、(B)外国での裁判、(C)ベトナムでの仲裁、(D)外国での仲裁、の4通りがある。

このうち、上記(A)については、ベトナムにおける訴訟の公正性・予測可能性の低さという観点から、日本企業にとって得策ではない。また、上記(B)についても、仮に勝訴したとしてもベトナム企業に対する執行が事実上不可能であるため、やはり好ましい手段ではない。

したがって、日本企業の視点からは、上記(C)または上記(D)が合理的な選択肢ということになる。

ベトナム企業との間の契約で、ベトナム国際仲裁センター（VIAC）の仲裁規則に準拠し、ハノイを仲裁地、英語を仲裁言語として、仲裁人1名で仲裁を行う場合（上記(C)）の仲裁条項の例としては、以下のような規定が挙げられる。

If a dispute, controversy or claim arising out of or in connection with this Agreement cannot be settled by the Parties in accordance with Article [●] above, it shall be resolved finally by the Vietnam International Arbitration Centre at the Vietnam Chamber of Commerce and Industry in accordance with its rules of arbitration ("VIAC Rules"). The location of the arbitration shall be in Ha Noi. The number of arbitrator shall be one (1) appointed in accordance with the VIAC Rules. The language of arbitration shall be English. The arbitral decision or award shall be final and binding on the Parties.

（和訳）
本契約よりまたはこれに関して生じた紛争、論争または主張が、両当事者により第［●］条に従って解決されない場合、当該紛争、論争または主張は、ベトナム商工会議所のベトナム国際仲裁センターにより、その規則（以下「VIAC規則」という）の定めるところに従い、最終的に解決されるものとする。仲裁地はハノイ市とする。仲裁人は、VIAC規則に従って選任された1名の者とする。仲裁に用いられる言語は英語とする。仲裁の結果は、両当事者に対して最終的な拘束力を持つ。

---

(7) 準拠法に関する留意事項

ベトナム民法は、他国の民法の原則とおおむね共通した、近代的かつ合理的

なものになっている。したがって、これを準拠法としても、そのこと自体によって日本企業が大きな不利益を受ける可能性は低いと思われる。

なお、ベトナムにおいて、契約上、ベトナム以外の国の法律を準拠法として定めようとする場合、いくつかの制約がある点に注意が必要である。

具体的には、(A)2015年民法第683.5条において、「労働契約や消費者契約については、合意された適用法が労働者または消費者の最低限の利益に悪影響を与える場合、ベトナム法が優先する」とされている。

また、(B)契約当事者は、合意によって準拠法を選択できるものの、当事者が選択した法律がベトナムの法律の基本原則に反する場合、ベトナム法の適用が強制されると定められている（2015年民法第683条・第670条）。商法上も、外国の要素を含む国際商取引においては、当事者が外国法を準拠法として選択できるものの、当該外国法がベトナムの法律の基本原則に反していない場合に限るとされている（商法第5条第2項）。

(8) 代理店契約に関する規定

代理店契約（いわゆるエージェント方式を指し、ディストリビューター方式は含まれない）については、ベトナム商法上、以下のような規定が置かれている。

① 代理店は、別段の合意がない限り、複数の委託者との間で代理店契約を締結する権利を有する（商法第174.1条）。
② 委託者は、別段の合意がない限り、代理店に対して指針や情報を提供し、契約の履行を促進する義務を負う（商法第173.1条）。
③ 代理店契約を解除するためには、別段の合意がない限り、相手方への通知を行ってから少なくとも60日間の待機期間を設けなければならない（商法第177.1条）。また、委託者が解除した場合、別段の合意がない限り、代理店は損害賠償を請求する権利を有する（同第177.2条）。

ベトナム企業との間で代理店契約を締結しようとする場合、以上のような規定の存在を念頭に置く必要がある（たとえば、上記の第1点目により、仮にベトナムにおける代理店を専属的な代理店とし、他社との契約を禁止したい場合は、契約書にその旨を明記する必要がある）。

代理店契約において、代理店と他社との契約を禁止する条項の例としては、以下のような規定が挙げられる。

Agent shall not, and shall not cause any other person to, enter into any

> agreement to advertise, sell and/or provide any products which are similar to or compete with the Products (as defined below) in the Territory (as defined below) with any third party other than the Principal.
>
> (和訳)
> 　代理店は、本人以外のいかなる第三者との間でも、本地域（以下に定義する）内において、本製品（以下に定義する）と類似しまたは競合する何らかの製品について、これを宣伝し、販売および／または提供するための契約を締結してはならず、かつ、他の者をしてかかる契約を締結せしめてはならない。

3　国際的な契約に関する条約の適用の有無

(1)　ウィーン条約（国際物品売買）

　ウィーン条約（United Nations Convention on Contracts for the International Sale of Goods）とは、物品の国際的な売買に関する基本的な条件を定める条約である。たとえば、国際的な物品売買契約の成立条件、当事者の基本的な義務、当該義務に違反した場合の損害賠償責任等が定められており、物品の国際的な売買に適用されるルールの統一を試みるものである。

　ベトナムは、ウィーン条約の締約国となっている。売主と買主の所在国がいずれもウィーン条約の締約国である場合、原則として、ウィーン条約が適用される。したがって、日本の企業とベトナムの企業との間の物品の売買契約においては、ウィーン条約の適用を排除するか否かを検討したうえで、仮にこれを排除する場合は、契約書上その旨を明記する必要がある。

(2)　ニューヨーク条約（仲裁）

　ニューヨーク条約（Convention on the Recognition and Enforcement of Foreign Arbitral Awards）とは、仲裁条項の有効性および国外において下された仲裁判断の執行に関するルールを定めている。同条約は、国際紛争を解決する手段としての仲裁の重要性に鑑み、仲裁に関する国際的なルールの統一を試みるものである。

　ベトナムは、ニューヨーク条約の締約国となっている。したがって、日本企業とベトナム企業との間における紛争解決手段として仲裁を選択する場合、

ニューヨーク条約の適用を前提として考えることができる。

しかし、外国の仲裁判断を実際にベトナムで執行できるかという点については、別途の考慮が必要である。というのも、実務上、ベトナムの裁判所が、(ベトナム法の基本原則に反する等の理由で)外国の仲裁判断の執行を認めないケースも散見されるためである。したがって、外国の仲裁を管轄に定める場合は、仲裁手続のプロセスまで気を配り、執行時に疑義が出ないようにする必要がある。

4 ベトナムの弁護士業界および法律事務所について

2006年弁護士法（2012年改正法により改正。以下同じ）上、ベトナムで弁護士資格を得るためには、原則として、①法科大学等を卒業して法学士を取得し、②弁護士研修施設で1年間の研修を受けたうえで、③法律事務所等で1年間の実務修習を行った後、④評価試験に合格する、というステップを経る必要がある[3]。

ベトナムにおける法曹養成の歴史を振り返ると、1945年の独立宣言後のベトナムでは、法学教育が冷遇され、大学に法学部も設置されていなかった[4]。また、上記1(4)のとおり、戦争を通じた混乱等により、安定的な司法制度・インフラを整える十分な余裕もなかった。しかしその後、ドイモイ政策の採択を受け、法治主義の本格的導入へと舵を切ったベトナムでは、2000年代に、日本等による支援を通じた法学教育や法曹養成制度の整備が進んだ。2009年には、ベトナム弁護士連合会（Vietnam Bar Federation）が設立されている。

2018年7月現在、ベトナムの弁護士数は、約1万3,000人程度である[5]。この弁護士数で国民の総人口（2017年時点で9,370万人）を除した数（弁護士1人あたりの国民数）は、約7,200人となる。この数値は、単純化して言えば「国民7,200人に対する司法サービスを、1人の弁護士が提供していること」を意味し、アメリカ（同約260人）やフランス（同約1,000人）等の欧米諸国のみな

---

[3] なお、裁判官・検察官については、弁護士とは別個のプロセスを通じて任用されることになる。これは、日本のような統一修習制度（司法試験の合格者が、共通のカリキュラムによる司法研修を受けたうえで、裁判官・検察官・弁護士を選択する制度）とは異なるシステムである。

[4] その背景には、社会主義体制の下で、法律や権利概念を「ブルジョア支配のための手段」として敵視する見方があったためと言われている。

らず、日本（約3,300人）の数値と比べても高い[6]。ベトナムにおいて、弁護士という職業は、相対的にみて、いまだ希少な存在と言うことができる。

次に、弁護士業における外資規制について、若干言及する。2006年弁護士法上、外国で適法に設立され法律業務を行っている外国法律事務所は、ベトナムに拠点を設立することができる。しかし、大要、以下のような規制に服することになる。

① 設立できる拠点の形態が、「支店」（branch of foreign law-practicing organization）または「外資法律事務所」（foreign law firm）に限定されている[7]。
② 支店や外資法律事務所は、外国弁護士2名以上を確保しなければならない[8]。
③ 設立のための手続として、活動登録が必要である。
④ 設立後の活動内容への制限として、支店および外資法律事務所が提供することのできるサービス内容が限定されている。具体的には、訴訟手続への参加や、公証業務等を行うことは、認められていない。

また、個人のレベルでは、支店や外資法律事務所に所属する外国弁護士は、外国法・国際法に関するアドバイスのみを提供することができ、ベトナム法の解釈適用を行うことは許されない。他方、支店や外資法律事務所に所属するベトナム人弁護士は、ベトナム法に関するアドバイスを提供できるが、訴訟手続に参加することは禁止されている。

以上のとおり、ベトナムの外資規制は、それほど厳格なものではない。現に、

---

5) ベトナムにおける弁護士の人数については、最新の統計がタイムリーに公表されていない（VBFのウェブサイトに掲載された直近の人数は、2015年3月時点の「9,436人」という数字である）。そのため、ここには、VBFの担当者から口頭で説明された人数を記載している。
6) 日本を含む他国の数値については、日弁連のウェブサイト参照（https://www.nichibenren.or.jp/library/ja/jfba_info/statistics/data/white_paper/2017/1-3-5_tokei_2017.pdf）。
7) ここでいう「支店」とは、外国弁護士営業組織（外国で設立され、適法に法律業務を行っている弁護士組織）の支店である。他方、「外資法律事務所」とは、(a)100％外国資本の有限責任弁護士組合、(b)合弁形態の有限責任弁護士組合、(c)外国弁護士営業組織とベトナムの弁護士組合との間の組合、のいずれかである（端的に言えば、外国法律事務所が構成員となっている、ベトナムの法律事務所である）。
8) 具体的には、①少なくとも2名の外国弁護士が、連続する12ヵ月間のうち183日以上ベトナムに滞在して業務を行うことを誓約し、かつ、②ベトナムにおける外国法律事務所の支店長・所長は、2年間以上連続で法律業務を行っている者でなければならない。

増加の一途をたどる外資企業のベトナム進出とも軌を一にして、日系を含む外資系の法律事務所も、数多くベトナムに参入している。ただし、上記④のような活動範囲の制限、また外資系であるという点に起因するマンパワーの制約等もあって、（特に大規模なM&A案件や訴訟案件の場合）現地のローカル法律事務所と協働する形で案件を進めることも多い。

なお、ベトナムのローカル法律事務所については、日本企業から見た場合、規模や質の点で大きな差がある。具体的には、国際業務の経験が豊富な弁護士を擁し、タイムリーかつ充実したリーガルサービスを提供する事務所がある一方、人的体制や最新の法知識等の面で、必ずしも十分ではない事務所も散見される。一般的には、大規模法律事務所のほうが、サービスの質が高い傾向にある。

弁護士費用（報酬）の算出方法については、2006年弁護士法上、以下のような類型が定められている。

(a) 稼働時間に応じた報酬（時間あたりの単価に稼働時間を乗じて計算する、いわゆるタイムチャージ制）
(b) 事件・業務単位でのパッケージ型報酬
(c) 事件・契約・プロジェクトの価額の一定割合の金額の報酬（いわゆる成功報酬）
(d) 長期契約における固定額の報酬（毎月一定額を支払う等の、いわゆる顧問契約）

実務的には、上記(a)のタイムチャージ制によって計算されるケースが通常である。アワリーレートは、大規模法律事務所の場合、パートナーでおよそ1時間あたり300〜500米ドル程度、アソシエイトでおよそ1時間あたり100〜300米ドル程度となることが多い。

5　小括

ベトナムは、①地理的優位性（東南アジアの中心に位置し、タイや中国とも陸路で結ばれている）、②豊富かつ比較的低コストな労働力、③政治的安定性および治安の良さ、④1億人近くの人口（平均年齢約30歳）を擁する国内市場、⑤親日的な国民性および政府機関による日系企業への協力的な姿勢、等の強みを有する、魅力的な投資先だと評価されている。

こうした事情を背景に、日本企業によるベトナムへの進出は、近時増加の一

途をたどっている。かかる進出の際、または進出後の業務において、英文契約の作成・審査が必要になった場合には、上記の点を踏まえ、（ローカル事務所であれ外資系事務所であれ）自社のニーズに即した適切なサポートを提供してくれる法律事務所に依頼することが肝要と言える。

(山口大介、三木康史、八巻　優)

Column
ベトナムにおける裁判（民事訴訟）制度

　ベトナムにおける契約上の紛争解決手段のうち、「ベトナム国内での裁判（民事訴訟）」は、日本企業の立場から見て、総じて好ましいものとは言い難い。

　しかし、実際の契約交渉においては、相手側当事者（ベトナム企業等）が、「紛争解決手段として『ベトナムでの裁判』を選択すべき」と主張してくるような事態も考えられる。こうした場合に備える観点から、以下では、ベトナムでの民事訴訟（その問題点や近時の動向等）について、検討してみたい。

　ベトナムの民事訴訟の主な特徴を一部挙げると、以下のとおりである（以下、法令に関する記述は、特に断らない限り、「2015年民事訴訟法」に基づく）。

① 第一審では、原則として、「人民参審員」（民間人の中から選任された者）が、職業裁判官と共に審理を行う。人民参審員は、合議体の多数派を形成し（基本的に3人中2人、特別な場合は5人中3人）、判決は合議体の単純多数決により決定する。

② 先例拘束性を有するものとしての「判例」制度が、これまで存在しなかった。すなわち、「裁判官が事案の解決にあたって過去の裁判例を参照し、一定の場合にはこれに拘束される」ということが、制度的に行われてこなかった（また、それに加えて、そもそも、裁判例を整理・公開するための枠組み自体が設けられていなかった）。

③ 審級につき、原則として「第一審＋控訴審」の二審制が採られている。ただし、これとは別に「監督審」という制度が存在し、控訴審の判決であっても、重大な法令違反等が発見された場合には、申立てによって再審査され、破棄される可能性がある（監督審の申立権は、裁判所や検察の長官のみが有し、当事者には与えられていない）。

　かかるベトナムの民事訴訟制度に対しては、従来、以下のような問題点が指摘されてきた。

（i）たとえ争点が少ない事案でも、人民参審員を参加させた審理が必要となるため、手続が長期化しがちであり、それに伴いコスト負担も増大する傾向にある。

（ii）（法律の素人である）人民参審員が合議体の多数派を形成することで、不

合理な判断が下されるおそれがある。
(iii) 裁判官についても、判断内容の中立性・公平性に疑義がある。また、たとえ中立・公平であっても、必要な専門知識等が十分でないケースがあり得る。
(iv) 判例制度や裁判例を公開する仕組みが存在しないため、裁判所の判断の内容や過程がいわばブラックボックス化し、裁判所間での判断の一貫性・統一性も確保されない。
(v) 監督審制度により、たとえ当事者が争う意思を持っていない場合でも、いったん確定した判決が事後的に覆されるおそれがある。

しかし、（上記のような問題点を意識してか）近時、次のような制度整備も行われている。

第1に、合議体の構成を簡略化した手続が導入された。

具体的には、2015年民事訴訟法において、「簡易手続」（Simplified Procedures）が新たに設けられた。この手続は、以下3つの要件を満たした場合に、裁判官単独での審理（すなわち、人民参審員が参加しない）を認めるものである。
① 「単純な事実関係」「明白な法律関係」「当事者による義務の自認」「十分な証拠」等の事情があり、追加の証拠収集が不要であること
② 当事者の住所・所在地が確定していること
③ （原則として）当事者の住所や係争財産の所在地が、ベトナム国内であること

かかる簡易手続を利用した場合、「時間・コストの増大」（上記(i)）や、「人民参審員により不合理な判断が下されるリスク」（上記(ii)）といった問題を、軽減できる可能性がある。

第2に、判例制度が整備された。

まず、2015年民事訴訟法において、事件解決の際、適用可能な法令が存在しない場合に、判断基準の1つとして「判例」に依拠すべきことが明記された。

また、2015年に発布された最高人民裁判所の議決03/2015/NQ-HDTPによって、「判例」制度が具体化された。同議決によれば、裁判所の判決・決定のうち、最高人民裁判所によって選定・公布されたものが「判例」とされ、裁判官は類似の事案でこれを研究・適用すべきものと定められた。2018年7月現在、合計16件の裁判例が、「判例」として選定・公布されている。

さらに、原則としてすべての裁判例をオンラインで公開すべき旨も、2015年民事訴訟法によって定められた。これに基づき、2018年7月現在、最高人民裁判所のウェブサイト上（http://congbobanan.toaan.gov.vn/）で、合計約12.3万件の裁判例が公開されている（ただし、言語はベトナム語のみである）。

こうした裁判例の一般公開や判例制度の活用を通じて、裁判所の判断が法曹実務者や学界に共有され、議論・検証が蓄積・進展することにより、判決の質や予測可能性が向上していくことが見込まれる。
　第3に、監督審制度についても、2015年民事訴訟法で、申立ての要件に「当事者の適法な権利・利益が侵害されたこと」等が追加され、厳格化が図られた。
　これにより、監督審が職権で判決を破棄するケースが減少し、法的安定性に資することが期待される。
　もちろん、上記のような制度の導入や改正を行ったとしても、前述の各問題点が直ちに解決されるわけではないだろう。しかし、こうした取組みを通じて、ベトナムにおける裁判の使い勝手が徐々にでも改善していき、ひいては日本企業にとっての紛争解決手段の選択肢が増えるよう望みたい。

(八巻　優)

Ⅳ　インドネシア

アセアンの大国インドネシアの契約実務

1　法体系

(1)　法源

　インドネシアは人口2億5,000万人を超え、中国、インドおよび米国に次ぐ世界4位の人口を抱える。アセアン域内でも国土面積や人口等において他国を上回る大国である。そのようなインドネシアであるが300年近くオランダの統治下に置かれていた。契約関係に適用されるインドネシア民法もオランダ統治下の1847年に制定されたが、オランダ民法の影響を強く受けており、いわゆる大陸法系に属する。なお、オランダ民法はフランス民法の影響を受けているが、日本の民法もフランス民法の影響を受けているため、インドネシア民法は日本の民法と似ている部分も多い。インドネシア民法は170年以上前に制定された法律であり現代社会に適合していない条文も多い。また、原文はオランダ語であり、それをインドネシア語に訳したものが実務で用いられている。なお、オランダ植民地時代に制定された法律として他にインドネシア商法や民事手続法もいまだ効力を有している。

　また、ビジネスの場面ではあまり問題になることはないが、インドネシアでは通常の制定法に加え、地方の土地関係に適用される慣習法やイスラム教徒の親族関係に適用されるイスラム法も存在する点に留意が必要である。

(2)　法の序列

　インドネシア法の序列は以下のとおりである：①憲法、②国民協議会令、③法律、④政令、⑤大統領令、⑥州条例、⑦その他（省や大臣レベルの規則、他の行政庁の規則等）。

　下位の法令は上位の法令に抵触しないよう制定される（法律の制定に関する法律2011年第12号）。ただ、新興国特有の事情として、制定手続が不安定であることにより、法令間での齟齬や矛盾が生じている例も散見される。

2 契約の有効要件、様式

(1) 契約の有効要件

民法上、契約の有効要件は、①契約当事者が合意していること、②契約当事者が契約締結能力を有していること、③契約の対象が明確であること、および④契約の目的が合法的であることである（インドネシア民法第1320条）。ただし、実務上、これらの要件が問題になることはそれほど多くない。

契約締結が、当事者の強迫、錯誤または詐欺による場合には取り消し得る（インドネシア民法第1449条）。取消しを主張し得る期間は、強迫の場合は原因が止んだ時から、錯誤または詐欺はそれを認識した時から、それぞれ5年間である（同法第1454条）。

(2) 契約の様式

インドネシア民法上、契約成立の要件として書面性は要求されておらず、口頭での契約も有効と考えられる。権利義務関係の明確化の観点からは書面で契約書を作成することが好ましいが、実務上契約書が存在しない取引も存在する。なお、期間に定めのある契約等、個別の法令で書面性が要求されている場合もあるので留意が必要となる。

契約書を作成する場合、印紙を貼付する必要がある。この点、インドネシアの印紙は原則として一律6,000ルピア（現在のレートで約50円程度）と安価なため、費用負担をあまり気にせず印紙を貼付できる。印紙が貼付されていない契約書は裁判で証拠として提出できない可能性があるため留意が必要である。また、インドネシアでは押印の制度はなく、会社関連の書類も基本的にサインのみで対応可能である。

なお、私人間の契約とは別の書類として、証書という概念がある。これは、公証人の面前で、当事者がインドネシア語の公正証書に署名する方式であり、高い様式性が求められる。実務上、株式譲渡の際の株式譲渡証書や土地に関する権利の移転の際の権利移転証書が馴染みがある。これらは法令上作成が義務付けられており、証書の作成が権利移転の効力発生要件となっている。もっとも、契約というより権利移転の証拠という性質に近いため、証書とは別に通常の契約書（株式譲渡契約書等）も作成され、当該契約書の中で詳細な取引条件

を定めていくことになる。

(3) 署名権者

インドネシア法に準拠して設立された会社の署名権者は、定款で制限されていない限り各取締役である（インドネシア会社法第98条）。したがって、会社法のデフォルト・ルールに従えば、各取締役が単独で契約書の署名者となることができる。もっとも、代表取締役のみに署名権限を付与したり、複数の取締役が共同で署名することにより初めて会社を代表できると定めている会社も多いため、契約締結の際には相手方の定款を確認することが推奨される。

3 準拠法

外国企業がインドネシア人または現地企業と契約する際、インドネシア法を準拠法としなければならないという規制はない。実務上、日系企業とインドネシア企業の契約では、中立国であるシンガポール法等を準拠法とするケースも一般的である。他方、現地の合弁会社の株主間契約書等、現地の会社運営や取引と密接に関連する契約はインドネシア法を準拠法とする例も少なくない。日系企業にとってインドネシア法は馴染みが薄く漠然とした不安感を持つ会社もあるが、筆者の経験上、契約条件が明確に記載されていさえすれば、インドネシア法を準拠法としていることのみにより直ちに日系企業に不利になるような事情はあまりないように思われる。

なお、インドネシア法準拠とする場合、注意しなければならない条項の1つにインドネシア民法第1266条の適用排除が挙げられる。この民法第1266条は、契約不履行の場合に契約が自動的に解除されるのではなく、当事者が裁判所に対して解除の申立てを行わなければならないと定めているところ、手続の煩雑さを避けるという観点から民法第1266条の適用を排除すべく、以下のような文言を契約書に挿入することが一般的である。

> With respect to the termination of this Agreement, the Parties waive and declare not applicable Article 1266 of the Civil Code of the Republic of Indonesia to the extent that such Article requires the pronouncement of a court judgment for the termination of agreements.

> （和訳）
> 本契約の解約に関して、当事者は、インドネシア共和国民法第1266条の適用を、当該条文が契約の終了について裁判所の判決を要請する限度において、放棄し不適用を宣言する。

4　言語

　インドネシアには国旗等に関する法律2009年第24号（いわゆる言語法）という法律がある。言語法上、契約当事者にインドネシア人または法人が含まれる契約はインドネシア語で作成されなければならないと定められている（言語法第31条第1項）。ただし、外国の当事者が含まれる契約は外国語および／または英語で記載することもできるとされている（言語法第31条第2項）。実務上、日系企業が当事者に含まれる契約書はインドネシア語と英語（または日本語）の両言語で作成されることが多い。この点、インドネシア語と他の言語の内容に齟齬が生じた場合にどちらの言語が優先するかという論点がある。法令、判例および当局の解釈いずれにおいても必ずしも明確ではないが、実務上は外国語がインドネシア語に優先すると定めることも有効であると解す法律事務所が多いと思われる。

　外国語（英語）とインドネシア語の優劣を含む一般的な条項例として以下が挙げられる。

> This Agreement has been prepared and negotiated in English, which shall be the governing language. In order to comply with Indonesia's Law No. 24 of 2009 on the National Flag, Language, Emblem and Anthem (*Bendera, Bahasa, dan Lambang Negara, serta Lagu Kebangsaan*) ("Law No. 24"), a Bahasa Indonesia version of this Agreement shall be prepared and executed by the Parties as soon as practicable after the execution of this Agreement. The Bahasa Indonesia version of this Agreement, when executed will be deemed to be effective from the date the English version of this Agreement was executed. In the event of any inconsistency between the Bahasa Indonesia and English language versions, the English language version shall prevail to the extent of such inconsistency and the Bahasa Indonesia version shall be amended accordingly,

> without any act or approval by any Party, to reflect the meaning of the English version. The existence of multiple versions of this Agreement shall not be construed to create multiple obligations on the Parties. Without limiting the obligations of the Parties with respect to the foregoing, the Parties hereby irrevocably and unconditionally waive any claim, defense, objection or other right arising under or related to Law No. 24.
>
> (和訳)
> 本契約は英語を適用言語として用意され交渉されてきた。インドネシアの旗、国語、国の紋章および国歌に関する法律2009年第24号（*Bendera, Bahasa, dan Lambang Negara, serta Lagu Kebangsaan*）（「法律24号」）を遵守するため、本契約のインドネシア語版が本契約の締結後可能な限りすみやかに用意され締結されるものとする。本契約のインドネシア語版が締結された場合、本契約の英語版が締結された日から有効であるとみなされる。インドネシア語版と英語版の間に齟齬が生じた場合には、当該齟齬の範囲で英語版が優先し、インドネシア語版は当事者の何らの行為や承諾なく当該英語版の意味を反映するために修正される。本契約に複数のバージョンが存在していることは当事者の義務が複数創設されているとは解されない。上記に関する当事者の義務を制限することなく、当事者は法律24号の、またはそれに関連するクレーム、防御、異議または他の権利を撤回不能および無条件に放棄する。

なお、契約書の他の条項とのバランス上、以下のようなより簡易な条項を挿入する例もある。

> This Agreement is made in English and Bahasa Indonesia. In the event that there arise any doubts or controversies between English and Bahasa Indonesia, the English text shall prevail.
>
> (和訳)
> 本契約は英語およびインドネシア語で作成される。英語とインドネシア語の間に疑義や論争が生じる場合には、英語の文章が優先するものとする。

実務上、この言語法の規定がどの程度遵守されているかと質問を受けることも多い。この点、2013年6月に西ジャカルタ地裁判決で、米国法人とインドネシア法人との間のローン契約でインドネシア語版が作成されていなかったことを理由に契約書が無効と判断された。同判決は2014年5月に高裁で、2015

年8月に最高裁で、それぞれ支持され確定した。インドネシア法上、最高裁判決であっても先例拘束性は認められないが、事実上最高裁の判断は大きな影響力を有する。したがって、これまで以上に言語法違反のリスクに留意する必要があると思われる。

なお、契約書ではないが、インドネシア語の使用が強制される書類もある。たとえば、会社の定款、会社の就業規則、当局への申請書類、裁判所に提出する書類等はインドネシア語での作成が求められる。インドネシアには宣誓翻訳（sworn translation）という制度があるが、これは政府に認定された翻訳資格を持つ者により翻訳された翻訳書類を指す。裁判所に提出する翻訳書類等は宣誓翻訳が求められる。

余談となるが、インドネシア語が英語と同じアルファベットを使用する点、文章構造が英語と似ている点もあり、インドネシア人にとって英語は決してハードルが高い言語ではないようである。インドネシアのビジネスパーソンは日本人以上に英語を使いこなしているかもしれない。

5 紛争解決条項

契約書に規定する紛争解決条項としては、大きく(i)外国裁判、(ii)国内裁判、(iii)外国仲裁または(iv)国内仲裁が考えられる。

このうち、(i)外国裁判はインドネシア国内で執行ができないため、たとえ外国の裁判所から勝訴判決を取得しても効果が乏しい。

次に、(ii)国内裁判は、インドネシアではいまだ裁判所の審理の質が日本等の先進国に比較すると低いと言われており、また審理の透明性にも疑問があることから、特に外国企業には推奨されない。したがって、消去法的に（外国か国内の）仲裁ということになる。

(iii)外国仲裁については、インドネシアは外国仲裁判断の承認及び執行に関するニューヨーク条約の加盟国であるため、外国の仲裁で得た判断をインドネシア国内で執行することができる（インドネシア仲裁法1999年第30号）。実務上、手続の信頼性と地理的な近さを理由として、第三国としてシンガポール国際仲裁センター（SIAC）が選択されることが多い。ただし、外国仲裁をインドネシア国内で執行するためには、当該仲裁判断をジャカルタ中央地裁に登録しなければならないところ、その過程で相手方から異議が申し立てられ、結局執行までにさらに時間がかかることもあると言われている。

最後に、(iv)国内仲裁として、インドネシア仲裁機構（*Badan Arbitrase Nasional Indonesia*（「BANI」））がある。しかし、2016年にBANIが分裂し、従来のBANI内部に新しいBANIが設立され、法的正統性やBANIの商号の使用権を巡り新旧の対立が生じ、これらに関して複数の裁判も係属しているとのことである。これから作成する契約での仲裁条項で、どのようにBANIを特定すべきか議論があるが、現状では組織として不安定な面も否定できないことから、重要な契約や金銭的インパクトが大きい契約等は外国仲裁を選択することが安全であると思われる。

6　インドネシア企業との交渉

　インドネシア企業が相手の場合、日系企業同士の交渉との違いとして、交渉の会議が時間どおりに始まらない、直前に会議がキャンセルされる等という点がある。これはジャカルタ市内は渋滞が激しく、公共交通機関も発達していないことから時間が読めないことが原因にあるとも言われる。日系企業は社内承認を得た契約締結までのスケジュールが決まっていることが多いが、上記のような相手方のリスケはスケジュールに大きな影響を及ぼし得る。したがって、予めスケジュールの策定の際にバッファーを持たせることが必要となる。また、インドネシア人（企業）の特徴として、相手が会議で一度合意した内容を覆すということがある。最初の会議では合意してくれた条件だったのに、持ち帰って書面に落として送付したところ拒まれたということがしばしば起こる。最終的に契約書にサインをもらうまでは油断できない。対策としては会議の場で何度も確認しておいたり、毎回の会議後に議事録を作成して互いの合意事項を書面に残しておくことが行われる。

　また、相手が政府機関や国営企業との交渉については、さらに留意すべき点がある。まず、概して面談の約束を取るまでに労力を要する。政府機関や国営企業は圧倒的に立場が強いため、日系企業が面会を申し込むだけでも一苦労する。次に、組織が巨大であるため、部署が多岐にわたり、意思決定者が誰なのかが外から見えにくいという点が挙げられる。したがって、誰が（またはどの部署が）当該契約を締結する権限を有しているかを確認することが重要で、さもなければ無駄な交渉に終わってしまうこともある。

7　ウィーン条約（国際物品売買）の不適用

　ウィーン条約（United Nations Convention on Contracts for the International Sale of Goods）とは、物品の国際的な売買に関する基本的な条件を定める条約である。日本等80ヵ国以上の国が締結国であるが、インドネシアは、ウィーン条約の締約国ではないため、インドネシア企業との物品の売買契約ではウィーン条約の適用は考慮する必要はない。

8　インドネシアの弁護士業界および法律事務所について

　インドネシアの法曹養成システムについては、日本のような法曹三者の統一的な訓練制度は存在しない。弁護士になるためには、まず4年制大学の法学部を卒業し[1]、トレイニー・アソシエイト等の肩書きで法律事務所での勤務を開始する。25歳になると統一弁護士会（PERADI）の主催する司法試験を受験する資格が与えられ、司法試験に合格すれば、法律事務所での2年以上の研修の後に弁護士としての宣誓・任命手続を行うことができる。インドネシアでの司法試験は主に訴訟手続法の知識を問うものであり、実体法の深い知識が網羅的に問われる日本の司法試験とは異なり、受験者の事前準備の程度は総じて低いように思われる。このようにインドネシアの司法試験が主に法廷に立つ資格を付与するものであるため、訴訟以外の法律業務を提供する弁護士らにとっては必ずしも重要視されていないようにも思える（実際に弁護士登録前に活躍している企業法務弁護士は何人もいる）。

　インドネシア特に首都ジャカルタには、日系企業等外国企業に対して英語でアドバイスを提供するいわゆる渉外法律事務所が数多く存在する。統一弁護士会に登録されている弁護士数は約30,000人程度と言われており、日本[2]と大きく変わらないように見えるが、事務所の規模（所属弁護士人数）でみると、日本ほどは大型化しておらず、2018年現在、100人前後の法律事務所が3つ程度存在し、その下に4、50人程度の中規模事務所が存在する。インドネシアの

1）　いわゆる日本の法科大学院やアメリカのロースクールに相当する教育機関は存在しない。法学の修士課程や博士課程は存在する。
2）　日本の登録弁護士数は2017年時点で約38,000人である。

弁護士の大半は訴訟業務を中心に活動する個人弁護士であり、その点では日本と類似していると言える[3]。また、小中規模の事務所の中には特定の分野（競争法関連、知財関連、通商関連等）に専門特化したいわゆるブティックファームも存在する。

弁護士費用の請求方法は、いわゆる渉外系法律事務所であれば、日本と同様タイムチャージでの請求が一般的である。大手渉外系事務所の弁護士のアワリーレートは事務所によるが、日本の渉外事務所と同程度かそれよりも高いという印象を受ける。

インドネシアの弁護士業は外資に閉鎖的で、外国の事務所が単独でオフィスを設けることができない[4]。また、弁護士資格には国籍要件および居住要件があるため、外国人はたとえインドネシアの大学で法学部を卒業しても司法試験受験資格を得られず、インドネシアで弁護士になることができない。

9 まとめ

以上、インドネシアでの契約に関する留意点を主に実務上の観点から述べてきた。ただ、インドネシアでも外国企業がかかわるビジネスの世界では英文契約自体は一般的であり、日本と同等程度には受け入れられているような印象がある。言語の点や紛争解決条項等いくつかの留意すべき点に意識しつつ、紛争の予防につながる契約書の作成や締結の一助になれば幸いである。

（池田孝宏）

Column
日本人弁護士のインドネシア駐在
～世界最多のイスラム教徒を抱える国～

筆者は2012年からインドネシアのジャカルタの現地法律事務所に駐在している。インドネシアは人口約2億6千万人で世界4位を誇る。そのうち、8割以上がイスラム教徒と言われており、世界最多のイスラム教徒を抱える国で

---

[3] 日本では全体の約8割の法律事務所が所属弁護士1乃至2名の小規模事務所である（2017年3月31日時点）。
[4] 弁護士に関する法律2003年第18号第23条。

ある。このため、イスラム教の影響は日常生活等さまざまなところに現れている。

　まず、インドネシアのカレンダーではイスラム教の休日が多い。インドネシアではイスラム教は国教ではないため、他の宗教（キリスト教、仏教、ヒンドゥー教）の祝日も設けられているものの、圧倒的に日数が多いのはイスラム教関連の祝日（ムハマッド昇天祭、イドゥル・フィトリ、イドゥル・アドハ、イスラム暦新年、ムハマッド降誕祭）である。このうち、一番のハイライトは、毎年一度訪れる1ヵ月間の断食月が明けた後に訪れるイドゥル・フィトリ（断食明け大祭）である。断食月はイスラム暦（太陰暦）に基づいて決まるため、毎年11日程度早まる。イドゥル・フィトリの期間は、有給取得奨励日も合わせて最低1週間程度は官公庁も含め休みとなるため、インドネシア案件（特にトランザクションもの）を進めるうえでイドゥル・フィトリの時期は考慮する必要がある。また、断食月の間も、イスラム教徒のインドネシア人弁護士は、みんな日が昇る前に起きて、日が暮れるまでの分をまとめて食べる必要があるため、睡眠不足になる傾向がある。断食月の間は、朝から喉が渇ききっているインドネシア人弁護士や相手方への配慮から夕方の会議は入れにくいうえ、寝不足のため業務の生産性が落ちるものもいるため苦労することもある。

　次に、日常生活におけるイスラム教の影響だが、豚肉やアルコールは不浄とされ、口に入れることや手で触れることも禁止されている。したがって、一般のスーパーには豚肉やアルコール飲料は置いていないし、アルコール飲料を提供しないレストランも珍しくない。首都ジャカルタを離れ地方都市に行くと街中でアルコールがまったく手に入らない場合もある。豚肉については、日本から現地に進出してきた博多ラーメンのチェーン店でも豚骨ラーメンの代わりに鶏ガラスープのラーメンを提供している店舗もある。日系企業が現地で食品を製造したり輸入したりする場合でも、イスラム教の教義に則った食品であることについて専門機関からハラル認証を受けることも行われる。ハラル認証を受けることは法律上の義務ではないがイスラム教徒の消費者に安心して購入してもらうために多くの食品にハラル認証マークが表示されている。法律事務所の行事として年に数回食事会が開かれるが、基本的にノン・アルコールであるし、豚肉を提供するレストランは会場に選定されない。

　さらに、イスラム教徒の日常生活に欠かせないのが1日5回行う祈りである。特に早朝の祈りは重要で、毎朝4時台に近くの礼拝堂（モスク）から礼拝の呼掛け（アザーン）が大音量で流れてくる。モスクは一定間隔ごとに町中に設置されており、どこにいてもアザーンが聞こえる。また、職場、空港およびモール等には礼拝用の部屋（ムソラ）が設置されている。最近は成田空港にもムソラが設置されている。敬虔なイスラム教徒は、業務時間中もお祈りをする。イスラム教徒の弁護士と執務室を共有していた時に、礼拝の時刻になったら彼はおもむろに床に敷物を敷き、ドアを閉めメッカの方角に向かってお祈りをして

いた。事務所旅行でジャカルタから離れたビーチリゾートに行った際も、イスラム教徒の弁護士やスタッフは決まった時間に集まって真っ青な海の方を向いてお祈りをしていた。また、毎週金曜日は男性のイスラム教徒は集団礼拝を行うため、就業規則でどこのオフィスや工場でも昼休みが長く設定されている。

　家族法についてもイスラム教の特色がある。たとえば、イスラム教の婚姻の場合、婚姻を解消する方法として、夫はイスラム教に従った手続（タラーク）により、一方的に離婚することが可能である。また、イスラム教における結婚とは互いの権利と義務を規定する契約関係であり、夫は他の配偶者の同意があれば4人まで妻を娶ることが許されている（ただし、インドネシアでは一夫多妻のケースを見ることはあまり多くない）。なお、日本と同様、インドネシアでも企業法務を提供している法律事務所では家族法のアドバイスを提供しているところは多くなく、家族法を専門としている外部の弁護士に依頼する必要がある。

　以上、インドネシア駐在におけるイスラム教とのかかわり等を述べてきたが、現地の文化や人々を理解しながら、より実務に則した法的アドバイスを提供できるよう今後も励んでいきたい。

（池田孝宏）

V　韓国

日本法を起源とする隣国の契約法

🌐 1　現代韓国法の起源

(1)　大韓帝国と日韓併合

　19世紀末期から、韓国においても日本と同様に、西欧の列強の外圧に対応するため、1894年の甲午改革以降、伝統的な「韓国法」を改め、民事法を含む近代的な「韓国法」の制定を指向する動きがあった。この時期に民法や刑法等をはじめ、膨大な数の法律が制定されたが、その多くは、先駆けて近代的な法の整備に取り組んでいた日本の法令をモデルとしていたようである。

　その後、韓国の日本への併合を契機として、朝鮮総督府によって漸進的に日本法が韓国に移植されることとなった。たとえば、民事法の領域では、1912年3月18日に「朝鮮民事令」が制定されたが、同令第1条は、「民事ニ関スル事項ハ本令其ノ他ノ法令ニ特別ノ規定アル場合ヲ除クノ外左ノ法律ニ依ル」とし、「左ノ法律」として、日本の民法や商法が掲げられていた。

(2)　戦後の展開

　戦後、朝鮮半島は南北に分断されることとなったが、現在の韓国の領域は米国の占領下に入り、特に公法系の領域で、英米法の影響を受けることになった。他方、民事法の分野に関しては、「朝鮮民事令」を介して韓国でも効力が認められていた民法等の法令は、戦後もそのまま効力を有するものとされ、大韓民国樹立後も新憲法に反しない限り、それらの法令が従前どおり効力を有するものとされた。その後、法典編纂委員会により戦前の法令をベースとして民法案が作成され、これが1960年1月1日に施行されて以降、現在（2019年初）に至るまで30回の改正を重ねながらもそのベースが維持されている。

　後に述べるとおり、現在の韓国民法と日本民法は、多くの部分で共通の内容を含んでいるが、上記のような韓国民法の制定経緯に鑑みると、ある意味では当然の結果であると言える。

2　韓国法の法体系

(1)　法源

　韓国法は、上記のとおり公法系の分野において英米法の影響を受けているが、基本的には成文法を中心とする大陸法（civil law）系の法体系である。最高法規である憲法のもとに、条約、法律、大統領令、国務総理令（日本の内閣府令に相当）、部令（日本の省令に相当）等が主な成文法規である。判例は、実質的な規範的拘束力を有しているが、英米法のような厳格な判例法としての拘束力はなく、この点は日本と同様である。

　法律は、日本と同様、立法府である国会によって審議・議決され制定されるが、大統領が拒否権（再議要求権、憲法第53条第2項）を有しており、この点は米国に類似している。なお、大統領に国会解散権はない。国会は、一院制であり、大統領が拒否権（再議要求権）を行使した場合には、国会で再度審議され、3分の2以上の賛成がない限り廃案となる（憲法第53条第4項）。

(2)　司法制度

　韓国の憲法および法院組織法上、裁判所（韓国では「法院」という）は、最上級の裁判所である大法院（最高裁判所に相当）、高等法院、地方法院、特許法院、家庭法院および行政法院の5つの下級法院によって組織されている。また、日本とは異なり、法令の違憲審査をするための憲法裁判所が1987年の第9次憲法改正により新設されている。

　韓国の裁判所の審級は、原則として三審制である。民事事件および刑事事件においては、合議部管轄事件については、①地方法院または家庭法院の合議部、②高等法院、③大法院の三審制が、単独判事事件管轄事件については、①地方法院または家庭法院の単独判事、②地方法院または家庭法院の合議控訴部、③（高等法院を経ずに）大法院の三審制が、それぞれ採用されている。また、特許・実用新案・意匠・商標等に係る審判手続で特許審判院が下した審決に対する取消請求訴訟においては、①特許法院、②大法院の二審制が採用されている。

　韓国の憲法は裁判の公開主義を原則としており、国家の安全保障または安寧秩序を妨害または善良な風俗を害する恐れがあるときに法院の決定で審理が非公開になることがあるほかは、審理および判決が公開されなければならない

(憲法第109条)。この点も、日本と類似している。

なお、憲法裁判所は、抽象的違憲審査制を採用するものではなく、具体的規範統制を採用しているため、日本の付随的違憲審査制に類似するが、違憲判決により、法律が廃止されたのと同様の効力が生じる点が異なっている(憲法裁判所法第47条第2項)。

3 韓国法を準拠法とする契約締結にあたって一般的に注意すべき事項

(1) 韓国契約法

韓国民法は、上記の制定経緯から、日本民法ときわめて類似した構成となっている。すなわち、パンデクテン方式を採用し、総則編・物権編・債権編・親族編・相続編の5つで構成されている。各編の規定内容も、親族編・相続編を除いては、きわめて類似したものとなっている。たとえば、債権編について見ると、総則・契約・事務管理・不当利得・不法行為の5章で構成され、日本民法債権編の構成と一致しており、各条文の規定内容も、大部分で日本民法と共通する。もっとも、債権編の規定内容において、日本民法との相違点として、韓国法を準拠法として英文契約を締結する際に注意を要するものがあるので、これらの点を中心に以下紹介する。

ア 債権総則

債権総則のうち、注目すべき規定は、第1に、履行補助者の故意・過失に関する「債務者の法定代理人が債務者のために履行しまたは債務者が他人を使用して履行する場合には、法定代理人または被用者の故意または過失は、債務者の故意または過失とみなす」という規定(民法第391条)である。この規定は履行補助者の過失に関する日本の判例・学説よりも債務者に不利に働く場合があるが、任意規定であるため、韓国法を準拠法とする場合には履行補助者に過失がある場合の責任について、契約中に明文の規定を置くことが望ましい。

第2に、履行遅滞に関して、「債務者は、自己に過失がない場合にもその履行遅滞中に生じた損害を賠償しなければならない。ただし、債務者が履行期に履行しても損害を免れることができない場合は、この限りでない」との規定(民法第392条)が存在する。履行遅滞に基づく損害賠償請求について、原則無過失責任としている点で、日本の通説とは異なっている。この規定も任意規定

であるため、韓国法を準拠法とする場合には、履行遅滞に基づく損害賠償請求における債務者の過失の要否について、契約中に明文の規定を置くことが望ましい。

　第3に、韓国民法の契約総則には、日本と同様に受領遅滞（「債権者遅滞」）の規定が置かれているが、日本とは異なり、その効果が明文化されている。すなわち、「債権者遅滞中は、債務者は故意または重大な過失がない限り、不履行によるすべての責任を負わない」（民法第401条）、「債権者遅滞中は、利息付債権であっても、債務者は利息を支払う義務を負わない」（民法第402条）、「債権者遅滞により、その目的物の保管または弁済の費用が増加したときは、その増加額は債権者の負担とする」（民法第403条）との規定が置かれている。

　したがって、韓国法を準拠法とする場合に、受領遅滞に関する定めを置かなければ、これらの規定が適用されることになる。

　イ　契約総則

　契約総則中の重要な相違点としては、危険負担の規定が挙げられる。すなわち、「双務契約の当事者の一方の債務が当事者双方の責めに帰することができない事由によって履行することができなくなったときは、債務者は、相手方の履行を請求することができない」とのみ規定し（民法第537条）、危険負担における債務者主義を徹底している。日本民法が、条文上債権者主義と債務者主義を書き分けているのとは対照的である。

　もっとも、物品売買等の取引契約については、インコタームズ（Incoterms）に依拠する場合も多いであろうから、危険負担について注意すべきなのは、韓国法を準拠法とし、インコタームズ（Incoterms）に依拠しない場合に限定される。

　その他、契約総則には、①契約締結上の過失についての明文規定の存在（民法第535条）、②解除と「解止」（継続的契約において、将来に向かって契約を解消すること）との区別（民法第543条、第550条）という興味深い相違点があるものの、韓国法を準拠法とする英文契約の締結上、大きな問題となることはないであろう。

　ウ　契約各論（売買）

　売買に関しては、瑕疵担保責任において、日本民法第570条と同内容の規定（民法第580条）に続けて、「①売買の目的物を種類により指定した場合でも、

その後特定された目的物に瑕疵があるときは前条の規定を準用する。②前項の場合、買主は、契約の解除または損害賠償請求をせず、瑕疵のない物を請求することができる」（民法第581条）との規定があり、種類物売買でも売主は瑕疵担保責任を負うことが明文化されている。

もっとも、英文契約においては、製品が契約に規定される仕様を満たさない場合の規定が置かれるであろうし、日本においても解釈によって同様の帰結が導かれていることから、準拠法が韓国法である場合に限って特別に注意しなければならないというわけではないだろう。

エ　債権編以外

債権編以外では、総則中の時効制度に注意すべきである。すなわち、日本とは異なり、①時効の援用は不要で、かつ、②時効期間の経過により債権等は絶対的に消滅する。契約の締結段階において注意すべき事項ではないが、準拠法を韓国法とする契約に基づく債権を管理するうえでは注意が必要である。

(2)　合理的意思解釈および誠実協議条項（"in good faith"）

韓国民法学は、ドイツ民法学や日本民法学の影響を非常に強く受けている。特に、韓国民法の制定経緯から、日本民法学はたびたび参照されている。それゆえ、日本と同様に、契約書に書かれていない事項があった場合や、事実と齟齬する文言があった場合には、裁判所は、契約締結時の契約当事者の意思を合理的に解釈し、契約書の内容を補充・確定する態度をとっている。したがって、韓国法を準拠法として英文契約を締結する場合、定義や契約条件をなるべく詳細かつ幅広く規定することはきわめて重要である一方、仮に規定外の事態が生じた場合には、解釈によって内容が補充されることになる。

また、日本の契約でも見られる誠実協議条項は、韓国でも一般的な契約条項であることから、日本企業と韓国企業との間の英文契約においても規定されることが少なくないと思われる。

以上のとおりであるから、英文契約を締結するにあたっては、契約条件を詳細かつなるべく網羅的に記載することが望ましいものの、韓国では、ビジネスにおいてスピード感がきわめて重要な価値の1つとなっているため、契約書の交渉・検討が十分に当事者間相互でなされないこともままあり、そのような場合には、本項で述べた合理的意思解釈による契約内容の補充や誠実協議条項は、重要な役割を担うことになる。

4　韓国法を準拠法とする場合に注意すべき法令

(1)　近年の動向

　韓国において、民法が日本民法と類似していることは上記のとおりである。また、その他の法分野においても、先に日本が法改正をし、その後、日本での法改正後の動向を参考にしつつ、同様の改正を韓国でも行うことがかつては多かった。

　しかしながら、近年の韓国では、日本ではいまだ検討段階の制度を導入する改正を行ったり、日本では制定されていない特別法を制定したりと、独自の動きを見せるようになってきている。前者の例としては、2011年の商法改正で、ベンチャー企業等の一定の会社を除き、上場会社は、取締役の総数の4分の1以上を社外取締役にしなければならず、さらに、最近事業年度末における資産総額が2兆ウォン以上の上場会社については、社外取締役を3人以上選任し、かつ取締役の過半数を社外取締役にしなければならない（商法第542条の8）とされた。また、後者の例としては、「加盟事業取引の公正化に関する法律」、「代理店取引の公正化に関する法律」等が制定され、フランチャイズ契約や代理店取引を規律する包括的な規制法が制定された。特に後者の例には、規制に反する契約規定を無効としたり、契約書における絶対的記載事項を定めたりしているものがあり、韓国法を準拠法として契約を締結する場合には注意が必要である。

(2)　具体例

ア　加盟事業取引の公正化に関する法律

　同法は、加盟店契約（フランチャイズ契約）を規制する法律であるが、加盟店契約に関して、以下のような規制を置いている。

　第1に、契約の更新について、加盟事業者（フランチャイジー）が加盟本部（フランチャイザー）に対して契約期間満了180日前から90日前までに、加盟契約の更新を要求する場合、加盟本部は、正当な事由なくこれを拒絶することができないとされている（第13条第1項本文）。これは強行法規であり、これに反する条項を契約書に規定したとしても、同条項は効力を有しない。

　第2に、契約の解除についても、加盟本部は、加盟店契約を将来に向かって

解除(「解止」)しようとする場合には、加盟店事業者に2ヵ月以上の猶予期間をおいて契約違反の事実を具体的に明らかにし、これを是正しなければ当該契約を将来に向かって解除するという事実を、書面で2回以上通知しなければならない(第14条第1項本文)。これも強行法規であるため、たとえば契約違反の事実があった場合に直ちに解除が可能とする条項を定めることはできない。

したがって、韓国法を準拠法とした韓国企業との契約に基づく取引が、その内容に照らし同法の定義する「加盟事業」に該当する場合には、同法が適用される可能性があるため、契約の更新および解除に関する規定の起案に注意が必要である。

イ 代理店取引の公正化に関する法律

「代理店取引」(供給業者と代理店の間の、商品または役務の再販売または委託販売のために行われる取引で、一定期間継続する契約を締結したうえで、反復的に行われる取引(第2条第1号))に該当する取引を行う場合、供給業者と代理店との間で、契約書を作成しなければならないが、契約書には、以下の内容を必ず含めなければならない(第5条第1項)。

① 取引形態、取引品目および期間に関する事項
② 納品方法、納品場所および日時に関する事項
③ 商品代金の支払手段および支払時期に関する事項
④ 商品の返品条件に関する事項
⑤ 営業の譲渡に関する事項
⑥ 契約解約の事由および手続に関する事項
⑦ 販売奨励金の支払いに関する事項
⑧ その他、代理店取引契約当事者の権利・義務に関する事項であって大統領令で定める事項

したがって、韓国法を準拠法とした韓国企業との契約に基づく取引が、同法の定義する「代理店取引」に該当する場合には、同法が適用される可能性があるため、上記事項を契約書に規定するべきである。

さらに、同法は、供給業者の代理店に対する、購入強制行為の禁止(第6条)、経済的利益の提供強要の禁止(第7条)、販売目標の強制の禁止(第8条)、不利益提供の禁止(第9条)、経営活動干渉の禁止(第10条)、注文内訳の確認要請拒否または回避の禁止(第11条)および報復措置の禁止(第12条)の規定を置き、禁止される行為類型を明示している。

これらの規制に違反した場合には、①是正措置（第23条）、②課徴金の賦課（第25条）、③刑事罰（第30条）、④損害賠償責任（第34条）の制裁が予定されている。
　以上は一例であり、韓国独自の特別法は今後も増加することが予想されるため、その場合には、契約書の内容について、韓国法に詳しい法律事務所および現地法律事務所のアドバイスが必要な場合も増えるであろうと思われる。

5　韓国式の契約書における特徴

　再三指摘するとおり、韓国の契約法は、日本の契約法ときわめて類似しているため、韓国式の契約書における特徴は、日本のそれと基本的に同じである。したがって、日本での議論が参考になることが多いだろう。
　ただし、近年は、韓国語の契約書においても、前文を置く等、英文契約書のスタイルに影響を受けた契約書を目にする機会も増えてきており、この点は興味深い。

6　国際的な契約に関する条約の適用の有無

(1)　ウィーン条約（国際物品売買）

　ウィーン条約（United Nations Convention on Contracts for the International Sale of Goods）とは、物品の国際的な売買に関する基本的な条件を定める条約である。たとえば、国際的な物品売買契約の成立条件、当事者の基本的な義務、当該義務に違反した場合の損害賠償責任等が定められており、物品の国際的な売買に適用されるルールの統一を試みるものである。
　韓国はウィーン条約の締結国である。したがって、韓国法を準拠とする国際売買関連の契約書ではウィーン条約を排除するか否かを検討し、排除する場合には契約書上明示的にその旨を規定する必要がある。

(2)　ニューヨーク条約（仲裁）

　ニューヨーク条約（Convention on the Recognition and Enforcement of Foreign Arbitral Awards）では、仲裁条項の有効性および国外において下された仲裁判断の執行に関するルールを定めている。同条約は、国際紛争を解決する手段と

しての仲裁の重要性に鑑み、仲裁に関する国際的なルールの統一を試みるものである。

韓国は、他の多くの国と同様、ニューヨーク条約の締約国となっている。したがって、日本企業と韓国企業との間における紛争解決手段として仲裁を選択する場合には、ニューヨーク条約の適用を前提として考えることができる。仲裁地としては、シンガポールが選択されることも多いであろうが、日本と韓国の法制度が類似していることに鑑みると、仲裁地（および準拠法）を韓国とした場合にきわめて大きな不利益が生じることは多くないと思われるし、場合によっては結論についてある程度予測がし易くなることもあると思われる。

7　韓国の弁護士業界および法律事務所について

(1)「法学専門大学院」の設置と法科大学の廃止

韓国では、従来、法科大学（大学の法学部）、受験資格の制限のない司法試験、司法研修院（日本の司法研修所に相当）が法曹養成の役割を担っていた。しかし、法科大学における教育内容が司法試験とかけ離れていたとの評価もあり、法曹を志す者は実際には司法試験予備校に通って司法試験対策を行うという状況であった。日本ときわめて似た状況にあったと言える。

その後、韓国では、司法制度改革の検討が進められ、先にスタートした日本の法科大学院制度を参考にしつつも、独自の「法学専門大学院」制度が2009年に創設された。すなわち、同制度のもとでは、法曹志願者は3年間の法学専門大学院での法学教育を受けたのち、弁護士試験を受験して弁護士資格を得ることになり、他方で、法学専門大学院を設置する大学においては法科大学を廃止し、司法研修院における司法修習に代えて、職域別で研修を行うこととした。さらに、従来の司法試験は2017年に廃止されて弁護士試験に一本化された。法学専門大学院制度では、法学以外の分野の学問を修めた者が、適性試験により選抜されて法学専門大学院に入学することとされており、米国のロースクール制度に強い影響を受けていると推察される。今後韓国の法曹界では、法学以外の素養も備えた法曹が増加することが予想されよう。以上のような徹底した制度改革は、法学部および司法修習を期間短縮の上維持した日本とは対照的である。

なお、弁護士試験への一本化は、法曹一元への布石であり、2022年以降裁

判官は、弁護士または検察官を 10 年以上経験した者の中から選任されることになっている。今後、韓国では、法曹一元の理念も貫徹されることになる。

(2) 外資規制の緩和（外国法諮問士法の制定および改正）

韓国では従前、国内法律市場に外資系法律事務所が参入することを規制していたが、米国や EU との通商交渉の結果、3 段階で国内法律市場を開放することに合意した。第 1 段階として、2009 年に「外国法諮問士法」が制定され、外国弁護士に対し、当該外国の法律事務および国際公法に関するアドバイスを許容して「国内分事務所」の開設を許容した（韓国弁護士の雇用は不可）。第 2 段階として、2011 年に「外国諮問士法」が改正され、外国法諮問士法律事務所が、国内のローファームと共同して、外国法事務と国内法事務が混在した事件の処理にあたり、収益を分配することを認めた。第 3 段階として、外国法諮問士法律事務所と国内ローファームとのジョイントベンチャー形態での事務所開設を許容し、韓国弁護士の雇用も可能とされた。第 3 段階の市場開放により、外資系ローファームが、共同事業の形で韓国国内法律事務を取り扱うことも可能となった。

段階的な市場開放の結果、外資系法律事務所が、韓国の法律市場に参入する道が開かれ、英米系法律事務所を中心に続々と参入したが、参入が可能であるのは、韓国と自由貿易協定等を締結している国の法律事務所に限定されている。また、第 3 段階の開放は、韓国と他国との間の協定の発効から 5 年以内に行われることになっており、EU 圏の法律事務所については 2016 年 7 月に、米国の法律事務所については 2017 年 3 月に市場が開放された。

(3) 事務所の規模や報酬体系等

法律事務所の規模や費用体系についても、韓国と日本は類似点が多い。すなわち、法律事務所の規模は、数名の法律事務所から 500 名を超える規模の大手までさまざまであるが、最大手は 800 名を超える規模となっている。

韓国の法律事務所業界では、一般に六大法律事務所と呼ばれる大手法律事務所が各種ランキングでも上位を占めているが、六大法律事務所の多くには、日本語に堪能な弁護士が在籍する日本プラクティスチームが存在しており、日本プラクティスチームを介して日本企業の案件に対応することも多い。日本と韓国の法制度および法律用語が類似または共通していることも相まって、英語でコミュニケーションをとるよりも、日本語でコミュニケーションをとるほうが

正確な意思疎通が図れる場合も少なくないと思われる。韓国の法律事務所にとっては、日本企業は重要な顧客であることから、各法律事務所のホームページには日本語版のページが用意されていたり、日本語版のパンフレットを作成したりしている事務所も存在する。

　韓国の法律事務所は、「法務法人」と「法律事務所」の2つの形態があり、大手の法律事務所の多くは「法務法人」の形態を採用している。

　また、弁護士費用は、訴訟事件においては着手金と成功報酬という日本でもよく見られる二段階の報酬体系を採用する事務所が多かったが、大手の法律事務所を中心として、タイムチャージによる報酬体系を採用している法律事務所も増加してきた。この点は、日本においても同様の現象が生じており、したがって、基本的に、日本の法律事務所を利用する場合と同様の認識でそれほど不都合はないと思われる。

8　小括

　以上見てきたとおり、韓国と日本は、法制度の多くの点できわめて類似した構造をもっており、韓国法を準拠法としても、日本企業にとって、法的なリスクや予測可能性の観点からの大きな不都合は生じないように思われる。また、弁護士業界事情も日本と共通する部分が多く、韓国企業と取引をしようとする日本企業の法的サポートは、日本弁護士または法務部員等にとって、クロス・ボーダー案件の中では比較的取り組み易いと言えよう。

　ただし、今後、韓国法が独自の発展を続けることになれば、日本法との類似性に頼って法的サービスを提供することは困難となることも予想される。近年の韓国における、加盟事業取引の公正化に関する法律の制定、代理店取引の公正化に関する法律の制定等は、その嚆矢とみることができるかもしれない。また、日本にはないこれらの特別法の中には、強行法規的性格を含むものもあり、韓国法を準拠法として韓国企業と契約を締結する際には、これらの法律に抵触する規定がないかにつき見落としがないよう、十分注意する必要があると言える。

（龍野滋幹、曺　貴鎬）

VI　マレーシア

アジアの多民族国家の契約実務

1　はじめに

(1)　マレーシアの法体系

　マレーシアは、半島マレーシアの 11 州および東マレーシアの 2 州の合計 13 州と 3 つの連邦直轄地からなる連邦国家であり、国王の下に立法・行政・司法の三権分立機関を有する立憲君主制の国家である。連邦政府は強力な中央政府であるが、立法権・行政権は、マレーシア連邦憲法第 74 条、第 80 条およびマレーシア連邦憲法別紙 9 の 5 つのリストに従って、連邦政府または州政府に分配されている。連邦リスト（外交問題、国防、治安、民法、刑法の実体法および手続法等に関する事項）および兼任リストに記載された事項については連邦議会の立法対象事項となり、州リスト（イスラム法に関する事項、土地、農業、工業等に関する事項）および兼任リストが州議会の立法対象事項となる。ただし、マレーシア連邦憲法は州リストに記載されている事項についても、特定の目的のためであれば、その対象を連邦議会に委ねることを認めている（連邦憲法第 76 条）。また、東マレーシアに位置するサバ州およびサラワク州については、その歴史的経緯より半島マレーシアの他の州に比べて、多くの自治権が認められている。

(2)　マレーシア法の特徴

　マレーシアは、その人口構成（マレー系 66%、中国系 26%、インド系 8%）からもわかるように多民族、多宗教、多文化の国家であり、マレーシアの法制度もその特徴を受け継いでいる。マレーシアの法源は、法制度はその歴史的経緯から旧宗主国であるイギリスの影響を大きく受け、その法源は成文法のほかに非成文の判例法も含まれる（いわゆる、コモン・ローの法体系を採用している）。上記に述べたとおりマレーシアは連邦制を採用していることから、成文法については、連邦に関する立法（連邦憲法、連邦議会で制定された法律およびその下

位規則）のほかに、各州内では州ごとの憲法や法律および規則も法源としての効力を有する。さらに、マレーシアおよびイギリスの判例法のほかにも、イスラム法および各地域の慣習法も法源としての効力を有するが、慣習法の多くは成文法に取って代わっており、イスラム法もイスラム教徒に対してのみ、かつ主に家族関係や宗教関係に関する事項に適用されているのみであるので、日系企業の経済活動について実務的に問題となることは少ないであろう。

　上記のとおり、マレーシアはコモン・ローの国ではあるが、基本的に日系企業の活動に関連する法律、たとえば、会社法、証券法、土地法等は成文化されている。さらに、近年は競争法や個人情報保護法等も成文法として定められている。その他、実務上も、マレーシア企業を当事者とする株式譲渡契約書、合弁契約書、売買契約等の大まかな枠組み（含まれている条項のタイプや内容）は日本で利用されているものとそれほど大きく異なるところはないと言える。

　国際的な側面についてみると、世界貿易機構（WTO）の加盟、ニューヨーク条約の批准、日米を含む多くの国と二国間協定も締結しており、国際的なビジネスを行うための基本的な法環境は整備されていると言えるが、世界知的所有権機関（WIPO）には加盟していない。

(3) マレーシア企業との契約交渉

　日系企業がマレーシアで事業を行うにあたり、顧客として、サプライヤーとして、業務提携先として、また合弁のパートナーとしてマレーシア企業との関係があるであろう。一部の上場企業を除き、たとえ上場企業であっても、多くのマレーシア企業は、いわゆるオーナー企業、家族経営の企業が多い。それらマレーシアのオーナー企業やそのオーナーたるマレーシア人との取引を行う際には、日本の常識や文化との違いが存在することを前提に臨む必要がある。また、その交渉相手の民族によっても交渉の進め方のタイプが異なるため、注意が必要である。また、契約交渉で契約違反があることを前提とする契約の解除や損害賠償請求に関する規定を主張すると、拒絶反応を示す場合もある一方、一度懐に入り信頼を得ることができれば、その後の交渉が非常にうまくいくということもよくある話である。

● 2　マレーシアでの契約にあたって注意すべき事項

　以下、マレーシアにおける取引において、日本企業が直面する日本と異なる

法律面でのポイントについて解説する。

(1) 賃貸借契約に関する書面による契約締結義務と登記義務

日本企業がマレーシアで事業を行うために拠点を設立した場合、マレーシアにおいてオフィススペースを見つけなければならない。マレーシアでは、日本と異なり、賃貸借契約の態様として、リース契約とテナント契約の2種類が存在する。

リース契約もテナント契約も、一定のスペースを賃貸するという意味では、異なるところはない。しかしながら、マレーシア法においては、その期間により区別されており、3年超以上の賃貸借契約をリース契約、3年以下の賃貸借契約をテナント契約としている。3年超の期間を定めて締結したリース契約については、土地法の定める書面に従って締結され、登記される必要がある。他方で、テナント契約についてはこのような制限はなく、口頭でも契約は成立する（もっとも、実務上は将来の紛争に備え、書面で締結されることが通常である）。

なお、リース契約やテナント契約に関する弁護士費用は、法律（Solicitor's Remuneration Order 2005）により定められており、ディスカウントできないことになっている。

(2) 競業避止義務

日本において効力が認められている条項のうち、マレーシアではその効力に疑義が生じるものが存在する。その1つが競業避止義務である。

日本においては、合弁契約の相手方に対して、または雇用した従業員に対して競業避止義務を課すことは一般的な実務であるとみなされており、その旨契約書に記載されることが多い。

しかしながら、マレーシアの契約法第28条においては、競業避止義務は無効と解されている。もっとも、法律上究極的に裁判で争われた場合には無効となる可能性があるとしても、実務上は、当事者間の紳士協定的に契約書に記載されることも多く、日本企業による契約書にも記載されていることも多い。その場合であっても、上記のとおり無効の可能性があることは認識したうえで定めるべきであり、また当該競業避止義務が無効になった場合でも契約書全体が無効とならないよう、可分性に関する条項（仮に契約に定めるある条項が無効とされることがあっても、その他の条項は有効なものとして、契約書そのものは存続するとする条項）をあわせて定めることも検討されるべきであろう。

(3) 使用言語

マレーシアで取引を行う場合、法律上、原則として使用する言語の制限はなく、マレー語でなくともその他の外国語で契約書を作成しても、契約の有効性に問題はない。

実務上、親会社を日本企業とするマレーシアの日系企業間で、または、日本企業とマレーシアの日系企業間で契約が締結される場合には、日本語で契約書が作成されることも多く、また、マレーシアの日系企業とマレーシアのローカル企業との間で契約が締結される場合には、両者の共通言語としての英語で作成されることも多い。この点、マレーシアの場合は、上記のとおり複数の民族が存在し、それらの民族間の共通の言語としての英語が公用語として定められていることもあり、契約書やその他の交渉を英語で行うことにつき、マレーシア人側から問題とされることは少ない。なお、英語と日本語等の複数言語で契約書が作成された場合で、複数言語間の解釈に疑義が生じ、いずれの記載を優先すべきか判然としない場合には、いずれの言語の契約書が優先するかにつき明記すべきである。

条項例としては以下のようなものが考えられる。

"This agreement is executed in English and in Japanese. In the event that any discrepancy in interpretation arises, the English version shall prevail."

(和訳)
本契約は英語と日本語で締結される。解釈上の相違が生じた場合には英語版が優先されるものとする。

なお、マレーシアの当局に対して、登記や許認可の申請等の際に、関連する契約書の写しを提出する必要がある場合には、マレー語での契約書の作成が必要とされることがある。また、マレーシアでの裁判を利用する場合、原則として、提出する書面はマレー語でなければならないとされているが、上記のとおり公用語として英語が広く使用されているため、英語の使用が認められることも多い。

(4) 準拠法

マレーシアにおいて契約書を作成する場合において問題となる点は、準拠法である。マレーシア法においては、マレーシア企業と取引をする場合であっても、マレーシア法を選択する法的な義務はなく、当事者の合意により自由に設定することができる。

一般にマレーシア国内の取引に関しては、仮に外国法を準拠法として選択しても、マレーシア法が不可避的に適用される場面（労働問題や会社の機関に関連する問題等を扱う場面）が生じ、問題となる場面ごとに適用される法律が異なる可能性がある。このため、同一の取引の問題にもかかわらずその法的な判断基準や結果が異なるという実際上の煩雑さや不都合を避けるため、たとえどちらか一方の親会社が日本企業であったとしても、マレーシア法が準拠法として選択されることが多いように見受けられる。

準拠法に関する条項例は以下のとおり。

"This agreement shall be governed by the laws of Malaysia."

（和訳）
本契約の準拠法はマレーシア法とする。

---

(5) 紛争解決条項

マレーシア企業との契約につき紛争が生じた場合の解決方法としては、裁判による解決と仲裁による解決とがあり、また、それぞれマレーシア国内またはマレーシア国外においての実施を選択することが可能である。したがって、選択肢としては、マレーシアでの裁判、マレーシア国外での裁判、マレーシアでの仲裁、または、マレーシア国外での仲裁の4つが存在する。

マレーシア国内の取引であっても、親会社が日本の会社であるような日系企業同士の取引である場合には、日本の裁判を紛争解決手段として選択することも考えられる。もっとも、たとえ日本で勝訴判決を取得したとしても、そのままマレーシアで執行はできないため（ただし、マレーシアはコモンウエルスに所属しているため、同じコモンウエルスに所属する一部の国の判決はマレーシアにおいてそのまま執行できる）、執行の対象となる資産が日本に存在せず、マレーシ

ア国内にしか存在しない場合には、日本の裁判を紛争解決手段として選択することが実務上適切ではない場合も多い。したがって、差押えの対象となる資産がマレーシア国内に存在する場合には、勝訴判決取得後の執行の場面も含めて、すべて手続がマレーシア国内で完結するため、マレーシアでの裁判が選択されることもある。

仲裁についてみると、取引金額が高額のクロス・ボーダーの案件や当事者が言葉の問題等からマレーシアの裁判を嫌った場合に、特にマレーシア国外での仲裁が選択される傾向にある。仲裁に要する費用は高額になる傾向があるものの、マレーシアもニューヨーク条約の加盟国であるため、裁判の場合と異なり、マレーシア国外の仲裁判断をそのままマレーシアで執行できる。また、手続を英語で行うことができる点も、マレーシアの裁判が原則としてマレーシア語使用に限定されることからすれば日系企業が仲裁を選択するメリットと言える。

マレーシア国外の仲裁機関を利用する場合、日系企業が当事者の場合には親会社の存在する日本のほか、アジアであれば香港、欧米の企業を親会社とするマレーシア企業を相手とする場合にはロンドンやニューヨークといった場所の仲裁が利用されることもあるが、マレーシアの日系企業同士またはマレーシアのローカル企業を当事者とする場合には、地理的な理由およびこれまでの実績から信頼性の高いシンガポール国際仲裁センター（SIAC）での仲裁が選択されることが比較的多い。

なお、マレーシアにおいても、近年は国内の仲裁利用を熱心に呼びかけており、国内の仲裁機関としては、アジア国際仲裁センター（the Asian International Arbitration Centre）（以前は、クアラルンプール地域仲裁センターと言われていた）が著名であり、今後の事例の蓄積に期待がかかっている。

アジア国際仲裁センターがサンプルとして提供しているモデル条項は以下のとおり。

> "Any dispute, controversy or claim arising out of or relating to this contract, or the breach, termination or invalidity thereof shall be settled by arbitration in accordance with the AIAC Arbitration Rules."
>
> （和訳）
> 本契約から、もしくは本契約に関連して発生した紛争、契約違反、解除または無効については、アジア国際仲裁センターの仲裁規則に従い仲裁により解決されなければならない。

3 国際的な契約に関する条約の適用の有無

(1) ウィーン条約（国際物品売買）

ウィーン条約（United Nations Convention on Contracts for the International Sale of Goods）とは、物品の国際的な売買に関する基本的な条件を定める条約である。たとえば、国際的な物品売買契約の成立条件、当事者の基本的な義務、当該義務に違反した場合の損害賠償責任等が定められており、物品の国際的な売買に適用されるルールの統一を試みるものである。

マレーシアは、ウィーン条約の締約国ではない。ウィーン条約は、売主と買主の所在国がいずれもウィーン条約の締約国である場合に初めて適用されるため、日本企業とマレーシア企業間の物品の売買契約においては、ウィーン条約は考慮しなくてよい。

(2) ニューヨーク条約（仲裁）

ニューヨーク条約（Convention on the Recognition and Enforcement of Foreign Arbitral Awards）では、仲裁条項の有効性および国外において下された仲裁判断の執行に関するルールを定めている。同条約は、国際紛争を解決する手段としての仲裁の重要性に鑑み、仲裁に関する国際的なルールの統一を試みるものである。

上記のとおり、マレーシアはニューヨーク条約の締結国であることから、日本企業とマレーシア企業との間における紛争解決手段として仲裁を選択する場合、ニューヨーク条約の適用を前提として考えることができ、マレーシア国外の仲裁機関による仲裁判断もマレーシア国内で原則として執行することが可能である（ただし、マレーシア仲裁法の外国仲裁判断の拒絶事由（公序良俗違反等）に該当しないことが必要である）。

4 マレーシアの弁護士業界および法律事務所について

マレーシアにおける弁護士業界の1つ目の特徴としては、弁護士の担当できる地域の区分があるということである。歴史的にサバ州およびサラワク州がマレー半島の他の州より独立性の強い州であることから、同州の法律問題を扱う

ためには、それぞれマレー半島の弁護士資格とは別に、各州の個別の資格を有している必要がある。ただし、すべての法律問題について個別の資格が必要となるわけではなく、連邦法についてはどこの地域の弁護士でも扱うことができるが、マレー半島の各州法に関する問題が生じた場合には、サバ州およびサラワク州の弁護士に依頼することはできず、また逆にサバ州またはサラワク州の州法の問題が生じた場合には、マレー半島の弁護士に依頼することはできない。特に、土地に関する規制は州ごとに異なるため問題となる。したがって、サバ州、サラワク州で事業を行おうとする場合には、自分が依頼しようとしている弁護士がその問題を取り扱うことができるのかにつき確認する必要がある。

また、別の特徴としては、マレーシアはコモン・ロー体系の国だが、弁護士には英国のように、法廷弁護士（Barrister）と事務弁護士（Solicitor）の区別は存在せず、弁護士であれば誰でも法廷に立つことができる。

一方で、マレーシアで弁護士になるためには複数のルートがある。一番人数の多いマレー半島の弁護士になるための場合を前提とすると、弁護士になるためのルートは下記のとおりである。

① 英国で弁護士としての資格を取得した後、マレーシアにおいて弁護士の下での9ヵ月間の研修を行う。
② 英国、オーストラリア、ニュージーランドにおける一定の大学を卒業後、マレーシアにおいてCLP（Certificate in Legal Practice）試験に合格し、上記①と同様の9ヵ月の研修を行う。
③ マレーシアの一定の大学を卒業後、上記①と同様の9ヵ月の研修を行う。

このように、日本と異なり、弁護士になるためのルートが異なるため（特に上記①または②のルートで弁護士になった者については、弁護士になるまでにマレーシアの法律を勉強する期間は研修期間の9ヵ月しかない）、各弁護士の力量が、その個人の経験に依拠していることも多いため、依頼しようとしている弁護士がどのような分野の案件を過去に経験しているかということを知ることも重要である。

法律事務所でみると、従来はマレーシア人しか法律業務を行うことはできなかったが、法律専門職法（Legal Profession Act）の改正により、外国法律事務所が単独でマレーシアに事務所を開設し、またはマレーシアの法律事務所と共同して事務所を開設したり、マレーシアの法律事務所が外国人弁護士を適法に雇用することもできるようになった。もっとも、いずれもマレーシアの弁護士会の許可を必要とし、これまで実際に認められている例は数件である。マレーシ

アの弁護士業界が、外国人弁護士に開放されたと実質的に言えるというまでには、まだ時間を要するであろう。

　マレーシアの現地大手の法律事務所の多くは、タイムチャージ制と呼ばれる、弁護士が作業に要した時間に応じて、弁護士報酬が決定される仕組みを採用している。タイムチャージの金額は事務所によって異なるが、マレーシアのトップ・ファームに所属する弁護士の1時間あたりの費用は日系の法律事務所の弁護士よりも高額なこともあり、案件終了時のマレーシアの法律事務所の費用が想定よりも高額となることもある。

　マレーシアにおいても他の新興国と同様に、日本企業の依頼の趣旨がマレーシア人の弁護士に正確に伝わらないことはあるが、公用語が英語ということもあり、国際的な案件を扱う弁護士が英語を話せないということはなく、言語の壁がないだけでも、他の新興国と比べても、日本企業にとっては仕事をし易い環境と言える。しかしながら、マレーシアは多民族国家であり、マレー系、中華系、インド系でそれぞれ性格や特徴が異なる点もあり、日本の法制度、実務や文化等との違いもあるため、双方の法律および文化を理解している日本の法律事務所を介してマレーシア人弁護士に依頼する方法も有益であろう。

5　まとめ

　以上、マレーシアの契約に関する法律・実務につき、日本とは異なる特徴的な点をいくつか取り上げてきた。冒頭でも述べたとおり、マレーシアの契約に関する法律、または一般的な実務は、日本のそれと大きく異なるということはなく、基本的な点については、共通しており、日本企業にとっては馴染みのあるものと言えるが、マレーシアで契約を締結し、取引を行うためには、やはり法制度、言語、文化等が異なる海外での契約であることを意識して、取引を行うことが望ましい。

（安西明毅）

Column
マレーシアにおける契約制度・会社法制度

1 政権交代後のマレーシア

マレーシアにおいては、2018年5月の総選挙の結果、これまで一度も政権を奪われることのなかった統一マレー国民組織が、マハティール元首相率いる野党連合に政権を明け渡し、マハティール氏が15年振りに首相となった。マハティール氏は93歳になるが、早速精力的にさまざまな政策を打ち出した。たとえば、消費税に相当する物品・サービス税を廃止し、クアラルンプールとシンガポールを結ぶ高速鉄道計画も中止を表明した。

上記のとおりマレーシアの有史上初の政権交代ということもあり、マレーシア国民の期待感は、民族を問わず高く、街中の雰囲気も以前と比べ、心なしか明るくなっているようである。

2 マレーシア会社の買収の形態

さて、本文で述べたとおり、マレーシアは英米法体系であり、多くは英国やオーストラリアの法律をベースに制定されていることが多い。そのため、大陸法の系譜である日本とは異なる制度が存在し、日本では利用されている制度が存在しない場合もあるが、マレーシアの会社を買収する手法に関連して、以下述べる。

(1) 手段

日本企業がマレーシアの会社を買収しようとする場合、その手段としては、株式譲渡が一般的であり、上場会社の株式を一定以上取得する場合には、公開買付けを行わなくてはならないことは、日本と異なるところはない。一方で、日本の会社分割や吸収・新設合併に相当する制度は存在しないため、会社分割や合併と同じ効果を生じさせるためには、新会社や既存の会社に対象会社の事業を譲渡させ、必要に応じて、譲渡会社を清算することで、その目的が達成される。

さらに、日本にはない買収手法としては、スキーム・オブ・アレンジメント（Scheme of Arrangement）、や選択的資本払戻し（Selective Capital Repayment）など、裁判所が関与する制度が存在し、対象会社の完全子会社化を図ることができる。

(2) 上場会社の買収

マレーシアの既存企業を買収する案件に関しては、マレーシアのオーナー企業である非公開会社を買収するという伝統的な案件のほか、近年はマレーシアの上場企業に関する案件も見受けられる。

日本と同様、マレーシアでも、上場会社の株式を取得し、当該上場企業に対する株式保有割合が一定の基準を超えることになる場合には、公開買付けを行う必要がある。

この点、日本では上場会社の株式を特定の株主から取得をする場合においては、その取得後の買手の株式保有割合が一定の基準を超えることになる場合には、その特定の株主から取得する株式を含め、公開買付けを行う必要があるが、マレーシアの場合は、イギリスの支配を受けていたこともあり、英国型の公開買付制度を採用していることから、特定の株主からの株式の取得を行い、その結果株式保有割合が一定の基準を超える場合には、公開買付けを行わなければならないとされている。もっとも、この場合でも、先に株式の売却を行う機会を得た特定の株主と公開買付によってのみしか買手に売却する機会を得ることができなかった他の株主との公平を図るため、公開買付けにおいて買手が提示しなければならない価格は、公開買付開始前6ヵ月間に買付者が対象会社の株式について支払った、または支払う旨の合意をした最高価格を下回ってはならないとされている。

　上記のとおりマレーシア企業の買収においては、その買収を通じて達成しようとする目的に従い、手段が検討されることになろう。

(安西明毅)

Ⅶ　フィリピン

アジアの英語圏での契約実務

🌐 1　フィリピン契約法の系譜

　フィリピン法の系譜をみると、東南アジアの他の国と同様に、西欧の移入法が導入されている。フィリピンにおいて特殊なのは、スペイン統治の後アメリカの支配下に置かれたことから、大陸法のスペイン法に加えて、コモン・ローのアメリカ法の両者の影響を受けている点である。

　なお、アメリカ植民地であった影響から、英語が公用語として使用されており、法律は英語が正文である。したがって、フィリピンの法律を調査したり、フィリピンで契約する際には英文のみを参照すればよいという点においては、他のアジアの国よりも国際取引をし易い環境にあると言える。

🌐 2　フィリピンにおいて契約を締結する際に注意すべき事項

　フィリピンにおいてフィリピン法を準拠法として契約を締結する際には、フィリピンの民法（Civil Code of the Philippines）の影響を受けることになる。そこで、以下において、契約締結の際に特に留意すべき事項をご紹介する。

（1）　詐欺防止法（Statute of Frauds）

　詐欺防止法（Statute of Frauds）とは、一定の類型の契約の締結にあたっては、契約当事者が署名した書面によらねば強制力を有しないとする法律である。英米法に特有の概念であり、フィリピンにおいても民法第1403条第2項に規定されている。

　民法第1403条第2項に基づき書面が求められる契約の種類としては、500ペソ以上の動産売買契約、不動産の売買、1年を超える期間の賃貸借契約といったものがある。ただし、当事者が口頭での証拠に異議を述べなかった場合や、契約に基づく履行を受けた場合には、書面によらずとも契約を立証することができる（民法第1405条）。なお、詐欺防止法は、契約の強制力

(enforceability) に関する規定であって、契約の有効性（validity）に関する規定ではない。一方で、フィリピンの民法においては、代理人を通して不動産売買等を行う場合の代理人への授権は書面によらなければ無効（void）であるといった規定（民法第1874条）や、利息については書面に記載しなければ履行義務を負わないといった規定（民法第1956条）がある点には留意が必要である。

フィリピン民法第1403条第2項
The following contracts are unenforceable, unless they are ratified:
(1)省略
(2) Those that do not comply with the Statute of Frauds as set forth in this number. In the following cases an agreement hereafter made shall be unenforceable by action, unless the same, or some note or memorandum thereof, be in writing, and subscribed by the party charged, or by his agent; evidence, therefore, of the agreement cannot be received without the writing, or a secondary evidence of its contents:
(a) An agreement that by its terms is not to be performed within a year from the making thereof;
(b)省略
(c)省略
(d) An agreement for the sale of goods, chattels or things in action, at a price not less than five hundred pesos, unless the buyer accept and receive part of such goods and chattels, or the evidences, or some of them, of such things in action or pay at the time some part of the purchase money; but when a sale is made by auction and entry is made by the auctioneer in his sales book, at the time of the sale, of the amount and kind of property sold, terms of sale, price, names of the purchasers and person on whose account the sale is made, it is a sufficient memorandum;
(e) An agreement for the leasing for a longer period than one year, or for the sale of real property or of an interest therein;
(f)省略

(和訳)
以下の契約は、承認されない限り、強制力を有しない。
(1)省略
(2)この項に規定する詐欺防止法に反する契約。以下の場合には、その合意またはその記録もしくは覚書が書面化され、当該当事者またはその代理人によって

署名されない限り、強制力を有しない。したがって、合意の証拠は書面またはその内容の二次的な証拠がなければ認められえない。
(a)当該契約の条項により、その締結から1年以内に履行されることのない契約
(b)省略
(c)省略
(d)商品、動産または無形物の500ペソ以上の価格での売買のための契約（買主が当該商品もしくは動産の一部もしくはかかる履行の証拠の全部もしくは一部を受領し、または売買代金の一部を支払った場合を除く。ただし、販売が競売によって行われ、競売人が売上台帳に、売買時に、売却された財産の金額および種類、売買条件、値段、購入者の名前および当該売買の勘定が帰属する者の名前を記載した場合、当該記載は十分な覚書である）
(e)1年を超える期間の賃貸借、または不動産もしくはその権利の売買に関する契約
(f)省略

(2) 公的文書（Public Documents）

　フィリピンの民法において、一定の類型の契約については公的文書（public documents）により作成することとされている（民法第1358条）。具体的には、不動産上の権利の創設、移転、変更または消滅させる行為に関する契約等は、公的文書（公証人の公証を受けた契約書）により作成することとされている。

　なお、当該類型の契約書が、公的文書により作成されていない場合は、当該契約の当事者間においては契約が有効で強制力を有するが、当該契約を第三者に対抗することができない。

　また、不動産の所有権を第三者に対抗するために、登録を行うことが必要であり、登記官の発する権利証書が、当該権利証書に記載された者が当該不動産の所有権を有することを証明する証拠となる。

> **フィリピン民法第1358条**
> The following must appear in a public document:
> (1) Acts and contracts which have for their object the creation, transmission, modification or extinguishment of real rights over immovable property; sales of real property or of an interest therein are governed by articles 1403, No. 2, and 1405;
> (2) 省略
> (3) 省略

(4) 省略
All other contracts where the amount involved exceeds five hundred pesos must appear in writing, even a private one. But sales of goods, chattels or things in action are governed by articles, 1403, No. 2 and 1405.

(和訳)
以下は、公的文書によらねばならない。
(1)不動産上の権利を創設、移転、変更または消滅させる行為および契約。不動産またはその権利の売買については第1403条第2項および第1405条に規定される。
(2)省略
(3)省略
(4)省略
500ペソを超える金額に係るその他すべての契約は、私的なものであっても書面による必要がある。商品、動産または無形物の売買については第1403条第2項および第1405条に規定される。

(3) 契約の成立

フィリピン民法は、契約の成立には①当事者の合意、②契約の目的、③債務の原因（cause）が存在することを要すると規定する（民法第1318条）。なお、フィリピン民法における債務の原因は、アメリカに代表される英米法におけるいわゆる約因（consideration）よりも広く、契約当事者にとって当該契約を締結するのに十分な誘因があれば、当該契約には債務の原因が存在すると認められ、行為者の自由意思を債務の原因とする贈与契約等にも債務の原因が認められる。

フィリピン民法第1318条
There is no contract unless the following requisites concur:
(1) Consent of the contracting parties;
(2) Object certain which is the subject matter of the contract;
(3) Cause of the obligation which is established.

(和訳)
以下の要件をすべて満たさない限り、契約は成立しない。
(1)契約当事者の合意

(2)当該契約の対象事項である特定の目的
(3)確立された債務の原因(cause)

フィリピン民法第1350条
In onerous contracts the cause is understood to be, for each contracting party, the prestation or promise of a thing or service by the other; in remuneratory ones, the service or benefit which is remunerated; and in contracts of pure beneficence, the mere liberality of the benefactor.

(和訳)
有償契約における原因(cause)は、各契約当事者に対する、他の当事者による物または役務の支払いまたは約束と理解され、報酬が与えられる契約における原因(cause)は、報酬が与えられる役務または利益と理解され、無償契約における原因(cause)は、利益を与える者の単なる自由意思と理解される。

(4) バルクセール法による規制

フィリピンでは、民法に加えて、売買に関する特別法も存在するため、以下において、代表的な特別法であるバルクセール法について紹介する。

バルクセール法が適用になるのは、典型的には企業が他の企業の買収の手法として事業譲渡を行う場合であるが、それ以外にも、通常の取引の範囲外の商品等の譲渡等にも適用され、バルクセール法による債権者の保護手続が必要になり得るため、注意が必要である。

バルクセール法の対象となる取引とは、具体的には、①通常の取引の範囲外の、商品、原材料等の売買、移転、担保権設定または譲渡(「譲渡等」)、②事業のすべてまたは実質的にすべての譲渡等、③事業で使用されるすべてまたは実質的にすべての備品および設備の譲渡等であるが、これらの譲渡等を行う者は、その対価の受領前に、その者の全債権者の名前(名称)、住所、債務金額を、宣誓した書面により譲渡等の相手方に提出するとともに、貿易産業省(Department of Trade and Industry)に登録しなければならない(バルクセール法第2条、第3条、第9条。ただし、全債権者が同法の適用を書面で放棄している場合を除く)。また、かかる譲渡等を行う者は、当該譲渡等の対価を債権者に按分して支払わなければならず、上記の書面を相手方に提出しなかったり、かかる按分による支払いを行わなかった場合には、当該譲渡等は無効とされる(バ

ルクセール法第 4 条) ほか、同法の違反に関しては刑事罰の適用もある (バルクセール法第 11 条)。

> **バルクセール法第 2 条**
> Any sale, transfer, mortgage or assignment of a stock of goods, wares, merchandise, provisions, or materials otherwise than in the ordinary course of trade and the regular prosecution of the business of the vendor, mortgagor, transferor, or assignor, or sale, transfer, mortgage or assignment of all, or substantially all, of the business or trade theretofore conducted by the vendor, mortgagor, transferor, or assignor, or of all, or substantially all, of the fixtures and equipment used in and about the business of the vendor, mortgagor, transferor, or assignor, shall be deemed to be a sale and transfer in bulk, in contemplation of this Act: Provided, however, that if such vendor, mortgagor, transferor or assignor, produces and delivers a written waiver of the provisions of this Act from his creditors as shown by verified statements, then, and in that case, the provisions of this section shall not apply.
>
> (和訳)
> 売主、担保権設定者、譲渡人または移転者の通常の取引の範囲外の、商品、原材料等の売買、移転、担保権設定または譲渡、上記の者の事業のすべてまたは実質的にすべての売買、移転、担保権設定または譲渡、または、上記の者の事業で使用されるすべてもしくは実質的にすべての備品および設備の売買、移転、担保権設定または譲渡は、本法の適用においてバルクセールとみなす。ただし、かかる売主、担保権設定者、譲渡人または移転者が、債権者から、本法の適用の書面での放棄を得て送付した場合には、本項の規定は適用されない。

(5) ライセンス契約に関する規制

フィリピンにおいては、一般的な売買契約に関する民法の規定に加えて、技術移転契約の 1 類型としてライセンス契約に関する規制が存在する。ライセンス契約に関する規制の詳細については第 5 章の記載を参照されたい。

3　国際的な契約に関する条約の適用の有無

(1)　ウィーン条約（国際物品売買）

　ウィーン条約（United Nations Convention on Contracts for the International Sale of Goods）とは、物品の国際的な売買に関する基本的な条件を定める条約である。たとえば、国際的な物品売買契約の成立条件、当事者の基本的な義務、当該義務に違反した場合の損害賠償責任等が定められており、物品の国際的な売買に適用されるルールの統一を試みるものである。

　フィリピンは、ウィーン条約の締約国ではない。ウィーン条約は、売主と買主の所在国がいずれもウィーン条約の締約国である場合に初めて適用されるため、日本企業とフィリピン企業の間の物品の売買契約においては、ウィーン条約の適用は考慮しなくてよい。

(2)　ニューヨーク条約（仲裁）

　ニューヨーク条約（Convention on the Recognition and Enforcement of Foreign Arbitral Awards）とは、仲裁条項の有効性および国外において下された仲裁判断の執行に関するルールを定めている。同条約は、国際紛争を解決する手段としての仲裁の重要性に鑑み、仲裁に関する国際的なルールの統一を試みるものである。

　フィリピンは、他の多くの国と同様、ニューヨーク条約の締約国となっている。したがって、日本企業とフィリピン企業との間における紛争解決手段として仲裁を選択する場合、ニューヨーク条約の適用を前提として考えることができる。

4　フィリピンの弁護士業界および法律事務所について

　フィリピンでは、弁護士業に関して、外国資本の参入や外国人の就業が認められていない（フィリピン憲法第8条第5項第5号、「第11次外国投資ネガティブリスト」（2018年11月16日発効））。

　したがって、日本の法律事務所がフィリピンにおいて支店を開設し、弁護士業を行うことはできず、現地の法律事務所の弁護士を起用する必要がある。

フィリピンの弁護士制度は、4年間の大学院教育（または学部教育と統合して5年間の教育）を修了した者に司法試験の受験資格が与えられる。

　フィリピンには、平成27年時点では約5万2,000人の弁護士が活動しており、その4割強がマニラ首都圏で活動している。所属弁護士が100名程度の大手事務所が3つあるほか、数十人規模の事務所も複数存在している。

　フィリピンの弁護士の費用は、他の英米法系の弁護士と同様に、タイムチャージによることが多く、弁護士が業務に要した時間に応じて費用が発生する。

　フィリピンの弁護士は英語が母国語であるため、英語によるコミュニケーションが可能である。また、大手の法律事務所やそれに次ぐ規模の法律事務所の弁護士の中には、日本企業の仕事をしたことのある弁護士も多い。そのような意味では、上記のような法律事務所の弁護士に関しては、海外の弁護士の中でも日本企業にとっては仕事がし易い部類に入るのではないかと思われる。もっとも、上記で述べた法律の違いや文化・価値観の相違から、ときに依頼の内容等に関して誤解が生じることもなくはないため、フィリピンの弁護士を起用するにあたっても、依頼者が求める業務の内容やその目的について、最初にきちんと英文書面で説明しておくことが、その後の円滑な業務のためには望ましい[1]。

(石原　坦、青柳良則、大出　萌)

---

1) 本節の執筆にあたっては、フィリピンの法律事務所であるSycip Salazar Hernandez & Gatmaitan法律事務所に有益なご示唆をいただいた。ここに記して謝意を表する。

第5章

英文契約の近時のトピックス

第 5 章　英文契約の近時のトピックス

I

ASEAN 主要 6 ヵ国におけるライセンス契約

1　はじめに

　外国市場を念頭に置いたライセンス契約を締結する場合には、ライセンス対象となっている知的財産が当該外国において保護されるのか、保護を享受するにはいかなる手続（出願や登録等）が必要なのか、という観点も重要であるが、ライセンス契約自体に適用される現地法に関する理解も、同様に重要である。

　日本では、ライセンス契約を有効に締結するために、当局への届出や登録は必要とされていないが、かかる手続を必要とする国もある。また、日本では、2011 年の法改正により、特許権・実用新案権・意匠権のライセンシーは、対象の知的財産権が譲渡された場合でも、登録なしに自らのライセンスを対抗できるようになったが、国によっては、かかる当然対抗の制度を採用していない場合もある。さらに、中国の技術輸出入管理条例のように、ライセンサーに対してライセンス対象技術に関する一定の保証責任を負わせる強行法規を有する国もある。また、ライセンシーがライセンス対象の知的財産権の有効性を争うことを禁止する規定（いわゆる不争条項）についても、法令によってその効力を明示的に否定する国もある。

　このように、ライセンス契約に適用される各国法の規律内容はさまざまであり、日本法と大きく異なる可能性がある。そして、ライセンス契約の準拠法を日本法とするだけでは、かかる各国法の適用を排除できるとは限らない。知的財産権の規律については、いわゆる属地主義の考え方[1]により、知的財産権が実施される国の法律が適用されることが通常とされるからである（なお、個別の事案および法的論点について、どの国の法律が適用されるかという問題は、紛争が持ち込まれた裁判所における国際私法による処理を通じて決定され、紛争解決

---

1)　BBS 並行輸入事件最高裁判決（最判平成 9・7・1 民集 51 巻 6 号 2299 頁）では、「属地主義の原則とは、特許権についていえば、各国の特許権が、その成立、移転、効力等につき当該国の法律によって定められ、特許権の効力が当該国の領域内においてのみ認められることを意味するものである」と説明されている。

条項とも密接に絡む複雑な問題となるが、ここでは紙幅の都合上、立ち入らない)。

そこで、本節では、日本企業がライセンサーとして契約を締結することが多いと思われる、ASEAN主要6ヵ国(インドネシア、マレーシア、フィリピン、シンガポール、タイおよびベトナム)について、主に特許ライセンス契約に関する各国法の概要を紹介する。

2 インドネシア

(1) 登録の要否等

インドネシアでは、特許権を対象とするライセンス契約について、当局に登録することが求められている(インドネシア特許法第79条第1項)。なお、インドネシアでは、2016年に特許法に大きな改正があった。当該改正前は、ライセンス契約の登録について、具体的な手続に関する法令が整備されていなかったため、当局にライセンス契約を届け出るという実務が慣行として行われる、という状況であったが、当該改正によって、登録手続が整備された。ライセンス契約の登録は、第三者対抗要件と位置付けられている(同条第2項)。

(2) ライセンス契約の内容に対する規制

インドネシアの特許法には、ライセンス契約の登録を拒絶すべき事由が規定されている。すなわち、インドネシア特許法第78条は、「ライセンス契約は、インドネシアの国家利益を害する規定を含んではならず、インドネシア国民の技術移転・管理・開発の能力を妨げる制限を課すものであってはならない」と規定しており、同法第79条第3項は、「大臣は、第78条の規定を含むライセンス契約の登録申請を拒絶しなければならない」と規定している。

この点に関連して、インドネシア事業競争監視委員会(Business Competition Supervisory Commission)の規則2009年No.2に基づくガイドラインによれば、ライセンシーによる改良技術についてライセンサーにライセンスを許諾させるグラントバック条項や、当該改良技術についてライセンサーに権利を移転させるアサインバック条項は、不公正な競争に該当するものと位置付けられている。

グラントバック条項の例

Licensee shall grant to Licensor a worldwide, fully paid-up, nonexclusive license, with the right to sublicense, to practice any improvements to be developed by Licensee based on the technologies licensed by Licensor hereunder.

(和訳)
ライセンシーは、本契約に基づいてライセンサーにより許諾される技術に基づいてライセンシーによって開発される一切の改良について、これを実施する、全世界対象、支払済み、非独占的なライセンス（サブライセンス権を含む）を、ライセンサーに対して許諾する。

アサインバック条項の例
Licensee shall assign to Licensor all intellectual property rights with regard to any improvements to be developed by Licensee based on the technologies licensed by Licensor hereunder.

(和訳)
ライセンシーは、本契約に基づいてライセンサーにより許諾される技術に基づいてライセンシーによって開発される一切の改良に関する知的財産権を、ライセンサーに譲渡する。

(3) ライセンサーの観点からの留意点

　特許法において登録拒絶事由とされている規定がライセンス契約に含まれている場合に、当該ライセンス契約全体または関連する規定の効力が裁判所によって直ちに否定されるかは、必ずしも明らかではない。しかし、ライセンシーから、アサインバック等の規定について削除を求める根拠として、特許法における上記の規定が指摘されることは、十分に考えられる。
　ライセンサーとなる日本企業としては、現地ライセンシーの行為を制限する規定として、改良技術のアサインバック条項等を含めたいと考える場面は多いと思われるが、かかる規定の有効性に関しては、個別案件に応じて専門家に照会を行い、ライセンシーとの交渉に備えることが望ましい。

3　マレーシア

(1)　登録の要否等

　マレーシア特許法第41条第2項は、ライセンス契約の書面性を要求している。また、同法第42条は、ライセンス契約の登録を当局に求めることができる、としているが、登録は義務とはされていない。

(2)　ライセンス契約の内容に対する規制

　マレーシア特許法第45条は、「ライセンス契約における規定または条件は、ライセンシーに対して、工業的および商業的分野において、この章によって特許権者に与えられる権利から生じるものでない、または、当該権利の保護に必要でない制限を課す場合、無効とする」と規定し、ライセンス契約中に記載しても無効とされる内容を明らかにしている。ただし、「特許発明実施の範囲、程度もしくは期間、または、特許発明を実施することができる地域、または、それに関連する製品の品質もしくは量に関する制限」や、「特許の有効性を害する可能性がある行為を差し控えさせるためにライセンシーに課せられる義務」は、無効とされないことが明示されている。後者は、いわゆる不争条項の有効性を肯定するものであり、ライセンサー側に有利な法令の規定と言える。

> **不争条項の例**
> Licensee shall not challenge Licensor's ownership of or the validity of the licensed patents.
>
> （和訳）
> ライセンシーは、ライセンス対象特許についてのライセンサーの権利およびその有効性を争ってはならない。

　他方、同法第46条は、ライセンス契約の期間中に、ライセンス対象の特許出願が取り下げられもしくは拒絶された場合、または、特許が放棄されもしくは無効と宣言された場合について、ライセンシーがその後のライセンス料を支払う義務を負わないことを明らかにするとともに、原則として、すでに行った支払いの返還を求めることができる、と規定している。なお、同条は、例外と

して、ライセンシーがライセンスから有効に利益を得ている場合で、ライセンス料の支払いの返還を求めることが不公平である旨をライセンサーが証明した場合には、返還義務の全部または一部を免れることができる、とも規定している。

(3) ライセンサーの観点からの留意点

日本においては、特許が事後的に無効と判断された場合のライセンス料の返還義務の有無について法令は規定していないが、マレーシアでは特許法に関連規定があることが、特徴的であると言える。

マレーシアの現地ライセンシーと契約を行う場合には、当該規定が強行法規と位置付けられるのか、あるいは、当事者の合意（すなわちライセンス料不返還条項）によって適用を排除し得る任意規定と位置付けられるのか等につき、専門家に照会して対応することが望ましい。

ライセンス料不返還条項の例
Licensee may not seek refund of royalties paid under this Agreement even if any of the licensed patents has become invalid.

(和訳)
ライセンス対象特許が無効となった場合でも、ライセンシーは、本契約に基づいて支払われたロイヤリティの返還を求めることはできない。

---

4 フィリピン

(1) 登録の要否等

フィリピンにおいて、ライセンス契約の登録は効力発生要件ではないが、ライセンス契約に関する法令を遵守していることを確認するために、当局の承認を得る手続が用意されている。

(2) ライセンス契約の内容に対する規制

フィリピン共和国法第8293号（知的財産法とも呼ばれる）は、技術移転契約の一類型として、知的財産に関するライセンス契約を規律している。そして、

同法第87条は、技術移転契約に含めてはならないものとして、以下の規定をリストアップしている。

- ライセンサーが指定する特定の供給元からの資本財、中間製品、原料およびその他技術を調達、あるいは、ライセンサーが示した人員を終身雇用する義務をライセンシーに課す規定
- ライセンスに基づいて生産される製品の販売または転売価格を決定する権利をライセンサーに留保する旨の規定
- 生産量および生産構造に関しての制限を含む規定
- 非独占的な技術移転契約において、競合する技術の使用を禁止する規定
- ライセンサーに全部または一部の買取オプションを与える規定
- ライセンスされた技術の使用により得られた発明または改良をライセンサーに無償で移転することをライセンシーに義務付ける規定
- 使用されていない特許について特許権者にロイヤリティの支払いを求める規定
- ライセンス対象製品を製造または販売するための排他的ライセンスがすでに許諾されている国への輸出など、ライセンサーの適法な権利の保護のための正当な理由なしにライセンス対象製品の輸出をライセンシーに禁止する規定
- ライセンシーの責めに帰すべき事由による早期終了の場合を除き、技術移転契約の終了後も提供された技術の使用を制限する規定
- 有効期間満了または解除後も特許その他の産業財産権に対する支払いを求める規定
- 提供された技術の特許について有効性を争わないことを技術受領者に義務付ける規定
- 移転された技術を受け入れて現地の状況に適合させる研究開発活動、または、新たな製品、工程または装置に関して研究開発プログラムを開始することを制限する規定
- ライセンサーが指定した品質基準を損なわない範囲において、ライセンシーが輸入された技術を現地の状況に適合させること、または、技術に革新をもたらすことを禁止する規定
- 技術移転契約に基づく債務不履行に対する責任、または、ライセンス対象製品またはライセンス対象技術の使用に関して提起された第三者訴訟から生じる責任につき、ライセンサーを免除する規定

・以上と同等の効力を有するその他の規定

(3) ライセンサーの観点からの留意点

フィリピン知的財産法の規定に照らすと、ライセンシーに不争義務を課す規定（不争条項）や、ライセンス対象技術による第三者権利侵害についてライセンサーの責任を免除する規定は、その効力が否定されるおそれがあるため、フィリピン現地のライセンシーに対して技術ライセンスを行おうとする日本企業としては、注意が必要である。

なお、フィリピン共和国法第8293号第88条は、技術移転契約の準拠法をフィリピン法とすることを求め、紛争解決手段にも制約を課しているので、この点も留意すべきである。

第三者権利侵害についてライセンサーの責任を免除する規定の例

Nothing in this Agreement shall be construed as a representation made or warranty given by Licensor that the licensed technology does not infringe the patent rights of any third party.

（和訳）
本契約のいかなる条項も、ライセンス対象技術が第三者の特許権を侵害しないことをライセンサーが表明または保証するものと解釈されてはならない。

5　シンガポール

(1) 登録の要否等

シンガポールでは、ライセンス契約の登録は義務ではないが、登録することにより善意の第三者に対してもライセンスの対抗が可能になる（シンガポール特許法第43条）。

(2) ライセンス契約の内容に対する規制

ア　競争法の観点からの規制

シンガポールの契約法はコモン・ローに基礎を置いており、契約自由の原則が適用されるが、競争法による制約が課せられる。

この点、シンガポール競争消費者委員会（Competition and Consumer Commission of Singapore、CCCS。2018年4月2日より前の名称はCompetition Commission of Singapore）が、競争事案における知的財産権の取扱いに関するガイドライン（CCCS Guidelines on the Treatment of Intellectual Property Rights in Competition Cases 2016）を公開している。

同ガイドラインにおいては、ライセンシーからライセンサーに対してライセンス対象技術の改良について利用許諾を与えるグラントバック条項につき、直ちに競争法に違反するものではないと位置付けられており、特に、非独占的なグラントバック条項については、一般に反競争的効果は生じないとされている。ただし、例外的に、ライセンシーの研究・開発を行うインセンティブを減殺する事情がある場合には、競争法への抵触が問題になり得る。

また、ライセンス契約中において、ライセンシーによる技術の利用行為について、地理的または技術的範囲に制限を加える規定を置くことについても、通常、反競争的な効果は生じないものと位置付けられている。

さらに、ライセンシーが、ライセンス対象技術と競合する技術を使用することを禁止するような条項についても、競合者間の市場分割の効果をもたらすなどの事情がない限り、反競争性は問題にならないと位置付けられている。

イ 特許法の観点からの規制

シンガポール特許法第51条によれば、

- 特許製品または特許方法によって得られた製品以外の製品について、ライセンシーに対して、ライセンサー（またはライセンサーの指定する者）から購入することを義務付け、または、ライセンシーに対して特定の者から購入すること、もしくは、ライセンサー（またはライセンサーの指定する者）以外の者から購入することを禁止する規定は、原則として無効とされる。

(3) ライセンサーの観点からの留意点

CCCSのガイドラインの内容に照らすと、シンガポールでは、ライセンス契約において一定類型の規定を置くことが直ちに反競争的であると位置付けられるのではなく、市場の状況等の個別具体的な事情を勘案して、競争法違反か否かが判断されると考えられる。この点では、日本に近い状況ともいえる。

ただし、シンガポール特許法第51条は、ライセンス契約に含めることが禁止される規定を明示しているので、この点については注意が必要である。

6 タイ

(1) 登録の要否等

タイでは、特許ライセンスについて、登録制度を採用している（タイ特許法第41条）。この登録は義務的とされており、登録のない特許ライセンス契約の効力は無効とされる。したがって、ライセンシーの観点からは、特許ライセンスの登録は必須であると言える。さらに、ライセンサーの視点からも、特許ライセンスの登録を懈怠すると、強制実施権の設定（同法第46条）や不実施取消（同法第55条）の対象とされるおそれがあるので、注意が必要である。

(2) ライセンス契約の内容に対する規制

ライセンス契約の登録に際しては、特許ライセンス契約は当局による審査の対象となり、審査において、公平に欠ける条項や、権利や競争を不当に制限する条項が発見された場合、当該条項については登録が拒絶される。

不当に反競争的であるか否かの判断については、タイ特許法に基づく省令第25号（Ministerial Regulation No. 25 (B.E. 2542) issued under the Patent Act (No. 2) B.E. 2558）が、類型的に不当に反競争的であるとされる規定の例と、個別事案に応じて不当に反競争的であるか否かが判断される規定の例を挙げている。

たとえば、ライセンシーに適切な報酬を支払うことなく、ライセンサーに対して改良発明を排他的に実施させることを義務付ける規定（排他的なグラントバック条項）は、不当に反競争的であるとみなされる。また、特許期間満了後もロイヤリティの支払いをライセンシーに義務付ける規定も、不当に反競争的であるとみなされる。さらに、ライセンシーに対して、ライセンス対象特許の無効を主張することを禁止する規定（不争条項）も、不当に反競争的であるとみなされる。

他方、ライセンシーによる研究や開発について制限を課す規定については、類型的に、不当に反競争的であるとみなされるものではなく、個別の事案に応じて判断される。ライセンシーに対して、第三者の発明等を使用することに制限を課す規定についても、同様に、個別事案に応じて、不当に反競争的であるか否かが判断される。

> **排他的なグラントバック条項の例**
> Licensee shall grant to Licensor a worldwide, fully paid-up, exclusive license, with the right to sublicense, to practice any improvements to be developed by Licensee based on the technologies licensed by Licensor hereunder.
>
> (和訳)
> ライセンシーは、本契約に基づいてライセンサーにより許諾される技術に基づいてライセンシーによって開発される一切の改良について、これを実施する、全世界対象、支払済み、独占的なライセンス（サブライセンス権を含む）を、ライセンサーに対して許諾する。

(3) ライセンサーの観点からの留意点

ライセンス契約の登録が効力発生要件とされ、かつ、不当に反競争的とみなされて登録が拒絶される類型が法令によって定められていることに照らすと、ライセンサーとしては、他の国で有効性が肯定され得る規定についても、タイのライセンシーとの関係では、都度、法令違反とならないことを現地法専門家に照会等して確認することが望ましい。

7　ベトナム

(1)　登録の要否等

ベトナム知的財産法によれば、ライセンス契約は書面で締結される必要がある（同法第141条第2項）。ライセンス契約は、当局に登録されることにより、第三者に対抗できるようになる（同法第148条第2項）。

また、ベトナムの国境をまたぐ技術移転を規律するベトナム技術移転法（2018年施行）においても、ライセンス契約は書面性が要求される（同法第22条第1項）。さらに、原則として当局への登録も必要となる（同法第31条第1項）。

(2)　ライセンス契約の内容に対する規制

ア　ベトナム知的財産法に基づく規制

ライセンス契約において規定すべき事項は、ベトナム知的財産法第144条に

おいて定められており、当該事項としては、ライセンス対象の権利ならびにライセンスの範囲、期間および対価等が含まれる。

さらに、同条第2項は、以下の規定をライセンス契約に含めることを禁止している。

- 商標以外の産業財産権を改良することをライセンシーに対して禁止すること、また、当該改良に関して、無償ライセンスを付与し（無償のグラントバック条項）または産業財産権の登録もしくは産業財産権をライセンサーに対して譲渡すること（アサインバック条項）を、ライセンシーに対して強制すること
- 産業財産権を対象とするライセンス契約に基づいて生産された製品または提供されたサービスについて、ライセンサーが産業財産権を保有せず、また当該製品を輸入する排他的権利を有していない地域へライセンシーが輸出することを直接または間接に制限すること
- ライセンスに基づいて生産された製品または提供されたサービスの品質の保証を目的とせずに、ライセンサーまたはライセンサーの指定する者から素材、部品または設備の全部または一部を購入するようライセンシーに強制すること
- 産業財産権またはライセンスに関する権利の効力を争うことをライセンシーに対して禁止すること

そして、同条第3項は、これらの規定が職権により無効とされることを定めている。さらに、同法に関するガイドラインによれば、これらの規定を含むライセンス契約は登録が拒絶される。

イ　ベトナム技術移転法に基づく規制

ベトナム技術移転法第23条第10項は、ライセンサーに対して、ライセンス対象技術についての保証責任を負わせるものと解されている。ただし、同法の規定上、保証を行うべき範囲は明示されていないため、ライセンサーとしては、自らが負う技術保証責任の範囲を契約上にて明記するべきと考えられる。

加えて、技術移転法は、原則として、ライセンサーに対して、ライセンス対象技術が第三者の権利を侵害しない旨を保証するよう義務付けている（同法第25条第2項第a号）。しかし、当該義務は当事者間の合意によって排除可能であると解されている。

(3) ライセンサーの観点からの留意点

　ベトナム知的財産法において、ライセンス契約において定めることが禁止されている規定が列挙されているため、ライセンサーとしては当該制限に反しない限りで、自らの権利および利益を守るための契約条項を定めていくこととなる。また、ベトナム技術移転法の規定に照らして、ライセンス対象技術の保証および第三者権利非侵害の保証については、その範囲および有無について、ライセンス契約において明示する必要性が高いと言える。

（山内真之）

II

国際仲裁・国際調停

1 はじめに

　国際ビジネス紛争を解決する手段として、国際仲裁が世界的に活用されているが、日本企業、特に中小企業による国際仲裁の理解および活用が進んでいるとはまだまだ言い難い。このため、本来日本側が強いバーゲニング・パワーを持っているときまでも、相手国企業の提案のままの仲裁条項となり、実際紛争が発生した場合に外国での仲裁を余儀なくされるなど不利な状況となる場合がある。

　こうした状況を改善して日本における国際仲裁を活性化すべく、政府は、いわゆる骨太の方針2017において国際仲裁の基盤整備のための取組みを重要な政策の1つに掲げ、2017年9月に、「国際仲裁の活性化に向けた関係府省連絡会議」を立ち上げ、2018年4月に同会議の中間とりまとめとして「国際仲裁の活性化に向けて考えられる施策」を公表した。さらに骨太の方針2018年も、国際仲裁など国際紛争への対応能力を強化するとした。

　そして、2018年2月に設立された一般社団法人日本国際紛争解決センター（Japan International Dispute Resolution Center（JIDRC））は、本年5月から、大阪中之島合同庁舎2階の施設で日本国際紛争解決センター（大阪）（JIDRC-Osaka）の運用を開始した。

　一方、国際ビジネス紛争解決の他の有力な手段としての国際調停については、公益社団法人日本仲裁人協会と同志社大学の連携により2018年11月に京都国際調停センター（Japan International Mediation Center in Kyoto（JIMC-Kyoto））が開所した。

　このように日本においても国際仲裁・調停のインフラが整いつつある現在、本節では、国際仲裁・調停の概要および現状、国際取引における国際仲裁・調停の重要性、具体的な条項例等を述べたうえ、日本企業の紛争解決に活用されることが期待され、筆者が事務局を務める日本国際紛争解決センターおよび京都国際調停センターも紹介していきたい。

●2 国際仲裁について

(1) 仲裁とは・仲裁の長所

　仲裁とは、当事者が「紛争の解決を第三者にゆだねる旨の合意およびその判断に従うという合意に基づいて紛争を解決すること」をいう[1]。つまり、当事者が仲裁人の選択に関与し、仲裁人が最終的な判断を行うという紛争解決方法である。

　訴訟と比較した仲裁の長所としては、まず**中立性**を挙げることができる。訴訟の場合は、国によっては裁判所による自国当事者の優遇傾向が懸念され、中でも政府関連企業が当事者である場合などは何らかのバイアスがかかる可能性も否定できない場合がある。一方、仲裁は第三国で行うことができ、手続を主宰する仲裁人の選任にも関与できるので、中立性が高いとみなされることが多い。

　次に、国際的な**強制執行の容易性**が挙げられる。一般的に訴訟における判決は、条約などがない限り、国家を超えて執行するには困難を伴う。これに対して、仲裁の場合は、外国仲裁判断の承認及び執行に関するニューヨーク条約に加盟している国であれば、当該国において執行することが可能である。

　その他仲裁の長所としては、手続方法を合意により決めることができるという**柔軟性**、上訴がないことによる**迅速性**、専門性を有する仲裁人が選択可能であるという**専門性**を挙げることができる。また、仲裁においては手続が非公開なので、企業秘密や営業秘密が絡む案件の場合は、仲裁の**非公開性**は大きなメリットとなる。

　さらに特に相手方が米国企業の場合は、上記に加え、米国民事訴訟における陪審裁判や、広汎なディスカバリー制度（トライアルの前にその準備のため、法廷外で当事者が互いに、事件に関する情報を開示し収集する手続）を避けるといったことも仲裁を選択する理由となりうる。

---

1) 近藤昌昭ほか『仲裁法コンメンタール』（商事法務、2003）6頁。

(2) 主な国際仲裁機関とその仲裁件数

仲裁の種類としては、仲裁機関が関与しない「アドホック仲裁」もあるが、通常は、仲裁機関による案件管理のサポートが得られる「機関仲裁」が推奨される。主な国際仲裁機関の受任件数は、下の表のとおりである。機関によりバラつきがあるが、全体として年々仲裁件数は増加しており、国際的ビジネスに不可欠な司法インフラとなっている。

	2011	2012	2013	2014	2015	2016	2017
JCAA	22	15	26	14	21	16	17[2]
ICC	796	759	767	791	801	966	810[3]
LCIA	224	265	290	296	326	303	285[4]
AAA/ICDR (ICDRのみ)	994	996	1165	1015	1064	1050	1026[5]
SIAC	188	235	259	222	271	343	452[6]
HKIAC	275	293	260	252	271	262	297[7]
CIETAC (国際案件)	470	331	375	387	437	485	476[8]
7機関合計	2969	2894	3142	2977	3191	3425	3363

なお、上記仲裁機関の特徴は以下のとおりである。

---

2) http://www.jcaa.or.jp/jcaa/docs/h 29 _ 1 .pdf（2018年8月23日最終閲覧）。
3) https://cdn.iccwbo.org/content/uploads/sites/ 3 / 2018 / 07 / 2017 -icc-dispute-resolution-statistics.pdf（2018年8月23日最終閲覧）。
4) Fact and Figures- 2017 Casework Report：http://www.lcia.org/LCIA/reports.aspx（2018年8月23日最終閲覧）。
5) https://www.adr.org/sites/default/files/document_repository/AAA_AnnualReport_Financials_ 2018 .pdf（2018年8月23日最終閲覧）。
6) http://www.siac.org.sg/ 69 -siac-news/ 560 -siac-announces-new-records-for- 2017（2018年8月23日最終閲覧）。
7) http://www.hkiac.org/about-us/statistics（2018年8月23日最終閲覧）。
8) http://www.cietac.org/index.php?m=Article&a=show&id= 15422 &l=en（2018年8月23日最終閲覧）。

ア JCAA

日本商事仲裁協会（JCAA：Japan Commercial Arbitration Association）は、1953年に設立された日本における代表的な仲裁機関の1つである。直近6年間の申立件数は14〜26件と多くなく、今後、より多くの利用が望まれる。2019年1月1日より新仲裁規則が施行され、従来の2つの規則（商事仲裁規則・UNCITRAL仲裁規則）が改正されると共に、新たな規則（インタラクティヴ仲裁規則）が制定されたことに留意が必要である。なお、単にJCAAのもとでの仲裁を規定している場合には、商事仲裁規則が適用される（商事仲裁規則第3条第2項）。

イ ICC

国際商業会議所国際仲裁裁判所（ICC International Court of Arbitration）は、1923年に設立されたパリに本部を持つ仲裁機関である。国際的な認知度、案件管理の充実性等において世界的に高い評価を得ている。

ウ LCIA

ロンドン国際仲裁裁判所（LCIA：London Court of International Arbitration）は19世紀に設立され、仲裁機関としての歴史が長い。グローバルな仲裁機関であり、当事者の80％以上は、英国外の当事者である[9]。

エ AAA/ICDR

アメリカ仲裁協会（AAA：The American Arbitration）は、1926年に設立された全米最大の訴訟外紛争解決機関である。1996年には、AAAの国際部門として紛争解決国際センター（ICDR：International Centre for Dispute Resolution）が設立され、集中して国際仲裁案件の管理を行っている。

オ SIAC

シンガポール国際仲裁センター（SIAC：Singapore International Arbitration Centre）は、1991年に設立されたシンガポールの仲裁機関である。近年特に件数を増やしており、特にインド、東南アジアなどに関連する仲裁について選択されることが多い。

---

9) 前掲注4) 参照。

カ　HKIAC

香港国際仲裁センター（HKIAC：Hong Kong International Arbitration Centre）は、1985年に設立された香港の仲裁機関である。中国本土と香港の間には、「中国本土と香港特別自治区との間の仲裁判断の相互執行に関する協定」があり、当該協定に基づいて香港の仲裁判断を中国本土において執行することが可能であることから、中国関連の紛争について選択されることも多い。

キ　CIETAC

中国国際経済貿易仲裁委員会（CIETAC：China International Economic and Trade Arbitration Commission）は、1956年に設立された中国の仲裁機関である。

中国企業との取引の場合は、仲裁機関としてCIETACを指定されることも多いが、仲裁廷の長について当事者が合意できずにCIETACが選任する場合で、特に準拠法が中国法の場合は、仲裁廷の長として中国人が選任されることが多いので、この点注意が必要である。

(3)　仲裁の条項例

機関仲裁の場合は、それぞれの機関において推奨されるモデル条項があるので、基本的にはこの条項を契約書に入れるべきである。これによって、仲裁合意の有効性が確保される。修正する場合は弁護士に相談することが望ましい。以下に条項例として、JCAA、AAA/ICDRのモデル条項を挙げる。

(JCAA[10])
"All disputes, controversies or differences which may arise between the parties hereto, out of or in relation to or in connection with this Agreement shall be finally settled by arbitration in (name of city), in accordance with the Commercial Arbitration Rules of The Japan Commercial Arbitration Association."

(和訳)
この契約からまたはこの契約に関連して、当事者の間に生ずることがあるすべての紛争、論争または意見の相違は、一般社団法人日本商事仲裁協会の商事仲裁規則に従って、（都市名）において仲裁により最終的に解決されるものとする。

---

10)　JCAA「仲裁について」：https://www.jcaa.or.jp/arbitration/clause.html（2018年8月23日最終閲覧）。

> (ICDR[11])
> "Any controversy or claim arising out of or relating to this contract, or the breach thereof, shall be determined by arbitration administered by the International Centre for Dispute Resolution in accordance with its International Arbitration Rules."
> また、以下も加えることを検討すべきとされている[12]。
> "a. The number of arbitrators shall be (one or three);
> b. The place of arbitration shall be [city, (province or state), country]; and
> c. The language (s) of the arbitration shall be ＿＿＿＿＿＿."

　仲裁合意の対象となる紛争の定め方としては、仲裁合意が適用される紛争の範囲に関して争いが生じることを防ぐため、広く契約に関連性のある事項（不法行為等も含む）を含むように定めること（" arising out of or relating to this contract" 等）がのぞましい。

　仲裁地を選択することは必要かつ重要なステップである。仲裁地は、仲裁の法律上の本拠地（judicial home）であり、仲裁手続については仲裁地の仲裁法が適用される。また、仲裁判断の取消しの申立てについて仲裁地の裁判所が管轄権を有することになる。仲裁地を選択する場合には、①仲裁地国がニューヨーク条約に加盟していること[13]、②仲裁法が UNCITRAL モデル法に基づくものであるなど、親仲裁的であること（UNCITRAL モデル法に準拠している国は UNCITRAL の以下のサイトで確認することができる。http：//www.uncitral.org/uncitral/en/uncitral_texts/arbitration/ 1985 Model_arbitration_status.html）、および③裁判所が仲裁につき有用な援助を効率的に与え、不当な干渉を行わず、偏見のない判断を行う実績があること、を満たす法域の中から、仲裁地を定めるべきである。なお、ICC 等海外の仲裁機関を利用する場合でも、仲裁地を日本と定めることは可能であり、実際そのような例もある。

　さらに、仲裁言語を特定しておくことが望ましい。契約書が英文である場合は、英語とすることが通常であろう。

---

11) ICDR, ICDR Standard Arbitration Clause：https://www.icdr.org/clauses（2018 年 8 月 23 日最終閲覧）。

12) https://www.clausebuilder.org/cb/faces/standard/StandardSelection?_adf.ctrl-state=eql 9 sc 1 wr_ 41

13) ニューヨーク条約の加盟国は、「相互承認留保（仲裁判断を下された国がニューヨーク条約の加盟国でなければ当該仲裁判断を執行しない）」をしている国が多く存在する。

🌐 3　国際調停について

(1)　調停とは

　調停とは、紛争当事者が、手続主宰者（調停人）による仲介等の援助を得ながら解決合意の成立を目指す自主的な手続である[14]。

　調停と仲裁の最も大きな相違点は、民事上の紛争の解決方法の内容を最終的に決定する主体が、当事者であるか第三者（仲裁人／仲裁廷）であるかという点である。仲裁においては、仲裁廷が判断を下し、当事者はそれに従わなければならないのに対し、調停では、紛争解決のための合意内容を決定するのは当事者であり、当事者が結果をコントロールできる。ただし、仲裁と異なり、調停人は、当事者の合意を促進するだけであり、強制執行可能な判断を下すことはできない。

　また、国際商事調停の場合、調停期間は1日～数日が一般的であり、迅速に紛争を解決できる。その結果、裁判・仲裁と比較して圧倒的にコストも安く済む。また、裁判・仲裁と比較すると、基本的には第三者を交えた話し合いである調停は対立性が低いことから、日本企業にも馴染み易い。

　しかし仲裁と調停は二者択一的なものではなく、まず調停を行い合意できなかった場合に仲裁を申し立てたり、仲裁手続の開始後に話し合いを調停手続において行ったりということは十分可能である。実際にも、調停で合意した後、執行力を得るために仲裁に移行してその合意内容で仲裁判断を下してもらう「Med-Arb」という手続や、仲裁手続の申立て後、調停に移行し、合意に至った後、再び仲裁手続に戻って調停での合意内容で仲裁判断を下すという「Arb-Med-Arb」とよばれる手続が近年行われている（後記3⑶参照）。

(2)　国際調停機関

　JCAA、ICC、AAA/ICDRなど主要な国際仲裁機関では、国際調停も扱っている。また調停の場合には、特定の調停機関を利用しないアドホック調停も多い。調停専門の機関としては、以下が挙げられる。

---

[14]　山本和彦＝山田文『ADR仲裁法〔第2版〕』（日本評論社、2015）151頁。

ア CEDR[15]

CEDR（Centre for Effective Dispute Resolution）は、イギリスをベースとし、商事調停を中心としたADRを提供する機関である。CEDRによる国際商事調停人の資格認定は、現在のところ国際的に最も信頼される資格となっている。

イ SIMC[16]

シンガポール国際調停センター（SIMC：Singapore International Mediation Centre）は2014年に設立された新しい国際調停機関である。SIAC（シンガポール国際仲裁センター）と連携して、Arb-Med-Arbなども推進している。2017年の新受件数は22件[17]である。

(3) 調停のモデル条項

紛争解決手段を調停とする場合の条項例として、SIMCのモデル条項を挙げる[18]。

ア 契約書に入れる紛争解決条項例（紛争発生前）

取引契約の中に紛争解決方法を調停と定める場合の条項例は以下のとおりである。SIMCのモデル条項のため、調停地がシンガポール、調停規則がSIMCの調停規則と記載されているが、【 】内を他の調停地、他の調停機関規則とすることも可能である。

> "All disputes, controversies or differences arising out of or in connection with this contract, including any question regarding its existence, validity or termination, shall be first referred to mediation in 【Singapore（調停地）】 in accordance with 【the Mediation Rules of the Singapore International Mediation Centre（調停規則）】 for the time being in force."

---

15) https://www.cedr.com/
16) http://simc.com.sg/
17) Email dated May 12, 2018 from Mr Go Aloysius, CEO of SIMC
18) SIMC Mediation Clause：http://simc.com.sg/simc-mediation-clause/

イ　紛争発生後の紛争解決条項例

紛争発生後に、当事者間で調停を行うことを合意する場合の条項例は以下のとおりである。上記アとは、太字部分が異なる。こちらも、【　】内を他の調停地、他の調停機関規則とすることも可能である。

> "All disputes, controversies or differences arising out of or in connection with this contract, including any question regarding its existence, validity or termination, **may, notwithstanding the commencement of any other proceedings,** be referred to mediation in 【Singapore（調停地）】 in accordance with 【the Mediation Rules of the Singapore International Mediation Centre（調停規則）】 for the time being in force."

ウ　Arb-Med-Arb の条項例[19]

SIMC は SIAC と協定を締結して協力関係にあるため、① SIAC での仲裁申立て→② SIMC での調停→③合意に至った場合、合意内容での SIAC での仲裁判断、という内容での **Arb-Med-Arb** の条項となっている。

> "Any dispute arising out of or in connection with this contract, including any question regarding its existence, validity or termination, shall be referred to and finally resolved by arbitration administered by the Singapore International Arbitration Centre ("SIAC") in accordance with the Arbitration Rules of the Singapore International Arbitration Centre ("SIAC Rules") for the time being in force, which rules are deemed to be incorporated by reference in this clause.
>
> The seat of the arbitration shall be Singapore.
>
> The Tribunal shall consist of _____ arbitrator（s）.
>
> The language of the arbitration shall be _____.
>
> The parties further agree that following the commencement of arbitration, they will attempt in good faith to resolve the Dispute

---

[19]　Singapore Arb-Med-Arb Clause：http://simc.com.sg/the-singapore-arb-med-arb-clause/

through mediation at the Singapore International Mediation Centre ("SIMC"), in accordance with the SIAC-SIMC Arb-Med-Arb Protocol for the time being in force. Any settlement reached in the course of the mediation shall be referred to the arbitral tribunal appointed by SIAC and may be made a consent award on agreed terms."

4 日本国際紛争解決センター（大阪）について

　日本国際紛争解決センター（大阪）（JIDRC-Osaka）は、大阪の中之島合同庁舎2階に置かれる一般社団法人日本国際紛争解決センターのオフィスであり、仲裁・調停等の裁判外解決手続（ADR）や関連セミナー等のため必要となるハードインフラを提供する。JCAA、日本スポーツ仲裁機構，日本海運集会所、ICC、SIACなど日本や海外の機関仲裁・調停やアドホック仲裁・調停の審問等で利用可能である（http://www.idrc.jp/index.html#）。

　ADRの審問等で利用するためのJIDRC（大阪）の事務手数料は非常に廉価に設定されており、大会議室で4時間5万円、中会議室で4時間1万円、小会議室で4時間5000円となっている。

　なお、2020年には東京オリンピック・パラリンピックが予定されるが、その際生じうるスポーツ事案について、開催地にて迅速に審理・判断するための臨時仲裁廷を設ける必要があることなどから、日本国際紛争解決センターは、2019年度中には、東京にも施設をオープンさせる予定である。

大阪中之島合同庁舎

2018年4月26日のオープニングセレモニーで会場として使用

（左写真出典：大阪地方検察庁ホームページ http://www.kensatsu.go.jp/kakuchou/osaka/page1000060.html）

第5章 英文契約の近時のトピックス

🌐 5 京都国際調停センターについて

　一方、国際ビジネス紛争解決手段の他の方法としての国際調停については、公益社団法人日本仲裁人協会と同志社大学の連携により、2018年11月に京都国際調停センター（JIMC-Kyoto）が開所した。ハードインフラとそれに付随するサービスのみを提供する日本国際紛争解決センターとは異なり、京都国際センターは、機関調停の実施機関として、同志社大学の同時通訳ブースを含むハードインフラが利用できるほか、調停規則、国際調停人リストなどソフトインフラも備え、国際標準の調停を日本で行うことを目指して設立されたものである。また、調停開催地として高台寺も利用可能であり、今後さらに利用可能な寺院が追加される予定である（https://www.jimc-kyoto-jpn.jp）。

　アドホック調停のサポートのほか、国際調停人の研修、セミナーの実施なども行う。さらに、シンガポール国際調停センター（SIMC）と覚書を締結し、海外の著名な調停人を含むADRに精通した調停人名簿を整備するとともに、他の国際調停機関と比較して、調停申立費用や管理費用も安価に設定されている。

同志社大学今出川キャンパス

会議室（中）

会議室（小）

（上写真出典：同志社大学ホームページ http://www.doshisha.ac.jp/information/campus/imadegawa/imadegawa.html）

6 国際仲裁・国際調停のまとめ

　日本企業が外国企業と取引することが一般的になっている今、国際仲裁や国際調停は、日本企業にも必須の司法インフラである。これが日本国内で整備されることによって、日本における紛争解決の選択肢が増え、法的紛争に対し、国際仲裁、国際調停、またはその両者の効果的な組合せにより的確に対処することが可能となる。また、海外企業との契約交渉の段階から、将来、紛争となった場合の解決策として、日本における国際調停・国際仲裁の可能性を念頭において交渉に臨むことができる。

　今後は大企業だけでなく、中小企業も国際ビジネス紛争に巻き込まれる機会が増加すると思われるが、日本国内で紛争を効果的に解決できることになれば、日本企業にとって海外進出に伴う法的・経済的リスクを低減させることにつながり、費用、労力、安心感等メリットは非常に大きく、海外事業を展開していくうえでの大きな安心材料となる。

　このように日本において国際仲裁・国際調停のインフラが整備されつつある現在、日本企業は、国際取引契約の仲裁地・調停地を日本にすること、または紛争発生後、審問などで上記のような日本の施設を利用することを積極的に検討すべきである。

（土屋智恵子）

Column
「シンガポール条約」
～国際調停に執行力を付与～

　本書でも記載しているとおり、仲裁の場合、外国仲裁判断の承認及び執行に関する条約（「ニューヨーク条約」）があり、これに加盟している国であれば、仲裁判断を当該国において執行することが可能であり、国際的な強制執行が容易と言える。これに対して、調停の場合は、一般的に強制執行が可能でなく、また、これまでにニューヨーク条約のような国際条約がなかった。

　一方で、2018年6月、国際連合国際商取引法委員会（United Nations Commission on International Trade Law、「UNCITRAL」）第51回会期において、Convention on International Settlement Agreements resulting from Mediation（筆者訳：調停による国際和解合意に関する条約、「本条約」）およびこれに対応するモデル法（Model Law on International Commercial

Mediation and International Settlement Agreements Resulting from Mediation (amending the UNCITRAL Model Law on International Commercial Conciliation of 2002))の最終草案が承認され、2018年12月21日、国連総会で承認された。本条約の目的は、調停の当事者が、調停による和解合意に基づいて、国境を越えて強制執行できるようにすることであり、本条約の第3条第1項は、"Each Party to the Convention shall enforce a settlement agreement in accordance with its rules of procedure and under the conditions laid down in this Convention."（筆者訳：「各締結国は、本条約で定める条件の下に、その手続規則に従って、和解合意を執行するものとする」）と定めている。なお、本条約が適用される「調停」の範囲は、国際商事調停に限られる（本条約第1条）。また、モデル法は、国際調停の効率的な手続を規定するとともに、本条約の内容を各国において実施するための法律のモデル法案である。本条約は、仲裁の場合のニューヨーク条約と同様に成功することが期待されている。

　調停は、仲裁や訴訟より迅速かつ安価で、ビジネス上の関係を壊しにくいという大きな利点がある。しかし、これまでは調停による和解合意は当事者同士の単なる同意にすぎず、強制執行が可能でないことが欠点であった。本条約は、調停による和解合意を強制執行可能にする法的な枠組みをつくることで、調停の欠点を克服するものであり、非常に大きな意義を有するものである。

　本条約は、2019年8月にシンガポールで署名され、「Singapore Mediation Convention」（シンガポール条約）と呼ばれることが予定されている。本条約が発効するには、少なくとも3つの加盟国が批准する必要がある。本条約が発効して、調停による和解が強制執行可能になれば、調停は、国際紛争の解決手段としてより魅力的な選択肢となる。

　日本でも、2018年11月に、国際調停を扱う日本初の機関である京都国際調停センター（JIMC-Kyoto）がオープンし、筆者も同センターの事務局を務めている。調停は争訟を好まない日本人に合う紛争解決方法であると言える。シンガポール条約、モデル法制定など国際調停が注目される今、京都国際調停センターにおける調停も、日本企業の国際取引において紛争が発生した場合の有力な紛争解決手段となることを期待したい。

（土屋智恵子）

事項索引

あ行

アザーン ……………………………… 156, 208
アサインバック条項 …………………… 243, 252
アジア国際仲裁センター ………………… 226
アドホック仲裁 …………………………… 256
アフィリエイトオフィス ………………… 74
アポスティーユ …………………………… 84
アムパロ …………………………………… 98
アメリカ商工会議所 ……………………… 89
アメリカ仲裁協会（AAA：The American Arbitration） ……………………………… 257
アレテ（arrête） ………………………… 109
イギリスの EU 離脱（Brexit） …… 40, 121
イスラム暦新年 …………………………… 208
イドゥル・アドハ ………………………… 208
イドゥル・フィトリ ……………………… 208
移民国籍法（Immigration and Nationality Act） ……………………………………… 15
違約金 …………………………………… 142, 164
違約罰 ……………………………………… 33
イングランド法 ………………………… 31, 44
イングランド法適用法 …………………… 45
インコタームズ …………………………… 213
インターネット法院（互聯網法院） …… 171
インド契約法 ……………………………… 64
インド憲法 ………………………………… 65
インド統治法 ……………………………… 64
インドネシア事業競争監視委員会（Business Competition Supervisory Commission） ……………………………… 243
インドネシア仲裁機構 …………………… 205
インド弁護士会 …………………………… 72
ウィーン条約（国際物品売買契約に関する国際連合条約） …… 8, 37, 50, 72, 88, 102, 115, 130, 137, 154, 166, 179, 192, 206, 217, 227, 238

英国法 ……………………………………… 31
英米法 ………………………… 2, 108, 123, 173
英米法型モデル …………………………… 186
エコノミック・グループ理論 …………… 86
欧州大陸法型 ……………………………… 186
お雇い外国人 ……………………………… 108

か行

外国資本の参入 …………………………… 238
外国人登録書番号 ………………………… 84
外国仲裁判断の承認及び執行に関する条約（ニューヨーク条約） …… 8, 37, 50, 69, 72, 89, 103, 116, 131, 137, 154, 167, 179, 192, 217
外国法諮問士法 …………………………… 219
外資規制 ………………………… 133, 194, 219
外資法律事務所（foreign law firm） …… 194
会社登録機関 ……………………………… 36
会社登録番号 ……………………………… 36
拡張物価指数（IPCA） …………………… 86
瑕疵担保責任 ……………………………… 213
家庭法院 …………………………………… 211
華南国際経済貿易仲裁委員会（SCIA）… 167
株式譲渡契約 ……………………………… 152
株式譲渡証書 …………………………… 175, 200
株式の権利移転証 ………………………… 67
株主間契約 ………………………………… 151
可分性に関する条項 ……………………… 223
加盟事業取引の公正化に関する法律 …… 215
簡易仲裁手続（Expedited Procedure）… 57
簡易手続 …………………………………… 197
慣習法 ……………………………………… 222
完全合意条項 …………………………… 9, 27
監督審 ……………………………………… 196
機関仲裁 …………………………………… 256
企業登録証 ………………………………… 189
危険負担 …………………………………… 213
技術輸出入管理条例 ……………………… 165

基本合意書 ……………………………… 147
供給基本契約 …………………………… 124
競業避止義務 …………………………… 223
競業避止条項 …………………………… 67
強行法規性 ……………………………… 148
強制実施権の設定 ……………………… 250
行政法院 ………………………………… 211
京都国際調停センター（JIMC-Kyoto）
 ………………………………………… 254, 264
拒否権 …………………………………… 211
緊急仲裁手続（Emergency Arbitration）… 57
金銭債権の差押手続 …………………… 61
金銭債務の不履行 ……………………… 141
具体的規範統制 ………………………… 212
グラントバック条項 ………… 243, 249, 252
計画経済 ………………………………… 141
契約債務の準拠法に関するEU規則 …… 112
契約自由の原則 ………………………… 123
契約上の第三者の権利 …………… 32, 66
契約締結上の過失 ……………………… 163
契約の自由 ……………………………… 140
契約目的の達成不能 …………………… 20
言語法 …………………………………… 202
兼任リスト ……………………………… 221
公証人 …………………………………… 129
公証人証書 ……………………………… 111
公正証書 ………………………… 124, 129
控訴院代訴士 …………………………… 117
公的文書 ………………………………… 234
合同（hetong） ………………………… 162
口頭証拠排除法則 ……………………… 9
合同法 …………………………………… 160
高等法院 ………………………………… 211
交付（delivery） ……………… 35, 49, 66
公平取引義務 …………………………… 24
公用語 …………………………………… 96
合理的意思解釈 ………………………… 214
コール・オプション …………………… 151
国際裁判管轄の合意に関する条約（ハーグ
 条約） ………………………………… 58

国際商業会議所（International Chamber of
 Commerce：ICC） ……… 55, 89, 103, 257
国際商業会議所国際仲裁裁判所（ICC
 International Court of Arbitration）
 ……………………………………… 114, 257
国際商事調停 …………………………… 260
国際物品売買契約に関する国際連合条約
 （ウィーン条約） …… 8, 37, 50, 72, 88, 102,
 115, 130, 137, 154, 166, 179, 192, 206, 217,
 227, 238
国際連合国際商取引法委員会（United
 Nations Commission on International
 Trade Law、「UNCITRAL」） ……… 265
国立産業財産権院 ……………………… 83
国家統一法律職業資格試験 …………… 168
固定額 …………………………………… 11
コマーシャル・エージェンシー契約（代理
 商契約） ……………………………… 126
コミッタル手続 …………………… 61, 62
コモンウエルス ………………………… 225
コモン・ロー（Common Law） …… 3, 31, 45,
 58, 64, 108, 123, 221, 248
コンセイユデタ ………………………… 117

さ行

再議要求権 ……………………………… 211
債権管理 ………………………………… 189
最高人民検察院 ………………………… 161
最高人民裁判所 ………………………… 187
最高人民法院 …………………………… 161
財産開示手続 …………………………… 61
再修正版入国禁止令 …………………… 15
債務の原因（cause） ………………… 235
詐欺防止法 ……………………………… 232
三審制 …………………………………… 211
暫定救済 ………………………………… 70
サンパウロ大学経済研究所（FIPE-USP）
 ………………………………………… 86
シエスタ ………………………………… 97
ジェトゥリオ・バルガス財団（FGV） … 86

時効制度 ………………………………… 214
死者の日 …………………………………… 96
執行難 ……………………………………… 167
実際上の利益 ……………………………… 47
実損賠償主義 …………………………… 164
支店（branch of foreign law-practicing organization）……………………… 194
シビル・ロー ………… 108, 123, 146, 186, 211
司法官（magistrat）…………………… 116
市民法 …………………………………… 123
社印 ………………………………… 35, 48
上海国際仲裁センター（SHIAC）……… 167
修正版入国禁止令 ………………………… 14
州法 ……………………………………… 6, 65
州リスト ………………………………… 221
受約者 ……………………………………… 46
受領遅滞 ………………………………… 213
準拠法 …… 7, 99, 112, 130, 138, 147, 163, 176, 190, 201, 225, 242
ジョイントベンチャー契約 …………… 150
状況の保証 ……………………………… 143
証拠開示手続（ディスカバリー）………… 9
証書 ……………………………………… 200
消費者物価指数（IPC/FIPE）…………… 86
消費者保護法 …………………………… 150
署名 ………………………………………… 66
署名取締役 ……………………………… 178
シンガポール競争消費者委員会 （Competition and Consumer Commission of Singapore、CCCS）……………… 249
シンガポール国際商事裁判所（SICC）… 55
シンガポール国際仲裁センター（SIAC：Singapore International Arbitration Centre）………… 52, 167, 178, 204, 226, 257
シンガポール国際調停センター（SIMC：Singapore International Mediation Centre）…………………………… 55, 261
シンガポール条約 ……………………… 266
シンガポール法曹協会（Singapore Academy of Law）……………………… 53

人工知能（AI：Artificial Intelligence）……………………………… 4, 39
人民参審員 ……………………………… 196
成功報酬 …………………………………… 11
誠実協議条項 …………………………… 214
制定法主義 ……………………………… 122
政府統計局（IBGE）……………………… 86
成文法 …………………………………… 221
成文法規 ………………………………… 211
成文法主義 ……………………… 82, 97, 186
世界知的所有権機関（WIPO）…… 173, 222
世界貿易機構（WTO）…………… 173, 222
責任排除条項（Exclusion Clause）……… 31
宣誓翻訳 ………………………………… 204
宣誓翻訳士 ……………………………… 129
先例拘束制度 …………………………… 82
先例拘束性の原理 ……………………… 108
総会決議 ………………………………… 137
総合物価指数（IGP-M）………………… 86
相互互恵 ………………………………… 166
相互の保証 ………………………………… 59
属地主義 ………………………………… 242
損害賠償額の予定 ………………………… 33

た行

対外経済法（Außenwirtschaftsgesetz）……………………………………… 133
大学高等免状 …………………………… 119
大統領覚書 ………………………………… 16
大統領令 …………………………… 14, 15
第二司法憲章 ……………………………… 44
大法院 …………………………………… 211
タイムチャージ …… 155, 169, 207, 220, 239
──制 …… 11, 39, 74, 91, 117, 132, 181, 195, 229
大陸法 ……… 2, 82, 97, 108, 136, 146, 173, 186, 211
大陸法系 ………………………………… 122
代理店契約 ……………………………… 191
代理店取引 ……………………………… 216

事項索引

代理店取引の公正化に関する法律
.... 215, 216
タグ・アロング（tag-along）権 151
タラーク 209
単一パスポート制度 121
地域統括拠点 54
知的財産及び国際取引中央裁判所 180
地方法院 211
地方保護主義 172
中華全国律師協会 168
中国契約法 161
中国国際経済貿易仲裁委員会（CIETAC：
China International Economic and Trade
Arbitration Commission） 167, 258
中国裁判文書ネット（中国裁判文書網）
.... 171
仲裁 255
──条項 100
仲裁及び調停法 70
調印 66
朝鮮民事令 210
調停 260
懲罰的損害賠償 9
ディスカバリー制度 255
ディストリビューター（販売代理店契約）
.... 126
デクレ（décret） 109
テナント契約 223
ドイツ商法典 122
ドイツ民法典 122
ドイモイ（刷新）政策 185
統一商事法典（UCC：Uniform
Commercial Code） 5
統一弁護士会（PERADI） 206
動産等の差押えおよび売却 61
独占的販売代理店契約 149
独占的フランチャイズ契約 149
特許法院 211
ドラッグ・アロング（drag-along）権
.... 151

トランプ政権 13
取引奨励原則 162

な行

捺印証書 34, 48, 66, 123
二元的裁判制度 110
日EU経済連携協定（EPA） 121
日本国際紛争解決センター（大阪）
（JIDRC-Osaka） 254, 263
日本商事仲裁協会（JCAA：Japan
Commercial Arbitration Association）
.... 167, 257
入国禁止令 13, 14
入国禁止令2.0 14
入国禁止令3.0 15
ニューヨーク条約（外国仲裁判断の承認及
び執行に関する条約） 8, 37, 50, 69, 72,
89, 103, 116, 131, 137, 154, 167, 179, 192,
217, 227, 238
認証翻訳 129
納税者番号 84
のれん補償 149

は行

陪審裁判 255
陪審制度 9
破毀院 109
破毀院弁護士 117
バヒオ（Bajio）地区 95
ハラル認証 208
パリ控訴院 114
パリ交通公団（RATP） 112
パリ商事裁判所 114
バルクセール法 236
反対の意思 49
パンデクテン方式 82, 122, 212
判例法 3, 22, 31, 45, 221
非信頼条項 26
秘密保持契約 126
表見代理 188

270

標準書式契約 186
品質保証契約 125
不安の抗弁権 163
フォーラム・ショッピング 113
不可抗力事由 87
布告（Proclamation） 16
不実施取消 250
不争条項 242, 245, 248, 250
プット・オプション 151
ブティックファーム 207
不動産の権利移転証 67
ブラジリア 82
ブラジル・カナダ商工会議所 89
ブラジル仲裁法 88
ブラジル法弁護士連合会（OAB） 89
フランス革命 109
フランス銀行（Banque de France） 112
フランス国鉄（SNCF） 112
フランス国立視聴覚研究所（INA） 112
フランス民法典（ナポレオン法典） 108
フランチャイズ契約 126
ブリュッセルⅠ規則 40
ブリュッセル改正規則 113
紛争解決国際センター（ICDR：International Centre for Dispute Resolution） 257
紛争解決条項 53, 68, 88, 177, 190, 204, 225
分離条項（severability clause） 164
ベトナム技術移転法 251
ベトナム国際仲裁センター（VIAC） 190
ベトナム社会主義共和国 185
ベトナム弁護士連合会（Vietnam Bar Federation） 193
変更契約 47
弁護士・依頼者間の秘匿特権（attorney-client privilege） 30, 43
弁護士証書 111
弁護士職適格証明 116
弁護士ライセンス 180

ボアソナード 108
法院 211
法学専門大学院 218
法人格否認の法理 86
法曹一元 218
──制 73
法廷審理公開ネット（庭審公開網） 171
法廷侮辱行為 62
法源 186, 211
法務法人 220
法律顧問 117
法律専門職法 228
北米自由貿易協定 95
補償 143
香港国際仲裁センター（HKIAC：Hong Kong International Arbitration Centre） 57, 167, 258

ま行

身分証明書番号 84
民事及び商事事件における裁判管轄及び裁判の執行に関するブリュッセル条約 40
民事及び商事事件における裁判管轄並びに裁判の承認及び執行に関するEU規則 113
無過失責任 141
ムソラ 208
ムハマッド降誕祭 208
ムハマッド昇天祭 208
メキシコ革命 97
メキシコシティ商工会議所（Mexico City National Chamber of Commerce（Cámara de Comercio de la Ciudad de México：CANACO）） 103
メキシコ仲裁センター（Arbitration Centre of Mexico（Centro de Arbitraje de México：CAM）） 103
黙示の保証責任（implied warranty） 5

や行

約因（consideration） ……… 34, 46, 66, 83, 98, 123, 235
約束者 ……… 46
有限会社（Gesellschaft mit beschränkter Haftung） ……… 129
輸入禁止技術 ……… 165
輸入自由技術 ……… 165
輸入制限技術 ……… 165
預金供託金庫（Caisse des dépôts et consignation） ……… 112

ら行

ライセンス契約 ……… 242
ラマダン（断食月） ……… 156
リース契約 ……… 223
履行遅滞 ……… 212
履行の実行困難性 ……… 20
履行補助者の故意・過失 ……… 212
律師 ……… 168
連邦首都区 ……… 82
連邦制 ……… 82
連邦法 ……… 6, 65
連邦リスト ……… 221
ローマ I 規則 ……… 112
ロンドン国際仲裁裁判所（LCIA：London Court of International Arbitration） ……… 257

欧文

AAA/ICDR ……… 257
a contrary intention ……… 49
Act ……… 139
acte notarié ……… 111
Affidavit ……… 178
AI ……… 4, 39
All India Bar Examination ……… 72
American Bar Association ……… 29
American Chamber of Commerce ……… 89
Amparo ……… 98
anti-reliance（non-reliance）clause ……… 26
Application of English Law Act ……… 45
Arbitrage Court in Moscow ……… 139
Arbitration and Conciliation Act, 1996 ……… 70
Arbitration of Moscow ……… 139
Arbitrazh（Commercial）Court of the city of Moscow ……… 139
Arb-Med-Arb ……… 59, 260
Asian International Arbitration Centre ……… 226
Außenwirtschaftsverordnung ……… 133
authorized director ……… 178
Badan Arbitrase Nasional Indonesia ……… 205
BANI（BANI Arbitration Center） ……… 60
Bar Council of India ……… 72
Barrister ……… 38, 41
Bar Standards Board（BSB） ……… 38
beeidigte Übersetzer ……… 129
beglaubigte Übersetzung ……… 129
Brazilian-Canadian Chamber of Commerce ……… 89
Brexit ……… 40, 121
Bürgerliches Gesetzbuch ……… 122
Cadastro de Pessoas Físicas（CPF） ……… 84
CAPA：certificat d'aptitude á la profession d'avocat ……… 116
CEDR（Centre for Effective Dispute Resolution） ……… 261
Chambers & Partners ……… 39, 132
CIETAC ……… 167, 258
CISG：United Nations Convention on Contracts for the International Sale of Goods ……… 8, 37, 50, 72, 88, 102, 115, 130, 137, 154, 179, 192, 206, 217, 227, 238
civil law ……… 108, 123, 146, 186, 211
CLP（Certificate in Legal Practice） ……… 228
code ……… 109
commercially reasonable efforts の基準 ……… 25
committal proceedings ……… 61, 62

Common Law ········ 3, 31, 45, 58, 64, 108, 123, 221, 248
common seal ········ 35, 48
Companies House ········ 36
Company Registration Number ········ 36
consideration ········ 34, 46, 66, 83, 98, 123, 235
Constitution of India ········ 65
contempt of court ········ 62
Contingent Fee ········ 11
Contracts (Rights of Third Parties) Act 1999 ········ 32
Convention on International Settlement Agreements resulting from Mediation ········ 265
Convention on the Recognition and Enforcement of Foreign Arbitral Awards ········ 8, 37, 50, 69, 72, 89, 103, 116, 131, 137, 154, 179, 192, 217, 227, 238
cours magistraux ········ 119
CRFPA：centre régional de formation professionnelle d'avocats ········ 116
Deed ········ 34, 48, 66, 123
default good faith の基準 ········ 25
Delaware Court of Chancery ········ 24
deliver ········ 66
delivery ········ 35, 49
dispute resolution clause ········ 53, 68, 88, 177, 190, 204, 225
DSU：diplôme supérieur d'Université ········ 119
English law ········ 31, 44
Entire Agreement ········ 9, 27
equitable execution ········ 61
Establishment Clause (国教条項) ········ 15
EU 競争法（独禁法）········ 109, 122
EU 法 ········ 109
Examination of Judgment Debtor：EJD ········ 61
Fixed Fee ········ 11
Force Majeure 条項 ········ 17
Frustration of purpose ········ 20
garnishee proceedings ········ 61

GDL (Graduate Diploma in Law) ········ 41
GDPR ········ 109, 122
GmbH ········ 129
Government of India Act, 1858 ········ 64
Handelsgesetzbuch ········ 122
HKIAC ········ 57, 167, 258
ICC ········ 55, 89, 103, 257
Implied covenant of good faith and fair dealing ········ 24
Impracticability of performance ········ 20
Incoterms ········ 213
Indemnity ········ 143
Indian Contract Act, 1872 ········ 64
Instituto Nacional da Propriedade Industrial ········ 83
Integrated Law School ········ 72
interim relief ········ 70
International Chamber of Commerce：ICC ········ 55, 89, 103, 257
International Commercial Arbitration Court ········ 139
Japan International Dispute Resolution Center (JIDRC) ········ 254
Japan International Mediation Center in Kyoto (JIMC-Kyoto) ········ 254
JCAA ········ 257
Jeitinho Brasileiro ········ 81
JIDRC-Osaka ········ 254
Juris Doctor (J.D.) ········ 10
JUVE ········ 132
Kaplan ········ 43
Law College ········ 72
Law of Property (Miscellaneous Provisions) Act 1989 ········ 35
Lawyer License ········ 180
Lawyer's Council of Thailand ········ 180
LCIA ········ 257
Legal Profession Act ········ 228
Letter of Intent ········ 22, 147
Liquidated Damages ········ 33

LL.M. program	29, 41
loi	109
LPC (Legal Practice Course)	41
MAE 条項	19
Magic Circle Firm	38
Material adverse change clause	19, 152
Maxwell Chambers	55
Med-Arb	260
ministére public	116
minute	111
Model Law on International Commercial Mediation and International Settlement Agreements Resulting from Mediation	265
Moscow Arbitrazh Court	139
Multiple Choice Test (MCT)	41
Multistate Bar Examination (MBE)	29
Multistate Essay Exam (MEE)	29
Multistate Performance Test (MPT)	29
Multistate Professional Responsibility Examination (MPRE)	30
New York Law Course (NYLC)	30
New York Law Exam (NYLE)	30
New York State Board Of Law Examiners (「BOLE」)	29
non-compete clause	67
North American Free Trade Agreement：NAFTA	95
Notar	129
notarielle Beurkundung	129
Objective Structured Clinical Examination (OSCE)	41
ordonnance	109
Parol Evidence Rule	9
Penalty	33
practical or factual benefits	47
Presidential Memoranda	16
promisee	46
promisor	46
Public Documents	234
QLTS (Qualified Lawyers Transfer Scheme)	41
Red Dot	52
Regional Headquarter	54
Registro Geral (RG)	84
Registro Nacional de Estrangeiros (RNE)	84
règlement	109
Regulation (EC) No 593/2008 on the law applicable to contractual obligations (Rome I)	112
Regulation (EU) 1215/2012 on jurisdiction and the recognition and enforcement of judgments in civil and commercial matters (Recast Brussels Regulation)	113
Representation	143
Rights of Third Parties	32, 66
Sale of Goods Act 1979	31
seal	66
Second Charter of Justice	44
Senior Counsel	74
SIAC	257
sign	66
SIMC	55, 261
Singapore Mediation Convention	266
Solicitor	38, 41
Solicitors Regulation Authority (SRA)	38
SRA	43
Statute of Frauds	23, 232
Súmula vinculante	82
sworn translation	204
Thai Arbitration Institution (TAI)	178
Thailand Arbitration Center (THAC)	178
Third Parties' Contractual Rights	32
transfer deed of real estate	67
transfer deed of shares	67
Transparency International	54
travaux dirigés	119
UNCITRAL モデル法	259

Unfair Contract Terms Act 1977 ……… 31
Unfair Terms in Consumer Contracts
　Regulations 1999 ……………………… 31
Uniform Bar Examination (UBE) ……… 29
United Nations Convention on Contracts for
　the International Sale of Goods …… 8, 37,
　50, 72, 88, 102, 115, 130, 137, 154, 179,
　192, 206, 217, 227, 238

VIAC (Vietnam International Arbitration
　Centre) ……………………………… 60
Volljurist ……………………………… 131
Warranty ……………………………… 143
writ of seizure and sale ………………… 61

執筆者紹介

山神　理（やまがみ・みち）

1997年東京大学法学部卒業、1999年弁護士登録、2003年米国南カリフォルニア大学ロースクール修了（LL.M.）、2005年ニューヨーク州弁護士登録、2007年からアンダーソン・毛利・友常法律事務所パートナー。主要な業務分野は、国内及びクロスボーダーのM&A。企業合併・買収案件に多く携わり、国内外のクライアントに対し上場会社を含む国内企業の買収、経営統合その他の組織再編に関するアドバイスを多数行う。また、海外進出案件、ジョイントベンチャー案件、その他企業法務全般について取り扱っている。

石原　坦（いしはら・ひろし）

1997年東京大学経済学部卒業、2000年弁護士登録、2004年慶應義塾大学法学部卒業、2005年米国コロンビア大学ロースクール修了（LL.M.）、2006年カリフォルニア州弁護士登録、2007年ニューヨーク州弁護士登録、2015年からアンダーソン・毛利・友常法律事務所パートナー。主要な業務分野は、国際商取引、国内及びクロスボーダーのM&A、ヘルスケア・薬事規制。国際商取引では、日本企業と海外企業との契約交渉、現地法人の設立、現地の訴訟等の法的手続に関するアドバイスを多数行う。日本銀行及び総合商社への出向経験を有する。

小林　英治（こばやし・えいじ）

1999年一橋大学法学部卒業、2000年弁護士登録、2006年米国南カリフォルニア大学ロースクール修了（LL.M.）、2007年ニューヨーク州弁護士登録、2006年から2007年Milbank,Tweed, Hadley & McCloy法律事務所（ニューヨーク）、2010年からアンダーソン・毛利・友常法律事務所パートナー。主要な業務分野は、アジア新興国関連（特にロシア）に加え、不動産開発、再生可能エネルギー関連プロジェクト、ファンド組成、プロジェクトファイナンス、開発関連紛争等。国内外問わず、投資家、開発業者、メーカー、デベロッパー等の多岐にわたる顧客にアドバイスを多数行う。日本銀行への出向経験を有する。

青柳　良則（あおやぎ・よしのり）

1998年東京大学法学部卒業、2000年東京大学大学院法学政治学研究科修了、2001年弁護士登録、2008年米国ニューヨーク大学ロースクール修了（LL.M.）、2009年ニューヨーク州弁護士登録、2012年からアンダーソン・毛利・友常法律事務所パートナー。主要な業務分野は、国内及びクロスボーダーのM&A、アジアを中心とする新興国法務、ヘルスケア・薬事規制、国際商取引その他企業法務全般。

山口　大介（やまぐち・だいすけ）

1992年東京大学法学部卒業、2001年弁護士登録、2007年米国ヴァージニア大学ロースクール修了（LL.M.）、2008年ニューヨーク州弁護士登録、2010年からアンダーソン・毛利・友常法律事務所パートナー。主な業務分野は、国際商取引、国内及びクロスボーダーのM&A、PFI/PPP及びプロジェクトファイナンス、アジア新興国関連業務。海外進出案件、ジョイントベンチャー案件、国内外の都市開発案件、その他企業法務全般について幅広く取り扱っている。

龍野　滋幹（たつの・しげき）

2000年東京大学法学部卒業、2002年弁護士登録、2007年米国ニューヨーク大学ロースクール修了（LL.M.）、2008年ニューヨーク州弁護士登録、2012年からアンダーソン・毛利・友常法律事務所パートナー。2014年から東京大学大学院薬学系研究科・薬学部「ヒトを対象とする研究倫理審査委員会」審査委員。主要な業務分野は、企業買収、ジョイント・ベンチャー、クロス・ボーダー投資案件、ベンチャー企業に対するアドバイスやPEファンドに対するアドバイス、知的財産取引その他企業法務全般。

花水　康（はなみず・こう）

1999年慶應義塾大学法学部卒業、2002年弁護士登録、2008年ベルギーKatholieke Universiteit Leuvenロースクール修了（LL.M.）、2011年からアンダーソン・毛利・友常法律事務所パートナー、2013年シンガポールオフィス代表就任。主要な業務分野は、クロスボーダーのファイナンス取引（買収ファイナンス、ストラクチャード・ファイナンス、不動産ファイナンス）、クロスボーダーのM&A、国際紛争、東南アジア法務。金融庁への出向経験を有する。

元芳　哲郎（もとよし・てつろう）

2001年京都大学法学部卒業、2002年弁護士登録、2008年から2009年フランス・パリのHerbert Smith（現事務所名Herbert Smith Freehills）法律事務所勤務、2011年からアンダーソン・毛利・友常法律事務所パートナー。主要な業務分野は、紛争解決、危機管理・不祥事対応。紛争解決では、企業間の紛争を中心に、クロスボーダー紛争、製品瑕疵紛争、証券訴訟をはじめとする企業不祥事関連訴訟、会社訴訟や金融関連紛争等、幅広い案件を取り扱う。

琴浦　諒（ことうら・りょう）

2002年京都大学法学部卒業、2003年弁護士登録、2007年から2008年にかけてインドムンバイのAmarchand & Mangaldas & Suresh A. Shroff & Co法律事務所勤務、2009年米国コロンビア大学ロースクール修了（LL.M.）、2010年ニューヨーク州弁護士登録、2012年からアンダーソン・毛利・友常法律事務所パートナー。主要な業務分野は、国内企業法務のほか、インドを中心とした南アジア

各国（バングラデシュやパキスタン等）の法務問題全般。また、（特に南アジア各国の企業を相手方とする）現地での訴訟、国際仲裁等の紛争対応。

福家　靖成（ふけ・やすなり）

1998年東京大学法学部卒業、2003年弁護士登録、2008年米国ペンシルバニア大学ロースクール修了（LL.M.）、2009年ニューヨーク州弁護士登録、2012年からアンダーソン・毛利・友常法律事務所パートナー。主要な業務分野は、国際商取引、国内及びクロスボーダーのM&A、新興国法務（中南米諸国等）並びにベンチャー法務。主に国内外の事業会社を代理して、各種の契約交渉や紛争解決に携わる。米国の大手法律事務所への出向経験を有する。

安西　明毅（あんざい　あきたか）

2003年早稲田大学法学部卒業、2004年弁護士登録、2010年米国ペンシルバニア大学ロースクール修了（LL.M.）、2015年からアンダーソン・毛利・友常法律事務所パートナー。2016年バンコクオフィス代表就任。マレーシア・タイを中心として東南アジア全域における日本企業による進出・M&A案件および進出後の労務・紛争案件ならびに国際金融、証券取引およびイスラム金融などの金融案件に従事。

三木　康史（みき・やすふみ）

2003年東京大学法学部卒業、2005年弁護士登録、2012年米国カリフォルニア大学ロサンゼルス校ロースクール修了（LL.M.）、2013年ニューヨーク州弁護士登録、2015年からアンダーソン・毛利・友常法律事務所パートナー。主要な業務分野は、国内およびクロスボーダーのM&A。現在は、ベトナムにおいて、主に日系企業によるM&A/新規子会社設立、労務アドバイス、紛争解決等を担当。また、国内大手証券会社への出向経験を基に、バンキング/金融規制に関するアドバイスも行う。

池田　孝宏（いけだ・たかひろ）

2005年東京大学法学部卒業、2006年弁護士登録、2012年米国ノースウェスタン大学ロースクール修了（LL.M.）、2013年ニューヨーク州弁護士登録、2015年ジャカルタデスク代表就任、2016年からアンダーソン・毛利・友常法律事務所パートナー。2012年からインドネシアのジャカルタに駐在し、日系企業のインドネシア投資（M&A、合弁、設立）や進出済み企業への労務、紛争、コンプライアンス案件等について幅広くアドバイスを提供している。

江本　康能（えもと・やすたか）

2005年東京大学法学部卒業、2007年東京大学法科大学院修了、2008年弁護士登録、2013年米国ヴァンダービルト大学ロースクール修了（LL.M.）、2017年から

アンダーソン・毛利・友常法律事務所パートナー。公開買付けによる上場会社の買収・株式非公開化案件、合併・会社分割等を利用した組織再編をはじめとして、国内外のクライアントのM&A案件に多く携わっている。また、トルコの法律事務所に出向した経験があり、日系企業によるトルコへの進出・事業展開をはじめとして、日系企業の海外進出・事業展開にも多く携わっている。ジョイントベンチャー案件、その他企業法務全般についても取り扱っている。

新城　友哉（しんじょう・ともや）

2007年東京大学法学部卒業、2008年弁護士登録、2014年米国ニューヨーク大学ロースクール修了（LL.M.）、2015年ニューヨーク州弁護士登録、2014年から2015年ドイツ・デュッセルドルフのHengeler Mueller法律事務所勤務、2018年からアンダーソン・毛利・友常・法律事務所パートナー。主要な業務分野は、国内及びクロスボーダーのM&A案件。国内外のM&A取引やジョイントベンチャー、海外進出案件に多数携わり、これらの立案・実行に係る取引上の助言・契約交渉から付随的な一般企業法務相談まで、幅広く取り扱っている。

矢上　浄子（やがみ・きよこ）

2000年中央大学法学部卒業、2001年米国テンプル大学ロースクール修了（LL.M.）、2002年中国政法大学国際経済法系修士課程修了、2002年ニューヨーク州弁護士登録、2007年早稲田大学大学院法務研究科修了、2008年弁護士登録、2019年からアンダーソン・毛利・友常法律事務所パートナー。中国・米国において留学・駐在した経験を生かし、特に中国を含むアジア地域のクロスボーダー案件を多数取り扱うほか、国内外の独占禁止法案件、国際紛争案件においても幅広い実務経験を有する。

山内　真之（やまのうち・まさゆき）

2002年慶應義塾大学理工学部卒業、2004年慶應義塾大学大学院理工学研究科卒業、2007年東京大学法科大学院（法務博士（専門職））、2008年弁護士登録、2013年米国スタンフォード大学ロースクール修了（LL.M.）、2014年ニューヨーク州弁護士登録、2017年からアンダーソン・毛利・友常法律事務所パートナー。知的財産関連業務及びライフサイエンスや人工知能をはじめとする先端技術に関する法律業務に携わる。

Bryan Dunn（ブライアン・ダン）

1980年University of British Columbia (B.A.)、1989年ブリティッシュコロンビア大学ロースクール修了（LL.B.）。アンダーソン・毛利・友常法律事務所入所以前は、コーポレート案件を中心とするパートナーとしてクリフォードチャンス法律事務所（東京）およびDLA Piper法律事務所（カナダ）において勤務。国内企業のアウトバウンドM&A、海外企業のインバウンドM&A、国際的なジョ

イント・ベンチャーや製造、流通、テクノロジーを含む複数の産業における投資ストラクチャーについて20年以上の実務経験を有する。

屠　　錦寧（と・きんねい）

1999年中国華東政法大学卒業、2000年に中国において弁護士登録、2006年京都大学法学研究科修士課程修了、同年アンダーソン・毛利・友常法律事務所入所。2012年京都大学法学博士号取得、2014年に日本の外国法事務弁護士登録、2017年からアンダーソン・毛利・友常法律事務所シニア・フォーリン・カウンセル。日中両国での勤務経験を踏まえ、中国とのクロスボーダー取引、企業法務、紛争案件等に従事するほか、中国現地法人に対する各種の法的サポートを提供している。

宮川　賢司（みやがわ・けんじ）

1997年慶應義塾大学法学部卒業、2000年弁護士登録、田中・高橋法律事務所（現事務所名クリフォードチャンス法律事務所）入所、2004年英国ユニヴァーシティ・カレッジ・ロンドンロースクール修了（LL.M.）、2014年アンダーソン・毛利・友常法律事務所入所、同年からアンダーソン・毛利・友常法律事務所スペシャル・カウンセル。イギリスをはじめとするさまざまな国が関与するクロスボーダー取引（特に不動産および再生可能エネルギープロジェクト）を専門とする。

土屋　智恵子（つちや・ちえこ）

1993年慶應義塾大学法学部卒業、2001年弁護士登録、2005年ニューヨーク大学ロースクール修了（LL.M.）、2005年から2006年ハーバード大学ロースクール客員研究員を経て、2006年ニューヨーク州弁護士登録。2012から2015年国際原子力機関（IAEA）勤務。2019年からアンダーソン・毛利・友常法律事務所スペシャル・カウンセル。クロスボーダーの倒産案件、紛争解決、原子力関連案件、企業間取引等を数多く扱う。ADR関係の主な資格・役職として、東京弁護士会紛争解決センター仲裁人・あっせん人、CEDR認定調停人、シンガポール国際調停センター（SIMC）Spcialist Meiator、東京家庭裁判所調停官（非常勤裁判官）、日本国際紛争解決センター事務局次長、京都国際調停センター事務局次長。

松嶋　希会（まつしま・きえ）

1998年慶應義塾大学法学部卒業、2001年弁護士登録、2004年英国University of Sheffield修了（L.L.M.）、2005年から2008年ウズベキスタン法整備支援プロジェクト（2006年から2007年までウズベキスタン駐在）、2010年から2017年PwCロシア・モスクワ事務所において、ロシア、カザフスタンなどCIS諸国の日系ビジネス支援に従事、2017年からアンダーソン・毛利・友常法律事務所アソシエイト。著作『ロシア・ビジネスとロシア法』（商事法務、2017年）ほか。

岩崎　大（いわさき・だい）

2003年慶應義塾大学法学部卒業、2006年慶應義塾大学法科大学院修了、2007年弁護士登録、2008年からアンダーソン・毛利・友常法律事務所アソシエイト、2014年米国カリフォルニア大学ロサンゼルス校ロースクール修了（LL.M.）、2015年ニューヨーク州弁護士登録。主要な業務分野は、国内及びクロスボーダーのM&A、新興国法務（ブラジル、チリ及び東南アジア諸国等）、インターネット関連法（個人情報保護法、資金決済法、電気通信事業法等）並びに企業法務一般。米国、コロンビア及びブラジル現地の大手法律事務所への出向経験をそれぞれ有する。

藤田　将貴（ふじた・まさき）

2003年早稲田大学法学部卒業、2006年京都大学法科大学院修了、2007年弁護士登録、2015年からアンダーソン・毛利・友常法律事務所アソシエイト、2016年米国カリフォルニア大学バークレー校ロースクール修了（LL.M.）、2017年ニューヨーク州弁護士登録。国際商取引、国内及びクロスボーダーのM&A、倒産・事業再生を専門とする。総合商社法務部への出向経験を有する。

佐橋　雄介（さはし・ゆうすけ）

2006年東京大学法学部卒業、2008年弁護士登録、同年からアンダーソン・毛利・友常法律事務所アソシエイト、2015年米国 University of Southern California（LL.M./Certificate in Business Law）、2016年ニューヨーク州弁護士登録。2015年から2016年フランスの McDermott Will & Emery 法律事務所勤務、2016年愛知県弁護士会登録。主要な業務分野は国内外のM&A、一般企業法務等のコーポレート案件。証券会社のM&Aアドバイザリー部門に出向勤務した経験があり、特に買収案件・ジョイントベンチャー案件について、多くの経験を積んでいる。

神保　咲知子（じんぼ・さちこ）

2006年京都大学法学部卒業、2008年京都大学法科大学院修了、2009年弁護士登録、2015年からアンダーソン・毛利・友常法律事務所アソシエイト、2017年米国大学カリフォルニア大学バークレー校ロースクール修了（LL.M.）、2018年ニューヨーク州弁護士登録。コーポレート、倒産・事業再生、紛争処理案件等を中心に、クロスボーダー案件にも数多く取り組む。

豊田　愛美（とよた・まなみ）

2005年東京大学文学部卒業、2008年早稲田大学大学院法務研究科修了、2009年弁護士登録、2016年フランス・パリ第二大学修士課程修了（ビジネス・企業法）。2013年フランス・パリの McDermott Will & Emery 法律事務所勤務、2017年三菱商事株式会社法務部出向。主にM&Aおよび企業法務一般に従事。

八巻　優（やまき・ゆう）

2006年慶應義塾大学法学部卒業、2008年東京大学法科大学院修了、2009年弁護士登録、2015年米国ニューヨーク大学ロースクール修了（LL.M.）、2016年ニューヨーク州弁護士登録。主要な業務分野は、日本・ベトナム間を中心とした国際商取引、国内及びクロスボーダーのM&A。アンダーソン・毛利・友常法律事務所ホーチミンオフィスに、約2年8か月にわたって駐在し、日本企業等に対して、ベトナム企業とのM&A、契約交渉、現地法人の設立及び運営等に関する法的アドバイスを行う。経済産業省産業組織課への出向経験を有する。

中野　常道（なかの・つねみち）

2007年一橋大学法学部卒業、2009年早稲田大学大学院法務研究科修了、2010年弁護士登録、2011年からアンダーソン・毛利・友常法律事務所アソシエイト。主要な業務分野は、国内及びクロスボーダーのM&A、コーポレート業務、独禁法、訴訟、労働等。金融庁企業開示課出向時代にコーポレートガバナンス・コードの策定に関与した経験から、コーポレート・ガバナンス業務も得意とする。アンダーソン・毛利・友常法律事務所シンガポールオフィスでの勤務経験を有する。2018年1月より国内大手証券会社M&Aアドバイザリー部門出向中。

松本　久美（まつもと・くみ）

2005年慶應義塾大学法学部飛級中退（3年次修了後、法科大学院へ進学）、2008年慶應義塾大学法科大学院修了、2010年弁護士登録、2014年渡タイ、バンコクの現地法律事務所 Kasame and Associates 出向後、One Asia Lawyers バンコクオフィス代表を経て、2017年よりアンダーソン・毛利・友常法律事務所シンガポールオフィス勤務。主要な業務分野は、タイ、シンガポールその他東南アジア諸国における企業法務、労務、不動産法務、債権回収等紛争解決対応。近年では東南アジアにおける仮想通貨、ICOビジネス関連法務にも対応。

金子　涼一（かねこ・りょういち）

2008年東京大学法学部卒業、2010年東京大学法科大学院修了、2011年弁護士登録、2012年からアンダーソン・毛利・友常法律事務所アソシエイト、2017年米国カリフォルニア大学バークレー校ロースクール修了（LL.M.）、同年9月より英国（ロンドン）の Slaughter and May 法律事務所（コーポレート・M&A部門及び競争法部門）勤務後、2018年12月よりスペイン（マドリード）の Uría Menéndez 法律事務所で勤務。主にコーポレート、国内・クロスボーダーのM&A、及び競争法案件（企業結合審査、独禁法コンプライアンス等）の業務に携わるほか、各種紛争処理案件の実務経験も積んでいる。

執筆者紹介

土門　駿介（どもん・しゅんすけ）

2008年一橋大学法学部卒業、2010年東京大学法科大学院修了、2011年弁護士登録、2012年からアンダーソン・毛利・友常法律事務所アソシエイト、2017年米国ニューヨーク大学ロースクール修了（LL.M./International Business Regulation, Litigation and Arbitration）、2018年ニューヨーク州弁護士登録。2017年から2018年 Kirkland & Ellis LLP（米国シカゴ）、2018年から2019年 Oon & Bazul LLP（シンガポール）勤務、国際紛争解決（訴訟・仲裁）、国際商取引、米国司法省への対応等の幅広い経験を有する。

長谷川　敬洋（はせがわ・たかひろ）

2008年東京大学法学部卒業、2010年東京大学法科大学院修了、2011年弁護士登録、2012年からアンダーソン・毛利・友常法律事務所アソシエイト、2017年英国オックスフォード大学法学部及びサイード・ビジネス・スクール修了（MSc in Law and Finance）、2017年英国（イングランド・アンド・ウェールズ）弁護士（Solicitor）登録。主要な業務分野は、国内及びクロスボーダーのM&Aを含むコーポレート、ファイナンス（特に仮想通貨等のフィンテック）、英国法務。IT、知財取引、ヘルスケア・薬事規制への造詣も深い。

福田　一翔（ふくだ・かずひろ）

2008年慶應義塾大学法学部卒業、2010年慶應義塾大学法科大学院修了、2011年弁護士登録、2012年からアンダーソン・毛利・友常法律事務所アソシエイト、2018年英国 University College London 修了（LL.M.）。主要な業務分野は、国内外のコーポレート・M&A取引。また、日系総合商社コンプライアンスオフィス（在ニューヨーク）への出向経験を有しており、その経験を生かし、国内外のコンプライアンス違反案件についてもアドバイスを行っている。現在はアンダーソン・毛利・友常法律事務所ホーチミンオフィスに在籍し、日本企業のベトナム進出案件のサポートを多数手掛けている。

﨑地　康文（さきじ・やすふみ）

2008年東京大学工学部卒業、2011年早稲田大学大学院法務研究科修了、2012年弁護士登録、2013年からアンダーソン・毛利・友常法律事務所アソシエイト、2018年米国カリフォルニア大学バークレー校ロースクール修了（LL.M.）。主要な業務分野は、知的財産関連のM&A、訴訟、ライセンス契約。特許庁のIPAS（IP Acceleration program for Startups）プログラムのメンタリング・メンバーを勤める等、スタート・アップ関連の案件にも多数携わる。アンダーソン・毛利・友常法律事務所シンガポールオフィスでの勤務経験を有する。

范　宇晟（はん・うせい）

2009年慶應義塾大学法学部卒業、2011年一橋大学法科大学院修了、2012年弁護

士登録、2013年1月からアンダーソン・毛利・友常法律事務所アソシエイト、2017年米国スタンフォード大学ロースクール修了（LL.M.）、2018年ニューヨーク州弁護士登録。主要な業務分野は、コーポレート、国内及びクロスボーダーのM&A、訴訟。英語、中国語、ドイツ語に堪能。2018年よりドイツデュッセルドルフのHengeler Mueller法律事務所勤務。

島田　充生（しまだ・みつお）

2010年京都大学法学部卒業、2012年京都大学法科大学院修了、2013年弁護士登録、2015年からアンダーソン・毛利・友常法律事務所アソシエイト。2018年英国Queen Mary University of London留学（LL.M.）。主要な業務分野は、事業再生・倒産、危機管理・不祥事対応、アセットマネジメント／投資ファンド、M&A等。

片山　いずみ（かたやま・いずみ）

2009年東京大学法学部卒業、2011年東京大学法科大学院修了、2014年弁護士登録、2015年からアンダーソン・毛利・友常法律事務所アソシエイト。倒産・事業再生分野を主要な業務分野としつつ、民事訴訟、ジェネラル・コーポレート等の業務を取り扱うほか、国際的な独占禁止法案件にも継続的に取り組んでいる。

大出　萌（おおいで・めぐみ）

2016年東京大学法学部卒業、2017年弁護士登録、同年からアンダーソン・毛利・友常法律事務所アソシエイト。

曺　貴鎬（ちょ・きほ）

2014年東京大学法学部卒業、2016年東京大学法科大学院修了、2017年弁護士登録、同年からアンダーソン・毛利・友常法律事務所アソシエイト。倒産・事業再生、M&A、ジェネラル・コーポレート等の業務の経験があるほか、韓国法務を中心として国際案件にも継続的に取り組んでいる。

森　佳苗（もり・かなえ）

2012年慶應義塾大学法学部卒業、2015年東京大学法科大学院修了、2017年弁護士登録、同年からアンダーソン・毛利・友常法律事務所アソシエイト。

実務で役立つ世界各国の英文契約ガイドブック

2019年4月25日　初版第1刷発行
2019年6月15日　初版第2刷発行

編　者　アンダーソン・毛利・友常法律事務所

発行者　小　宮　慶　太

発行所　株式会社 商 事 法 務
　　　　〒103-0025 東京都中央区日本橋茅場町 3-9-10
　　　　TEL 03-5614-5643・FAX 03-3664-8844〔営業部〕
　　　　TEL 03-5614-5649〔書籍出版部〕
　　　　https://www.shojihomu.co.jp/

落丁・乱丁本はお取り替えいたします。　　印刷／広研印刷㈱
© 2019 アンダーソン・毛利・友常法律事務所　Printed in Japan
　　　　　　Shojihomu Co., Ltd.
ISBN978-4-7857-2715-4
＊定価はカバーに表示してあります。

[JCOPY] <出版者著作権管理機構　委託出版物>
本書の無断複製は著作権法上での例外を除き禁じられています。
複製される場合は、そのつど事前に、出版者著作権管理機構
(電話 03-5244-5088、FAX 03-5244-5089、e-mail: info@jcopy.or.jp)
の許諾を得てください。